現代スポーツ社会学序説

[編著者]
海老原　修　横浜国立大学教育人間科学部　教授

[執筆者]
飯田　貴子　帝塚山学院大学人間文化学部　教授
海老原　修　横浜国立大学教育人間科学部　教授
岡本　純也　一橋大学大学院商学研究科　専任講師
澤井　和彦　東京大学大学院教育学研究科　助手
高峰　修　明治大学　非常勤講師
千葉　直樹　中京大学大学院体育学研究科
束原　文郎　東京大学大学院教育学研究科
出町　一郎　東京大学大学院教育学研究科
水上　博司　三重大学教育学部　助教授
横田　匡俊　東京大学大学院教育学研究科

株式会社　杏林書院

序文

　　勢揃いした院生達，一人ひとりを睥睨し悠然とあらわれる．首座に深々と腰をおろし抄録(レジメ)を一瞥する．煙草に火を点しおもむろに靴を机上に投げ出す．目を瞑っているが手にした抄録(レジメ)は微動だにしない．一同の精神(こころ)と身体(からだ)に戦慄が走る．討論は厳しく，ひとことの応答すらできない質疑が終わる．一言も発せずに退席する丸い背中ほど雄弁なものはない．「勉強が足らぬ」「鋭意(やるき)があるのか」「無能(ばか)なのか」と．散会後にひとり呑みこむ煙草(けむり)は胸底に澱となり悔恨と慙愧と徒労をないまぜとする．しかしそこにニヒリズムは生まれない．風にゆれた抄録(レジメ)とはすなわちしかと握られていた証拠である．間違いなく抄録(レジメ)の出来栄えに費やされたエネルギーが推量されていた．その持ち主はまさしく「見えざる神の手」を以って院生達(ものども)の力量を品定めながら導いていたのである．その持ち主もまた「見えざる神の手」に導かれたのであろう．そんな「神の手」に，その掌(たなごころ)のしわひとつでも，指ひとつでも，動かしたい．はたして，「神の手」はいかなる評価をくだすであろうか．あらためて戦慄をおぼえる．

　　本書は日本体育学会編集「体育の科学」誌に「時代を映すスポーツ人物・考」として，平成12年4月から平成14年3月にかけて24回連載した論文を中心に8部構成に編集した．折しも，読売ジャイアンツ・松井秀喜選手がFA宣言をして米国・大リーグ行きを表明した．個人が世界につながるからこそ，いまスポーツがおもしろい．そのことをつまびらかとすることが本書のねらいである．それは，スポーツそのもののおもしろさをおもしろいと実感させない事由，スポーツを異なる方向性に押し込める事由，あるいは複合的な文化

として成立する事由を明らかとすることを意図する．セクションごとの写真はこのねらいにぴたりと合致して当意即妙と自負している．編者の企図に応えていただいた編集者のクリーンヒットであり，望外の喜びである．

　連載の機会を与えてくださった（社）日本体育学会「体育の科学」編集委員会，出版を快諾くださった杏林書院社長・太田博氏，編集作業に尽力くださった宮本剛志各位に記して感謝を申し上げたい．

2002年11月1日

　　　　　　　　　　　　　　　　　　　　　　　編者　海老原　修

現代スポーツ社会学序説
目　次

序　文

1部　時代を映すスポーツ人物・考 …… 1

1章　冷戦戦略「健全な経済」の狭間で
〜力道山プロレスの呪術性とその葛藤〜 …………〔海老原　修〕… 2
1. プロレス・シナリオの国際政治事情〜スポーツにみる呪術的反映〜…… 3
   1) 許可された忠臣蔵 …… 5
   2) 悪玉外国人対善玉日本人の構図 …… 5
   3) 許容される鬼畜米英 …… 7
2. カタカナ文字「サムライ」にみる包摂と排除 …… 9

2章　高度経済成長を支えた呪術〜大松博文とその論理〜 …〔海老原　修〕… 12
1. 実証的な反映論から呪術的な前兆論へ …… 14
2. 脱出のエネルギーの水先案内人と家父長制度の体現者として …… 16
3. 高度経済成長を支えた呪術 …… 18

3章　ネーションの相対化にねじれる応援 ………………〔海老原　修〕… 21
1. 「応援」に関するレポートから …… 21
2. 身体の集団性への帰属化 …… 24
3. みる身体性から拓く確立された個人 …… 25
4. 進行するネーションの相対化 …… 28

4章　スポーツ・ボランティアの功罪 ……………………〔海老原　修〕… 31
1. ボランティアの専門性とは …… 32
2. 「先生」に組み込まれたメタ的メッセージ …… 34
   1) 奉仕とサービスの違いを問わず …… 34
   2) 全体の奉仕者・聖職者として …… 36
   3) 学園ドラマに出現した顧問教師像 …… 37
3. スポーツ・ボランティアを創出する職業的スポーツ指導者の確立 …… 38
4. ボランティアを問いつづけること …… 40

2部　よわきものの視点から …………………………… 41

5章　二元論にとどまるスポーツとジェンダーの限界 ……〔海老原　修〕… 42
1. ひばりとサザエさんに伍して …… 42
2. 二項対立の限界 …… 43
3. 共犯的批判の可能性〜美は女性の，力強さは男性の特徴ではない〜…… 45

4. スポーツはセックス化されたジェンダーを超えるのか ……………………… 46
6章　スポーツとジェンダーのパラドクス
　　　～女性選手のスポーツ参加について：
　　　N. ルーマンの社会システム理論による把握～ ………〔澤井　和彦〕… 49
　　　1. スポーツにおけるセックスとジェンダーのずれ…………………………… 49
　　　2. ルーマン「社会システム理論」の概要……………………………………… 50
　　　3. スポーツのコミュニケーションの統一性…………………………………… 51
　　　4. 女性の「男性」スポーツ参加に対する批判的コミュニケーション……… 52
　　　5. 競技力による区別に潜在するジェンダー…………………………………… 53
　　　6. スポーツ本質主義的な議論に潜在するジェンダー………………………… 55
　　　7. 「安全性」の問題に潜在するジェンダー …………………………………… 56
　　　8. ジェンダーとスポーツのシステム信頼……………………………………… 56
7章　異性愛主義に立ち向かった2人のウィンブルドン覇者
　　　～ビリー・ジーン・キング＆マルチナ・ナブラチロワ～〔飯田　貴子〕… 58
　　　1. レズビアンを可視的存在にする……………………………………………… 58
　　　2. セクシュアリティの連続性…………………………………………………… 61
　　　3. スポーツ界は同性愛嫌悪……………………………………………………… 62
8章　ある身体ともつ身体
　　　～パラリンピック考：義足のモーリス・グリーン～ ……〔海老原　修〕… 65
　　　1. 標準装備による障害者の新たな階層化……………………………………… 66
　　　2. 「もつ」ことと「ある」こと ………………………………………………… 68
　　　3. リバース・インテグレーション……………………………………………… 69

3部　包摂と排除 ……………………………………………………………………… 73

9章　「日本人以上に日本人らしい」と呼ばれた越境者
　　　～ラモス瑠偉と呂比須ワグナー～ ……………………………〔千葉　直樹〕… 74
　　　1. ラモスと呂比須の変化するイメージ………………………………………… 74
　　　2. 「日本人以上に日本人らしい」という表現の意味 ………………………… 76
　　　3. ラモスと呂比須に関する新聞報道の分析…………………………………… 77
10章　「黒船」から国民的マスコットへ
　　　～日米文化摩擦を起こしたハワイの英雄：小錦（KONISHIKI）～
　　　　　　　　　　　　　　　　　　　　　　　　　　　　〔千葉　直樹〕… 81
　　　1. 昭和の黒船来襲………………………………………………………………… 81
　　　2. 小錦の横綱昇進問題…………………………………………………………… 83
　　　3. 小錦からKONISHIKIへ ……………………………………………………… 85

11章　奴らのゲームで奴らを倒せ〜沖縄高校野球界にみる再生産戦略〜
　　　　　………………………………………………………………〔岡本　純也〕… 88
　　1. 奴らのゲームで奴らを倒せ……………………………………………… 88
　　2. 神話と ludic diffusion ………………………………………………… 90

4部　従順と服従を讃えず ……………………………………………… 95

12章　アンチ・ドーピングの意味作用〜従順と服従を讃えず〜
　　　　　………………………………………………………………〔海老原　修〕… 96
　　1. アンチ・ドーピングの意味作用〜身体の所有権と臓器移植法〜……… 96
　　2. 従順と服従を讃えず……………………………………………………… 99
13章　ポスターに表象するトップ・アスリートの一義性 …〔海老原　修〕… 102
　　1. ポスターに登場するアスリート〜その図像的解釈の可能性〜……… 102
　　2. スポーツ・ポスターの内容分析……………………………………… 104
　　　　1) 逸脱なきガンバリズム ……………………………………… 104
　　　　2) 励ましが増幅するニヒリズム ……………………………… 106
　　3. スポーツの歴史的文脈………………………………………………… 106
　　4. アマチュアリズムという情報統制…………………………………… 108
14章　労働組合「日本プロ野球選手会」の意味 …………〔海老原　修〕… 110
　　1. 選手からの異議申し立てと連盟による説明責任…………………… 110
　　2. 企業スポーツ選手の労働災害認定〜余暇から労働へ〜…………… 111
　　3. 契約行為におけるインフォームドコンセント……………………… 112
　　4. 徒弟制度からの脱皮に向けて………………………………………… 115

5部　スポーツに潜む経済的原理 ……………………………………… 117

15章　労働と文化のグローバリゼーションの視点からみるNBAの世界戦略
　　　　　………………………………………………………………〔出町　一郎〕… 118
　　1. デビッド・スターンが仕掛けるNBAの世界戦略…………………… 118
　　2. 国際労働移動………………………………………………………… 119
　　3. 文化とグローバリゼーション………………………………………… 121
　　4. 日本でのバスケットボール周辺の現象……………………………… 122
16章　スポーツ労働市場の中の自由貿易と保護貿易
　　　　〜フィリップ・トルシエとボビー・バレンタイン〜……〔海老原　修〕… 126
　　1. 名選手にこそ名監督・名コーチあれかしと祈るべきであろうか… 128
　　2. 外来の能力主義が質す競技力万能主義……………………………… 130
　　3. スポーツ労働市場〜自由貿易と保護貿易〜………………………… 131

17章　ウォーキング・ブームを解明する
　　　～人工と経済への疑義を起点として～………………〔海老原　修〕… *135*
　　　1. ウォーキング人口の動向………………………………………… *135*
　　　2. スポーツ・キャリアからみるウォーキング動向……………… *137*
　　　3. なぜウォーキングなのか……………………………………… *139*
　　　4. スポーツ・イベントに再現される二律背反…………………… *140*

6部　メディア・スポーツの戦略 ………………………………… *143*

18章　スポーツ空間を漂う境界線上のヒーロー　………〔海老原　修〕… *144*
　　　1. 創られるヒーローとヒール～テレビ中継の記号論的分析～… *144*
　　　2. 偶発する正義に背反する共示………………………………… *148*
　　　3. 中心と周辺の逆転～表示義を超える共示義の戦術～………… *149*
　　　4. 公私混同を狙うスポーツ報道の盲点突き…………………… *151*
19章　スポーツによるダブル・スタンダードの生成と追認
　　　～長野冬季五輪大会とM. マグワイア選手を手がかりとして～
　　　……………………………………………………〔海老原　修〕… *156*
　　　1. スポーツ・ルールのメタ的なメッセージ
　　　　～ダブル・スタンダードの生成～…………………………… *157*
　　　2. アンチ・ドーピング運動によるダブル・スタンダードの追認……… *161*
20章　スポーツ漫画にみる努力と才能の葛藤～『キャプテン翼』考～
　　　……………………………………………………〔海老原　修〕… *164*
　　　1. 作品の概要～努力は才能を超えられるか～………………… *165*
　　　　　1) 努力する脇役………………………………………… *166*
　　　　　2) 才能と努力の対決…………………………………… *166*
　　　2. 和することと努力・勤勉の関係……………………………… *167*
　　　3. スポーツ漫画のメタ的メッセージ…………………………… *169*

7部　逸脱の世界より ………………………………………………… *171*

21章　実体なき"燃え尽き症候群"：ガンバリズムとの共演
　　　～有森裕子選手を手がかりとして～……………〔横田　匡俊〕… *172*
　　　1. 燃え尽き症候群とは…………………………………………… *173*
　　　2. 実体なき"燃え尽き症候群"………………………………… *174*
22章　スポーツ選手のパフォーマンスを規定する社会的要因について
　　　～日本的文脈とイメージの逸脱者「中田英寿」～………〔澤井　和彦〕… *177*
　　　1. 人間の行動を規定するメカニズム…………………………… *177*

2．スポーツのパフォーマンスを規定するメカニズム……………… 178
　　3．人間の「行為」は「イメージ」に規定される……………………… 179
　　4．「イメージ」は「文脈」に規定される ……………………………… 180
　　5．行為とイメージを連関するループ（システム）………………… 180
　　6．スポーツにおける行為の同一性のずれ…………………………… 181
　　7．スポーツの日本的文脈とイメージの構造………………………… 182
　　8．日本的文脈からの逸脱者「中田英寿」…………………………… 183

23章　フットボール・フーリガン考
　　　～アメリカ化とアイルランド化の間で～〔束原　文郎・海老原　修〕… 186
　　1．フーリガンの起源…………………………………………………… 186
　　2．フーリガンの近代的変遷…………………………………………… 188
　　3．フットボール・フーリガンの諸相………………………………… 190
　　　　1）暴力 ……………………………………………………………… 191
　　　　2）参加者 …………………………………………………………… 193
　　　　3）社会からのまなざし …………………………………………… 193
　　4．フットボール・フーリガンのとらえ方
　　　～排除されるフーリガンと包摂されるサムライ～ ……………… 194
　　5．フットボール・フーリガン研究の方向性………………………… 195

8部　コミュニティ・スポーツの限界……………………………… 197

24章　地域社会におけるスポーツ・イベントのからくり
　　　～まちおこしは，まち興し，それとも，まちお越し～…〔海老原　修〕… 198
　　1．スポーツイベントを支えるリピーターと擬似的リピーターの存在……… 199
　　2．スポーツイベントへのプログラム・ライフサイクル理論の適用………… 205
　　3．地域社会におけるスポーツイベントとは
　　　～まちおこしは，まちを興す，それとも，まちにお越し ……… 207

25章　企業メセナの限界と市民パトロンの誕生
　　　～日本のプロスポーツを支える新しい担い手～…………〔高峰　　修〕… 209
　　1．フリューゲルスとマリノスの合併………………………………… 209
　　2．横浜サッカークラブの消滅………………………………………… 210
　　3．企業メセナの限界…………………………………………………… 211
　　4．市民パトロンの誕生………………………………………………… 212
　　5．ソシオとクラブの距離……………………………………………… 213
　　6．市民パトロンの将来………………………………………………… 214
　　7．もう一つの"三位一体" …………………………………………… 215

26章 市民球団「広島カープ」スピリットの意味するもの
　　　～「個」としての純粋な「私人」を生んだタル募金～…〔水上　博司〕… *217*
　　1. 独り歩きする「市民」……………………………………………………… *217*
　　2. 「市民」なる言葉の「偏向と思い込み」………………………………… *218*
　　3. 市民球団「広島カープ」の草創期………………………………………… *218*
　　4. 後援会づくりと街頭タル募金……………………………………………… *220*
　　5. 恐るべき後援会パワー……………………………………………………… *222*
　　6. 純粋な「私人」であった広島市民………………………………………… *223*
　　7. 「私人」として広島市民と向き合った創設者たち ……………………… *224*

27章 コミュニティ・スポーツの限界と
　　　アソシエーション・スポーツの可能性 ……………〔海老原　修〕… *226*
　　1. コミュニティ型スポーツの限界とシビル・ミニマムの論理…………… *228*
　　2. 総合型地域スポーツクラブへ続くコミュニティ型スポーツの陥穽…… *230*
　　3. 自助なる発想：「天は自らを助くる者を助く」………………………… *231*

1部
時代を映す
スポーツ人物・考

[写真提供　共同通信社]

　器者どものモットーはフル・スウィング．乾いた金属音は頭上をゆく白球を追う．その恐怖は時空を超える．しかし，空振りはマウンドに風切り音と一陣の風を届けるやも知れぬ．マウンドに屹立するとき，白球が描く軌跡と到達した一点を見つめるのか，それとも音と風を皮膚に感じるのか．野茂が追い求めた恍惚は実現した．それはまた，個人が世界に直接むすびついていることを実証する．球団や球界そして国家を超える．個人が拓いた径と制度が後づけた道の間には，ホームランか三振か，それ以上の違いがある．

1章

冷戦戦略「健全な経済」の狭間で
～力道山プロレスの呪術性とその葛藤～

「もちろん，見たヨ，組合の仲間と，池内さんチで．16万円だったかなぁー，テレビ．……，いや待てよ，ウチにもあったなぁー．とにかく，リキはカッコよかったよ．」

昭和29年2月19日シャープ兄弟対力道山・木村政彦組のプロレス試合に対する下町商人の回想である．昭和28年2月NHKテレビ放送開始当時の受像機台数は，受信契約台数でみれば866台にすぎず，翌29年3月末日で1万7千台に満たなかった．アメリカRCA社製テレビ17インチが25万円，21インチが35万円で，大学卒初任給1万5千円，月額収入平均2万6千円当時，テレビは高嶺の花であった．当時，大学生であった叔父に確認すると，「ウチにはなかったけど．兄貴はプロレス，好きだったから．」と池内さんチで酒屋組合の仲間と見たことを証言する．昭和28年2月にNHKが，8月に民放がテレビ本放送を開始したが，最初のプロレス中継はNHK午後8時，日本テレビ午後7時30分開始の二元中継であった．のちにプロレス好きとなるはずだから，兄貴がこのテレビ画面を「もちろん，見た」と胸を張るのは，時間を巻き戻すと矛盾する．しかし，プロレスラー力道山の誕生はプロレス中継が始まる以前から，生来のプロレス好きを自負させるほどに刺激的であった．プロレスそしてリキに心酔すればするほど，初めての雄姿を「もちろん」見たことにならなければいけない，のである．

単身赴任の父親に息子のプロレスへの傾倒は面映いに違いない．なぜならば，その母親は凶悪外人レスラーに噛みつかれんばかりの身近にいた花束嬢であったから．息子が口角泡を飛ばし力説する，この十数年に編み出された数々の技に「リキドウの空手チョップの比じゃないな」とせせら笑う．開始のゴングが鳴る前に奪い取った花束で日本人レスラーをしたたかに打ちのめす外国人レスラーの恐怖を語る母親の告白は，思いがけない家族史であり，それは父親の冷笑を組み

入れ「力道山はそんなに凄いのか！」と息子を合点させる．研究室に出入りするプロレス好きを自認する工学部の4年生の驚きである．

「力道山，カラテ，力道カラテ，カラテ！　カラテ！」と連呼するアナウンサーの喚声をバックに，朽木が倒れるように弟マイクがマットに沈んだ瞬間，力道山ブームは口火を切った（村松，2000）．昭和25年9月12日毎日新聞は力道山が極秘のうち自宅で髷を切り落とし引退したことを伝える．大相撲で関脇まで上った力道山には，オートバイでの場所入りや強烈な上突っ張りと張り手という，これまでにないタイプの荒々しい力士のイメージが相撲ファンに浸透していた．アナウンサーの連呼は大相撲のラジオ中継そのままに，動画像を勘定できない様子が伝わり興味深い．

ところで，阪東妻三郎をバンツマ，嵐寛寿郎をアラカン，勝新太郎をカツシンと呼び，虚実ない交ぜとした家族的な親近感を，今日の芸能人やスポーツ選手に求めようとすると残念ながら思いつかない．力道山に向ける「リキ」や「リキドウ」にはしかし，この愛着と憧憬，羨望と蔑みを含んだ複雑な通底奏音が流れる．この響きは「天皇の次に有名だ」といわれた男（李淳馹，1998），力道山にまつわる生前にそして死後伝えられるいくつかの言説に基づく，当時を生き今日に連なる市井の肉声に違いない．

1．プロレス・シナリオの国際政治事情
　　〜スポーツにみる呪術的反映〜

作家村松友視は「力道山がいた」（2000）にそのテレビ中継の印象を書き記す．

なにしろ，あの頃は一般的日本人の中にアメリカ人に対するひけ目がまだ尾を引いていた．戦後九年が経っていても戦争でアメリカに負けたという劣等感に支配され，進駐軍への怯えに包まれるという空気は，依然として生きていたのだ．日本人の酔っ払いが米兵に数寄屋橋から川へ叩きこまれた……そういう類の記事がいくつか出たりもした．そういう時代背景の中に，突如として出現した力道山という存在が一夜にして英雄としての衣をまとってしまった．おびただしい数の日本人が同じテレビ画面を，全国の電気屋や街頭テレビでながめ，
「（力道山ならアメリカに勝てる……）」

という気分に浸っていたのだった．同じ電気屋の暗がりの中で，口数少なくテレビ画面を見守っていた二人の老人もまた，その気分を強く抱きしめていたに違いない．力道山がシャープ兄弟を打ちのめすたびに，二人の老人は声を発することなく，ただうなずき合っていた．戦後の屈辱の時間の中で，二人の老人に向かって一条の光明がテレビ画面から放たれた．その光明の軌跡を読み取ったら，力道山という文字が見えた……二人の老人にとって，あれはそんな夜だったに違いないのである．

ところで，スポーツに関心のない者にとってメダル獲得に血眼になる姿は異常に思えるかもしれない．度重なる中国スポーツ界でのドーピング事件は，旧東側諸国のメダル狩りを彷彿させ，今日も国威発揚の機会ととらえているのであろう．ベルリンの壁崩壊後「真実はこうだ」風に伝わる当時のスポーツ事情から推察する限り，オリンピックや世界選手権といったスポーツでの勝利がその国の国際的地位や国民の優秀性をあらわすと信じているようだ．せいぜい選手強化策への経済的援助がスポーツの勝敗を左右するくらいで，勝利が国家や国民の水準の高さを示すこともなければ，その逆もあり得ないことなど自明の理と思われる．しかし，力道山なら「アメリカに勝てる」と思っていたに違いない．

昭和29年8月9日毎日新聞は2枚の写真を掲載しプロレスを伝える．1枚は力道山，ニューマンを押え込まんとするとき，シュナベルがリングに飛び出したので遠藤"空手打"でこれをしりぞく．もう1枚はリングにかけ上がり騒ぐファンとこれを阻止しようとする警察隊である．シュナベル・ニューマン組が力道組に死闘の末，太平洋選手権を防衛したが，この判定に不服の観衆が興奮し暴徒と化しリングに上ったのである．

「力道，怒りました！」というアナウンサーの絶叫に呼応するように，突如として空手チョップをふるい，反撃に転じる力道山スタイルの原点は，おそらくこのシリーズで編み出されたのではないかと推察する（村松，2000）．極め付きの悪役であったシュナベル・ニューマンの反則に耐えつづけ，観客のガマンが限界に達したとき，それを待ちに待って反撃を開始する力道山は，悪党に制裁を下す正義の人であり，観客はまさに"忠臣蔵"殿中松の廊下における浅野内匠頭，外人の悪役はすべて吉良上野介となってしまうとも記す．「ゼエチュアになれぬファン」と新聞解説がファンを諫めるが，シュナベル・ニューマン組の役者ぶりに

よって，単なる反則を超える反則ワザ，単なる悪でない悪役を観客に披露し，その後のステレオタイプ，外国人＝悪玉対日本人＝善玉の構図を誕生させる．優勝杯を持った係員を立往生させ，警察官につっかかり，イスを踏み壊し，「料金を返せ」と叫ぶファンこそ，この呪術的なシナリオの開花を確信させたに違いない．この構図のもとに，二つのシナリオ，"忠臣蔵"と"鬼畜米英"が重層的に準備されていたのである．

1) 許可された忠臣蔵

作家村松友視がいみじくも比喩する"忠臣蔵"は，占領政策下昭和20年12月に上演を禁止され，仇討物の演劇や映画は厳禁とされていた．11月と12月の文部次官通達は，学校における武道，体錬科武道（剣道，柔道，薙刀，弓道）の授業，正課外の校友会の武道に関する部班等の編成を全面禁止とした（Rogers, 1989）．また昭和21年10月には大日本武徳会が解散し，昭和22年11月には武徳会関係者452名を公職追放とした．

このように皇国思想・軍国精神高揚に結びつく種類の活動は占領軍総司令部（GHQ）の統制下に置かれていた．とりわけ，GHQは言論・報道対策を重視していた（新井，1972）．しかし，この忠臣蔵は昭和22年11月に上演が許可される．この占領下政策は，GHQ内部の変化すなわちニューディーラーの後退と反共的な保守の登場によって転換し，その背景には冷戦の開始があった．昭和21年3月英国チャーチル「鉄のカーテン」，昭和22年3月米国トルーマンが全体主義と自由主義の対立構図に基づく「トルーマン・ドクトリン」である．この時期，占領下政策に登場したトルーマン大統領に近い保守層は，日本の風習すべてを否定的にあつかうのではなく，アメリカおよび日本の保守的な支配層の役に立つことを尊重しようとした．日本刀を使用する剣戦が許可され，忠義も許容された．新聞・放送・映画・演劇等から紙芝居に至るまでそれらの特性に見合う形で，何らかの制約を受けるように変換した（加太，1972）．

2) 悪玉外国人対善玉日本人の構図

さらに力道山が編み出したとされる（外国人＝悪玉）対（日本人＝善玉）の対決，すなわち"鬼畜米英"の構図は，忠臣蔵が冷戦にともなう国内的な文化措置であったことに比べるとき，力道山の出自に否応なく結びつく韓米日の国際的政

治経済事情と深く関わることになる．

　昭和25年6月25日朝鮮戦争勃発，8月10日マッカーサーが警察予備隊創設を指令，11月3日「君が代」が復活し，11月10日旧職業軍人への初の追放解除と続く．一方，7月28日新聞・通信・放送関係に始まるレッドパージは，9月1日に閣議でその方針が正式に決定し，さらに9月13日GHQがレッドパージについて重要な示唆を伝え，25日にはGHQ労働課長が重要産業労使代表と要談する．さらに，全面禁止されていた武道も翌昭和26年1月に学校柔道が復活する．また，聖徳太子の肖像を描いた千円紙幣が発行される昭和25年1月には，戦後の産業・経済の復興は大企業を中心にようやく形を整える．この年には官公庁・大企業・新聞・放送業でのレッドパージが完了して日本の進路はアメリカに追随しながら大企業を軸とする工業国の道を行くことがはっきりしてきた．

　このことは，文化的にも，アメリカの真似の慢性化が行き渡り，単にアメリカの流行を真似ても新鮮味が感じられないこととなる．このアメリカ追随の慢性化は，日本的なるものへの再認識となって，和服，女剣劇，浪花節大会などの復古調・日本調の傾向が流行りだす．その最たるものが「君が代」の復活であった．しかし，この傾向を許容した背景には，この時期，アメリカは，おそらく日本国民の多数に表出したアメリカ追随の慢性化によって，その進路をがっちりとつかみえたという自信を持ち，それゆえに日本の旧勢力に対して連帯の手を差し伸べる方が得策と判断したのである（加太，1972；鶴見，1991）．

　サンフランシスコ講和条約ならびに日米安全保障条約が調印されたのは昭和26年9月8日であるが，その月末9月30日，GHQマーカット少将の肝いりで自身が会長を務める社会事業団「トリオ・オアシス・シュラインクラブ」が，世界一流のプロ・レスリング・ショーを身体の不自由な青少年を救済する目的にて開催する．「場外にすっ飛ぶ30貫」と写真入りで当日の様子を紙面左下に伝える（毎日新聞，昭和26年10月1日）．同じ紙面右上には「元参謀らも初年兵」と追放解除となった旧陸海軍少，中佐400名の予備隊補強の入校式を伝え，のちの経済復興のカンフル剤となるプロレスと経済的能力に見合った防衛力の発展の基盤となる予備隊（李鐘元，1996）が並行して紹介される．このプロレス招聘の折，「日本人のなかでこれらの選手と闘えるものはいないだろうか？」と関係者の中で問題になり，「興行を開催するにあたって是非とも日本人レスラーを育てたい」と思っていた中心選手ブランズは，人を介して力道山にたどりつき，また，力道山

に白羽の矢を立てたのはGHQ法務局弁護士のフランク・スコリノスであったという（李淳駉，1998）．

　昭和27年7月ヘルシンキ・オリンピックでフジヤマのトビウオ，古橋広之進選手はその期待に応えられず，衝撃的で悲愴な手記を新聞紙上に載せる．ここには，外国対日本の図式が設定されるや否や，軀の底に沈殿した"日本人"が頭を擡げ，期待感が膨張し，その期待に応え損なうと，いとも簡単に自虐的になる精神構造が指摘される（村松，2000）．すでに，昭和27年5月日本初の世界チャンピオン白井義男が生まれるが，フライ級ボクシングではおのずと体躯は小さく，その対戦相手はハワイ出身のダド・マリノであった．外国対日本の構図をこの小さなハワイアンにあてはめるには役者不足の感は否めない．古橋選手の不甲斐なさに絡めた記憶のファイルや，アメリカ人を叩きのめすイメージとはかけはなれたフライ級というもどかしさのなかに，突然現れたのが冒頭のシャープ兄弟戦であった．力道山が打ちのめす相手は，あらゆる面で優れ，勝つためには最終兵器をも使用する戦勝国のアメリカを体現する選手でなければならない．そのことによって気分が大いに高揚する重要な要素であったのである．この鬼畜米英のイメージは，昭和37年4月「プロレスでショック死？」事件を生む（毎日新聞，昭和37年4月28日夕刊），F.ブラッシーに集束する．巨大な体躯，興奮すると紅潮する白い肌，銀髪（金髪），そしてヤスリで研いだ歯で額に噛みつくなど，さまざまな反則攻撃を繰り出す，その姿こそアメリカであった．

　しかし同時に，力道山が体現したのはリング上の善玉日本人だけではなかった．オートバイ，アメ車，アロハシャツ，オールバック，ポマード，チェックコート，そして逆三角型の肉体に表象するスタイルはリング外のアメリカナイゼーションを予感させた．つまり，一方で悪玉アメリカ人を駆逐し，他方でライフスタイルは典型的なアメリカ人という相反する姿を提示していた．力道山が振る舞う日本人という虚像が，その力道山をして在日朝鮮人・金信洛であるという，二重の矛盾を内に秘めていたのである．

3）許容される鬼畜米英

　ソ連の脅威は軍事ではなく，政治，イデオロギー，経済的なものであると考える政治的現実主義者ケナン（G.F. Kennan）による"封じ込め"は，昭和22年3月のトルーマン・ドクトリン「経済的安定性と秩序ある政治過程」への支持と深

く関わり，ソ連の膨張主義を封じ込める努力に「経済的健全さ」を標榜する．すなわち，ドイツと日本，ヨーロッパとアジアの二大工場の再建こそが，戦後疲弊したヨーロッパとアジアの究極的復興であり，その結果，封じ込めが機能すると考えられていた．その姿勢は戦後一貫したアメリカの方針であり，第三世界へのソ連の攻勢に対抗するポイント・フォー計画においてでも，日本と西欧工業諸国への利益が優先された．

さらに，日本の復興に不可欠であった貿易拡大の可能性として，①日中貿易，②東南アジア貿易，③対米貿易，④軍事資材の供給によるドル確保の四つの選択肢が考えられ，消去法で④に頼らざるを得なかったが，この選択を可能にしたのが朝鮮戦争特需であった（菅，1992）．同時にこの朝鮮戦争は冷戦の内政化をもたらし一連のレッドパージを遂行させ，「経済的安定性と秩序ある政治過程」の道筋を切り開いた．しかし，アメリカにおいては，冷戦の軍事化，封じ込め政策の軍事化，経済の軍事化をもたらし，軍事費の過剰支出と経済不振を生み出すことになり，それは次期アイゼンハワー大統領のニュールック戦略に反映する．

「健全な経済」こそが安全保障の基盤であるという信念の持ち主アイゼンハワーは，この相反する命題に対して，アメリカ国内では経済を重視し，同盟国における軍事費の負担増を余儀なくした．このことは，東アジアにおける日本の「健全な経済」重視に対する，韓国の軍事優先政策という「地域的ねじれ」を生み出す（李鐘元，1996）．このねじれは，すでに朝鮮休戦協定後の南北分断によって日本人として日本の社会に根を下ろす選択をした力道山をして，日本人を鼓舞し勇気づけることで日本経済が復興発展し，それが冷戦の最前線となる南北の壁をより高いものとするという第三の矛盾に苛まれることとなる．スポーツの呪術性を指摘したが，この呪術的な反映は経済にも起こりうるのであろう．日米経済戦争という言葉は，経済の勝利が日本のアメリカへの優位性を証明するという錯覚を生み出す．それがポイント・フォー計画やニュールック戦略につながる封じ込めの一端であったにもかかわらず．

「敗戦によって荒廃した国土，そして占領下にあった世情のもとで，身体の大きな外人レスラーをたたきのめし，投げつけることによって，当時のうっせきした感情の爆発を力道山君が代弁してくれたこともあろうが，当時の日本人に勇気を与えた功績も忘れてはならない」と力道山の自伝に序文を寄せたのは，当時の自民党副総裁大野伴睦である（李淳馹，1998）．この「健全な経済」復興発展の

ために用意された思想的装置こそが"鬼畜米英"のように思える．皇国思想や軍国精神に結びつく活動や思想はGHQの統制下に置かれていた．ならば，この"鬼畜米英"を視覚的にかつ思想的にも彷彿とさせるシナリオが占領下で許容されるとは考えにくい．むしろ，この思想を逆利用する政治的な判断があったと推察するのが至当であろう．ここには，日本人の政治的主体性の欠如（布川，1972）にともなうGHQへの盲目的服従の確信（加太，1972）を背景に，"鬼畜米英"の実践によるアメリカ叩きの活力を，経済復興のはけ口に仕向けることを可能とする道筋を確信していたように思える．そして，この"鬼畜米英"こそ，冒頭に記した愛着と蔑みという二律背反する力道山の呼称につながる日本人の精神構造を描くことになる．

2．カタカナ文字「サムライ」にみる包摂と排除

　三輪（1977）は，徳富蘇峰の日米戦争必至という歴史観を取り上げ，蘇峰が戦争を国際政治・国家間の競争を生物進化論的な優勝劣敗の原理に基づく必然とする一方で，皇室中心主義の国体観に根ざすエスノセントリズムを保持するという矛盾を指摘する．その上で，この矛盾を内包する多重構造的な思考様式こそが日本人に特徴的なものであると看破する．このことは，「持てる国」アメリカに対抗する「持たざる国」日本の，一方で国際社会の階級対立的把握における国際正義感を醸成し彼らに平等を要求しつつも，他方でアジアの隣邦に強いる不平等に反省すらしない，エスノセントリズムを自明視しない仕組みをつくりだす．また，危険を孕む"鬼畜米英"という敵であり，同時に畏るべき敵で尊敬すべき敵という愛憎からなる仮想敵としてのアメリカをイメージする（佐伯，1977）．この重層的な思考は，偏狭なナショナリズムをアジアに押しつけることによって増幅する．

　昭和28年7月号「オール読物」は，唐手大山倍達とプロレスラー力道山による対談記事を掲載する．ともに朝鮮半島出身者である2人の本名は，崔永宣と金信洛であった．格闘家2人がアメリカ武者修行時代の武勇伝を語り合うタイトルは「サムライ日本」である．ここに記されるカタカナ文字は，後年の「七人の侍」（昭和29年，黒沢明監督）や「三匹の侍」（昭和38年，五社英雄監督）に比べると奇異な感は否めない．

千葉・守能（2000）は「日本人以上に日本人らしい」という言説がもつ包摂と排除を解釈する．スポーツ・グラフィック「ナンバー：20世紀スポーツ最強伝説 7」（2000）は，ロサンゼルス・オリンピック大会で優勝した柔道・山下泰裕選手を取り上げ，決勝で破れた対戦相手エジプト・ラシュワン選手のフェアな態度を「日本人よりも日本人らしいサムライ」と表現する．朝廷に仕えたさまざまな人々・物部を語源とする武士・士は転じて貴人のそばに従う，貴人の警護に当たる，つまり「さぶらふ」人々となる．兵が武器を取り扱う専門家・器者を語源とし，傭兵という戦闘の専門家であることに比べると，そのメタ的メッセージは明瞭となる．オリンピックでの金メダルと銀メダルのゆるぎない地位関係は，その劣位に異なる称賛，ユネスコ・フェアプレー賞が授与されることで，再確認される．ここには，結果に裏打ちされたエスノセントリズムが見え隠れする．優勝した山下選手においては試合に臨んでベスト・コンディションでないならば対戦相手に失礼であるとか，ラシュワン選手は相手の弱点を攻撃する競技スポーツの本質に反するとか，いくつかの立場からの解釈は棄却される．相反する矛盾を省みず都合に応じて自らの姿勢のみを肯定し強化する多重構造的な思考様式がこの表現には伏在している．その意味で「日本人よりも日本人らしいサムライ」とは，日本人によるエスノセントリズムが二重に備えられた言説と指摘できる．

第二次世界大戦に続く朝鮮戦争は，半島出身者であることに，南北分断という二重の苦難を設定した．力道山と同じような境遇にその身をおかざるを得ない人々を生み，殊の外，芸能・スポーツ界に多くいることは知られるところである（野村，1998）．牛島（1978）は，力道山プロレスに連なる保守階層と経済界の関係を紐解くが，その背後にある戦後経済発展の指針はアメリカの経済界によることも明らかにされてきている（豊下，1996；ディビス・ロバーツ，1996）．村松（1999）は力道山を「喪失感抱えた"日本人の英雄"」とも表現する．経済発展のために日本人を勇気づけた在日朝鮮人・金信洛にはあらかじめサムライなる言葉が準備されていたのであろうか．

おわりに

力道山は昭和 38 年 12 月不慮の事故にて死す．その年の 5 月，覆面レスラー・デストロイヤーと伝説の試合をする．四角い白いマット上に四の字固めに苦悶の表情を交互に繰り返す両者を，リング中央頂上からテレビ・アングルがとらえる．

まさしく，鳥が中空からみる鳥瞰図である．この構図は，原爆投下後の広島・長崎や焼土と化す大空襲後の東京の白灰色に似る．プロレス技，アトミック・ドロップや原爆固めのネーミングは8月上旬には許容範囲をもちろん超える．GHQマーカット少将，法務局フランク・スコリノスといったキー・パーソン，彼らが日本人選手を探していたことなどを考え併せるとき，プロレスが政治的な判断をともなう文化統制であったという仮説が頭を離れない．

とまれ．時代は「健全な経済」を確実とした高度経済成長の起点，昭和39年東京オリンピックを迎えることになる．

〔海老原　修〕

2章

高度経済成長を支えた呪術
～大松博文とその論理～

ちょいと一杯のつもりで飲んで
いつの間にやら梯子酒
気がつきゃホームのベンチでゴロ寝
これじゃ身体にいいわきゃないさ
分かっちゃいるけどやめられない

あソレ
スイスイスーダラダッタ　スラスラスイスイスイ
スーラスーダッタ　スラスラスイスイスイ
スイスイスーダラダッタ　スラスラスイスイスイ
スイスイスーダラダッタ　スーダラダッタスイースイっと

　1960年代前半，学校の人気者に必須のパフォーマンスは，教壇に上り植木等の「スーダラ節」を踊り唄うことであった．2000年初夏に流れるビールの宣伝，「とかー，コツコツやる奴ぁ，ご苦労ーさん！」と植木等が演じる「平等(たいらひとし)」に向かって，「ちがーう！　コツコツやる奴が日本を支えているんスよ！」と高橋克典こと「サラリーマン金太郎」が諫めるコマーシャルは，いまだモーレツの奔流の中にわが国があることを確認させる．「ファイト一発」「24時間働けますか」を経て「コツコツやる奴が日本を支えている」という思想は，この1960年代に生まれたモーレツ思想を源とする．

　2000年夏，人気グループ「サザンオールスターズ」が行なった出身地，神奈川県・茅ヶ崎ライブでは，ボーカリスト桑田佳祐は1969年に流行したガソリンのコマーシャル「OH！モーレツ」に現れた小川ローザによる超ミニスカートスタイルで登場した．真意は計り知れないが，彼をモーレツ思想に駆り立てる何ら

かの衝動がここにあったと想像される．

　1960年代の初め，クレージー・キャッツと呼ばれるコメディアン集団が一世を風靡した．彼らはそのメンバーである植木等の「無責任」という態度を看板としてスターダムにのしあがった．この姿勢は，当時彼らの座付作家であった青島幸男の言葉を借りれば，高度経済成長に狂奔し，資本主義的なナショナリズムに染め上げられてゆく世相に水をさそうとする企てに基づく．ここには，国家がマクロなレベルで国家の富裕化には大いに責任をとるが，個人の幸福というミクロな次元の問題解決に対してダンマリを決め込む，つまり無責任な態度をとる限り，個人が無責任に居直って自分勝手に幸福を実現するしかないという思想があった．1961年に発表された歌謡曲「スーダラ節」に始まる「無責任歌謡」そして1962年に公開された映画「ニッポン無責任時代」（東宝）はこの思想を反映するとともに，高度経済成長に奔走する「モーレツ社員」を笑い飛ばし，大いに好評を博した．

　ところが，この「無責任」思想は，オリンピックを経て急速に終息する．植木等は一連の映画で社会に向かってアナーキーに振る舞う悪党ではなくなってゆく．一見アナーキーに見えながら，実は会社のことを考えていた「モーレツ社員」であった，という結末が多くなる．ついに彼らは「くたばれ！　無責任」という，これまでの自分達を否定したようなタイトルの映画に同意せざるを得なくなる．ここには「無責任」の思想を封殺する何かがあったと考えるのが至当であろう．それは，政治・経済的に国家的事業と位置付けられた高度経済成長政策の思いもよらぬ進展であり，文化的には東京オリンピックとその精神的なバックボーンとなった大松博文の根性論だったのではないかと推測する．そこに沸き起こったナショナリズムの高まりが「無責任」という一種のアナーキズムを許さなかったのではなかろうか．

　本論では，高度経済成長の起点となる東京オリンピックに結実した大松博文の根性論を通して，スポーツと世相，社会の関わりに言及してみたいと思う．それはその後に続くスポーツ根性論，ガンバリズムを亢進する時代を劃する事件であった．その後，1965年映画「おれについてこい」（東宝）でクレージー・キャッツのリーダー・ハナ肇が大松博文役を演じるが，皮肉なことである．また，小川ローザ「OH！！モーレツ！」は高度経済成長が高原状態を迎える1970年「モーレツからビューティフルへ」のキャッチコピー出現の直前，1969年のコピーで

あることも記憶に留めたい．

1. 実証的な反映論から呪術的な前兆論へ

1964年の東京オリンピックにおいて，日本の女子バレーボールチームは金メダルを獲得した．チームのメンバーは，ほとんど日紡貝塚チームの選手たちであった．当時，彼女達は「東洋の魔女」と呼ばれていた．大松監督率いる日紡貝塚チームは175連勝を成し遂げ，向かうところ敵なしのチームであった．彼女達は「大松一家」と言われ，寄宿制の下，緊密な共同生活を営み，堅固なチームワークを誇っていた．

さらに，大松監督は，回転レシーブが代表するように戦略的・技術的指導に優れていたが，特筆すべき特徴は，チームのメンバーに対して父親の役割を果たし，チームを精神的に支えていたという点にある．日紡貝塚チームの集団は，この伝統的な家父長制度を基礎に独自の根性論が浸透していたのである．そしてこの大松のイデオロギーは，東京オリンピックを頂点とした前後数年間，スポーツ分野だけにとどまらず，日本全体をも巻き込んで信奉されていた．曰く，「勝負は勝たねばならぬ」「自分のためにやれ」「人並み以上に努力せよ」「自分がしなくてだれがやる」「一日怠れば回復は三日」「病気は許されぬ贅沢」「怪我に慣れてしまえ」である．これらの格言めいた言葉に集約される大松イデオロギーは，精神的な「根性」と肉体的な「ハード・トレーニング」という言辞に要約された．

この大松の根性論が日本を席巻した背景には，もちろんそれなりの理由がある．彼のチームはそもそも，1961年の世界選手権大会決勝リーグでソ連チームを破ることを目標としていた．そして目標を達成した．1964年秋の東京オリンピックでも，再び強敵のソ連を破る目標を明言し，今度も大松は国民の目のあたりにその目標を成し遂げる．成功するかどうかはっきりしない思想をわれわれは信用しない．われわれは思想が実践を導き，実践が成功をもたらす場合に，初めて思想に本当の価値を認める．その手順において，大松の根性論は当時の日本人にとって疑いようもなく役に立つ思想であった．彼の目標は明確であり，かつその成否はごく近い将来に置かれていた．だから，成功か失敗かはだれの目にも判定できた．ひとたびある分野で有効であることを証明された思想は，ほかの分野でも成功をおさめる可能性があると判定される．かくして，大松の根性論は広く大衆

の心をとらえることとなるのである.

　もちろん,この大松の根性論が了解された背景は先の理由だけではない.工業化社会として発展するには,資源のうえでハンディキャップがある.にもかかわらず,工業化を推し進め,国際的にトップクラスとなることが,日本の国家目標であった.「健全な経済」の発展のためにクリアすべきこの難しい条件を,スポーツの世界にもあてはめ,さらにそれを達成する方法論こそが大松の示した根性論であった.日本の実業団の女子バレーボールチームは,体格の点で,国家の援助の点で,ソ連やその他のチームに比べてハンディキャップがあった.しかし,日紡貝塚チームはそのハンディキャップを「ハード・トレーニング」と「チームワーク」で克服し,世界選手権を獲得し,さらにオリンピックで優勝した.やってやれないことはない.頑張れば,日本の国家も世界の大国の仲間入りできるだろう.大松のイデオロギーは日本のナショナリズムをも高揚させる重要な働きを演じた.

　スポーツを含む遊戯とシリアスな実生活は別次元にあるからこそ,遊戯の世界での勝利がただちに実生活の世界での成功を約束するとはだれもが考えない.しかし,われわれはこの二つの世界を結びつける.力道山による"鬼畜米英"の演出は,戦後の日本人をして「アメリカに勝てる」と信じ込ませ,日本人に自信を回復させ,その後の経済発展の基礎を成した.当時の日本人の自虐的な精神を払拭するエネルギーを力道山が持っていたのである.しかし,大松が実践した根性論は,成功する方法は遊戯と実生活いずれの世界でも同じだという,さらなる呪術を提示していた.スポーツの世界での有効な方法論を汎用する呪術を,今日でも,プロ野球の監督を招き指導指針に耳を傾ける経営セミナーや,理想の上司に巨人・長嶋やオリックス・仰木が挙げられたりする事例が示している.

　さらに,もうひとつの思考的な背景は,実生活での集団の威力がスポーツにあらわれやすい,という素朴な反映論である.アメリカやソ連は強国である.だからオリンピックでも多くの金メダルをとる.この反映論を裏返すと,スポーツの強い国家は実力の世界でも強いという類推が生まれる.旧東側諸国などがメダル獲得を国家事業としたのもこの反映論の一例である.そこで,企業のような集団の実力も,その集団のスポーツの実力で評価されやすい.大松(1963)はその著「おれについてこい」に記す.

「日紡は今度，バレーボールを会社の看板スポーツとしてやる方針を立てたのだが，やるからには，絶対に強いチーム，負けないチームにせにゃならん．その強弱によって社運が判断される．どんどん強くなっていけば，世間から，日紡の社運は隆盛とみなされ，弱ければ，衰退の一途をたどっているとみなされる」

この類推に十分な根拠を与えるのは，皮肉にも，日紡貝塚バレー部の歴史を今に引き継ぐユニチカ・バレー部の廃部であった．長引く不況の影響によって2000年7月いっぱいで活動を停止すると発表する．経営に余裕がある企業でなければ，とてもバレーボールなどに力を入れることはできないのである．

とにかく，注目すべきは彼の論理の飛躍である．逆も真なりと「わが日紡チームが強くなれば，社運も隆盛になるだろう」となる．こうして，実証的な反映論が呪術的な前兆論に転化する．したがって，会社を隆盛にするためにはチームを強くしなければならない，ということになる．社運に勢いのある企業は強いチームをつくるかもしれないが，チームが強くなったからといって果たして企業が栄えるとは限らない．ここには一種の論理のまやかしがある．しかし，多くの選手はもとより，世間もとりたてて拘泥をみせた形跡がない．つまるところ，スポーツにはやはりこの種の呪術的な力があるのだろう．

日本の高度経済成長もこのような大松の呪術的な論理に支配されてはいなかったか．見えない「豊かさ」を偶像化し，いつか家をもてるとおだてられ，その揚げ句に，地価高騰と財政破綻をもたらしたこの三十数年のあり方はまさしく呪術的であったと言えないか．1964年の精神的昂揚はこのような危うさの原点であったと言えよう．

2. 脱出のエネルギーの水先案内人と家父長制度の体現者として

視点を少し変えてみたい．それが女子であり，バレーボールであったという現象についてである．これは攻めよりもむしろ受けのスポーツであるのは興味深い事実である．身長の低さはスパイクに不利だが，そのかわり，膝を折って座ることに慣れ，からだの重心が低い日本人の習性は，レシーブに適している．また，バレーボールは，野球やバスケットボール，ラグビーなどの集団スポーツの中で，

役割の分化が比較的小さいスポーツと言えそうだ．全因果的に多様な役割を担う特性は，9人制から6人制へ移るとともに，画一性というバレーボールの特徴を一層明確とする．全員がぐるぐる回って，サーブし，サーブを受け，セットし，アタックし，ブロックする．もちろんコンビネーションは大事だが，それは役割の分化ではない．バレーボールの連帯は同質者の連帯である．異質者が相互に差異を通じて結合する有機的・近代的な連帯ではない．そのことは，ほとんど連帯を構成し得ないほど各ポジションが異質的である，野球のようなゲームと比べれば明瞭となる．敗戦直後，野球が許容された理由は，異質な役割から構成される有機体，個の成立を前提に奨励するゲームであるからこそと推論している．それほどにスポーツにおける役割の画一と分化は社会や時代を反映する可能性を秘めているのである．

　受けが基本で画一性が支配するスポーツ，バレーボール．それは，これまでの日本の女性の生活習慣になんらかの適合をみせているように思える．歴史的にみてわが国の近代工業化を陰で支えた女性のありさまと切り離せない紡績工場からバレーボールのチームが育ってきた事実を見逃せまい．

　次に，彼女達，選手の動機である．当時の日本はさして豊かではなかった．いろいろな土地から，遠く故郷を離れて少女たちは工場へやって来る．彼女達は寄宿舎へ入り，そこで第二の村の生活が始まる．規律と清潔が重んじられ，画一的な行動様式が要求される．しかし少女たちの中にも，自分を表現し，世間から認められたいという当然の夢がある．その夢は工員や事務員の生活の中では満たされない．ところが，バレーボールの選手となれば，普通の娘たちと共有する世界のほかに，もう一つの世界が与えられる．強いチームには，世間が注目しマスコミのヒロインとなること，外国にも行くチャンスもある．この欲望の現出は，「自己実現」が頻出する現在とは大きな隔たりがある．当時，「自己実現」は社会的に容易に許容されなかった．「自己表現」を抑制する閉鎖的な共同体生活が生み出す脱出のエネルギー，のちに頻用される言葉「ハングリー精神」，それが選手たちのエネルギーであった．

　いみじくも大松は「自分のためにやれ」と言う．「会社のため」と彼はまずは言うが，それは社会人としての義務，換言すれば「まやかし」を承知で大松が言った言葉であるということが，この一語によって肯定され得る．会社やチームのためでもなければ，他人のためでもなく，自分のためにやれ．この教えは，選手

達がもつ脱出の欲望を肯定したという点で，これまでの，また現在でも，スポーツ指導者には見られぬほど独創的である．「鬼の大松」に記憶される大松は，滅私奉公型の過激なモラリスト，根性論主義というイメージがあるが，その指導はきわめて合理主義的な戦略に基づいていた．

まさしく彼の指導は冷徹な計算に裏打ちされつつも，一方で「宗教的」であった．それは大松個人の教祖としてのキャラクターに大きく依存している．事実，彼が去ったのちの日紡はすぐに崩壊する．彼のチームの在り方は，彼という存在を抜きにしては存立しえなかったのである．このような大松の姿，女性の中に屹立し精神的な統括を与える姿こそ，イメージとしての家父長を体現していた．彼を慕う女性の中にあった，父性への欲求を見事に満たしたと言えよう．この事実はチームの構成メンバーの家族的背景によるところが大きい．彼女達のうち4人までが父を失った母子家庭の娘であり，両親のいない1人を含めると5人である．またある選手は母を失っているので，この者を加えると6人までが両親が揃っておらず，両親が揃っているのは，2人だけであった．彼はこのような選手達にとって，父親の役割を演じていたのである．彼はオリンピックの終了後，選手達の婿探しに奔走するし，選手達も大松の参議院議員選立候補に際し，全身全霊をもってその応援にあたったのである．やがて社会は，父が存在していながら父性が欠如するという奇妙な事態を迎えている．

3. 高度経済成長を支えた呪術

社会は個人から成り立っているものの，その個人は集団の中で生涯の大部分を送る．個人と集団のいずれをより重視するかは，その社会あるいは民族によって異なる．日本人はどちらかと言えば集団重視の傾向があると久しく言われている．おそらく今もその傾向は強いであろう．これは日本人が，欧米人よりもはるかに人口密度の高い中で，何世紀にもわたって生活して来たためとしばしば説明される．

また，個人の自覚を必要としない感情融合的な共同態，つまり生活共同体としての「家」を生活の基盤とすることも日本人の集団志向を強めた．「家」は原理的に血縁関係・姻戚関係をもたない家族成員以外の個人をも包含し得る．したがって，本来家族成員でない個人が「家」の一員として生活し行動することになる．

この「家」の性格は，「家」以外の集団にもその原理を拡大適用し得る．任侠の世界に限らず，一家や組，さらには軍や軍団と命名される集団はさまざまな領域で見られ，とりわけ，スポーツの世界ではこの大松の日紡貝塚がそうであったように頻出する．

　しかし「家」は幻想である．だがそれを幻想と自覚させないものがこの高度経済成長期の日本にはあったのであろう．それは国挙げてこの成長を成し遂げるのだという，1960年安保闘争後，一時的に生まれた一種の連帯感であった．この連帯感は，ミクロ・レベルでは大松の統括を可能とし，マクロ・レベルでは1955年体制後の自民党の広範な支持を確固たるものとした．それは，冒頭に記した，植木等のニヒリズムをも許さなかったのである．人々をして，この幻想を幻想と自覚させず，かつ実感しえるものと錯覚させたものこそが，彼らが共有した敗戦という痕跡からの「脱出のエネルギー」であったように思えてならない．

　この30年，スポーツ指導という範疇にもいくつかの変化があった．大松のモーレツ時代が過ぎた後，人々が新しいシステム原理として見い出したのは透徹した合理性であった．1970年代にプロ野球の分野で広岡が創始したこの「管理」と呼ばれる方法は，森や野村といった継承者を産み，いまも実社会の企業体の上層においてはあるべき指導の在り方として理想化されている．ところが1980年代に入って，主として教育の現場から巻き起こった「脱管理」の声のもと，そのような指導の在り方にも批判の声が聞かれるようになった．オリックス・ブルーウェーブの仰木や横浜ベイスターズの権藤による指導体系は，選手の自主性を尊重するという点で世間に喧伝され広範な支持を集めた．

　それでは，大松のような指導の在り方が今後支持を集めることはないと言えるのであろうか．1995年地下鉄サリン事件などの一連のオウム事件は，世間にはいかに「支配されたい人々」がいるのかを如実に示していたし，プロ野球の底辺である高校野球の世界では，大松が方便として語った以上に空疎なモラリズムに満ちた言辞が飛び交っている．なにしろ，「自主性尊重」の仰木や権藤ですら，その支柱は仰木・権藤個人の人格的魅力に負っているのである．大松の指示した指導の在り方は，いまだにその類似形をみることができるように思われる．それは日本人がいまだに「家」を信奉していることの何よりの証左ではなかろうか．

　時代は進み，この高度経済成長は佳境を迎え，女性がいよいよ社会に進出し始める．1960年代中葉には「言葉を失った子ども達」を生みだすことになる．「鍵

っ子」である．この時期まで，出稼ぎ，長期出張，遠洋漁業など実際には父親がいなくとも，実体としての父性は母親や祖父母を語り部として心象に存続する．しかし，この女性の社会進出とそれにともなう核家族化の急進によって語り部は途絶え，実体としても心象としても，父性は着実に喪失し，同時に母性をも欠損する．母性への思慕は近年のバーチャルの中で，母親殺しや疑似子育て（タマゴッチ）として具体化する．子育てできない類人猿同様，バーチャルな子育てには身体的な苦痛をともなわず，その結果，痛みを想像できない子どもたちの死傷事件，ヤンママ・ヤンパパによる乳幼児虐待を誘発する．数年来，夏にはパチンコ，買い物，物件探しに出向く父母による車中置き去り熱中症事件，冬にはパンやご飯を買い与え自宅監禁状態による凍死，衰弱死事件が頻発する．

　遠足や弁当にあるおむすびの形は東日本の小判型と西日本の三角形型に大別されるが，それぞれの家庭にはその家の伝統の形がある．コンビニのおむすびしか思いつかない人々は，佐渡島の人工飼育のトキにきっと違和感を持たないであろう．親や兄弟とのハイタッチのない，その姿に自らの境遇がトキであると気づくのであろうか．「家」の崩壊が「家」への信奉を一層篤くする．

　本論は1996年東京大学教育学部応用スポーツ社会学受講生相部任宏（文学部）によるレポートをモチーフとした．

［海老原　修］

3章

ネーションの相対化にねじれる応援

1.「応援」に関するレポートから

　2000年度前期「基礎スポーツ社会学」の講義に提出された「スポーツ選手への応援」と題するレポートの抜粋を紹介したい．

　日本野球界でプレーしていた野茂英雄投手はノーラン・ライアンやロジャー・クレメンスに憧れ，メジャーリーグでプレーするという自分の夢を叶えるために1995年渡米した．米国メディアが日本製投球フォーム"トルネード"を"A Japanese Tornado"と英訳し，熱狂的なファンを"nomo mania"と呼ぶほど，米国野球界に一大旋風を巻き起こした．そのなかで，1995年7月24日 Newsweek 誌に野茂投手を応援するある日系人の姿が掲載された．その日系人は日本の旧海軍の旗を振って応援していた．この日系人は，なぜ日の丸ではなく，旧海軍旗で応援していたのか．その旗にこめられたメッセージは何だったのであろうか．日の丸を振って応援する姿は，オリンピックなど国際性の高い大会でよく見られる．観客が国旗を振って応援することで，代表選手たちは応援席にいるファンを一目で見つけ，自分を応援してくれる人々に応えることができる．そうすることで，異国の地でナショナリズムが高揚し，一体感が生まれるのであろう．では，旧海軍の旗で応援することには，どのような意味があるのだろうか．旧海軍の旗から連想するのは，日本がアメリカに敗北した太平洋戦争である．野茂投手がアメリカ人選手から次々と三振を奪っている姿は，言わば日本人がアメリカ人を「倒している」のである．旧海軍旗を振っていた人物は，野茂投手を太平洋戦争の戦士とみなし，アメリカ選手を倒すために，単独で渡米してきた仇討ちの主

人公と考えているのではないだろうか．敗戦の雪辱を晴らし，アメリカに一泡吹かせてほしいという期待があったのではないか．

　このレポートでは前段で応援を四つに類型化している．①自分で成し遂げられなかった夢をスポーツ選手に託し，応援することで自分を奮い立たせるために応援する，②ワールドカップのように国際性の高い大会で，サッカーが好きな一個人としてではなく，1人の日本国民として応援する，③オリンピックなどの世界大会で，内戦に苦しんでいる国の代表選手が，スポーツを通じて自分たちの存在をアピールしている姿を，国境を超えて応援する，④テニスのウインブルドンの試合で見られるように，たとえ応援する選手でなくとも，素晴らしいプレーに拍手を送り応援する．丁寧さや妥当性は措くとしても，人々を応援に駆り立てる動機を類型化する試みを評価したい．
　その上で，先の野茂投手への応援の特異性が，見果てぬ夢をスポーツ選手に託して応援する類型①に対応するが，その心持ちとは「アメリカ人を打倒する戦士」という観客からの一方的な「押し付け」であり，そこには応援される選手と他の観客への「配慮のなさ」があると結論する．
　このレポートの参考文献となったNewsweek誌を入手すると，レポートを提出した学生が犯した誤解は興味深い．英語版Newsweek誌1995年7月10日号の表紙は，いまや投げ込まんとする野茂投手を背景に，大文字「Nomo！」とこぶりな文字「A Japanese tornado strikes America baseball」のキャプションから構成される．特集記事の中にはレポートが注視した日系人が旧海軍の旗（旭日旗）を振る写真はない．遅れること2日，同じ表紙のニューズウィーク日本版が発刊される．その文中には，左から順にN，O，M，Oと腹部に文字を書き入れた4人組と日系人とおぼしき人物が日の丸を振る姿の写真が掲載される．したがって，先のレポートの資料はニューズウィーク日本版と推定され，レポートの主眼であった旧海軍旗は誤解であって日章旗であった．
　しかし，この責任が学生の一方的なものではなく，それを生んだ理由を推察できないこともない．英語版の「Asian-Americans wave Japanese flag」を日本版は「日系アメリカ人」と訳し，さらに英語版にない日章旗を振るシーンを日本版が掲載しているからである．殊更，国旗が注目される企画になぜ日本のメディアが変換したのか，スポーツ・メディアを批評する際の欠かせない視点として記憶

に留めたいが，本論での主眼ではない．

　むしろ，レポートが日章旗と旭日旗を錯覚した理由を推察することに歩を進めることとする．「「ふれあい　W杯韓日共同応援観戦団」に参加」と題するジャーナリズム論考は，先のレポートがあながち錯覚ではなく，そのような事態が現実に起きたシーンを紹介している点で注目できる．2002年W杯日韓共同開催に向けて友好を深める目的で在日本大韓体育会中央本部が企画した，1998年W杯フランス大会合同応援ツアーへの参加体験談である．そこには次のような事態が記述される．

　パリの競技場で行なわれた韓国—ベルギー戦では韓国が後半に同点にした．ベルギーのサポーターとの交流は楽しく，これがワールドカップの雰囲気だと感じた．古都リヨンの日本—ジャマイカ戦は会場の約80％が日本の応援団で，ジャマイカのサポーターは目立たなかった．国立競技場での試合のような雰囲気．試合開始前の国歌斉唱で日本の若者が大声で君が代を歌った．日の丸も振られた．日章旗に寄せ書きもしていた．海軍の旗だった旭日旗を持つ学生もいた．「97年の韓日戦から旭日旗が目立っている．この人たち，またわれわれの国を侵略するつもりかと思った」と在日のスポーツ・ジャーナリスト，崔仁和（チョイ・インファ）さん．
（http://www1.doshisha.ac.jp/~kasano/FEATURES/OTHERS/worldcup.html）

　国別対抗の試合で国旗を振るのは先のレポートの類型②となるが，なぜ日章旗への寄せ書きという行動となるのか．そして先のレポートの錯覚が現実となっている．最近の事例には，米大リーグ，シアトル・マリナーズのイチロー外野手への応援風景を取り上げねばならない．ICHIROとプラカードに書いて応援するなかで，「Rising Sun」と大書した日章旗を振って応援するシーンがテレビ中継やスポーツ・ニュースに流れる．「旭日」をやや古い和英辞典にたずねると「Rising Sun」が出現する．旭日昇天の勢いをイチロー選手の活躍に重ねるのであろうか，それとも先のレポートの先見性に脱帽すべきであろうか，ギクシャクした感覚は拭い去れない．この違和感は，1995年野茂投手への日の丸，1998年W杯での日章旗への寄せ書きや旭日旗に通底する．

　英語版Newsweek誌は「野茂はアメリカの国民的娯楽の救世主とか，日本の

誇りに無頓着である．"よいシーズンを送りたいだけ，楽しみたいだけ"と通訳を通じて言う．」この野茂投手のコメントは日章旗の応援の的外れを揶揄しているように感じる．1995年にはロサンゼルス・ドジャーズか，野茂投手を応援する，2001年にはシアトル・マリナーズか，イチロー外野手を応援するのが，応援する対象としては至当ではないだろうか．先のレポート流に考えるならば，チームを応援するか，選手個人を応援するのが，観客の配慮ではないだろうか．日本のプロ野球やJリーグではどうであろうか，ラグビーやバレーボールといった日本リーグではどうであろうか，いわんや大学，高校，中学校の学校対抗レベルではどうであろうか．突如として日章旗や，驚くことに旭日旗を振って，選手たちを応援する姿が浮かび上がるのであろうか．

2. 身体の集団性への帰属化

多くの日本人が自らの身体を知覚する手始めは運動会だったのではないだろうか．徒競走のスタート直前の鼓動を思い出すにつけ，あれがはじめて実感する緊張感であったのか，と合点する．異性の身体を意識するフォーク・ダンスや仲間の肉体的な昂奮に接触する棒倒しや騎馬戦が運動会には準備されている．自らの昂奮が手をつないだ相手に気取られやしまいかと頬が紅潮するような感じがする．敵や味方の生々しい鼓動が二の腕，肩，胸から伝わる．一息入れた後，同じ感覚が相方にも生じていたのではないかと，じとりと手のひらの汗をながめながら，妙な身体感覚が生まれる．身体の求心化作用と遠心化作用（大澤，1990）が運動会に周到に準備されていたとは思えないけれど，自らの身体を意識すること，他者の身体を意識すること，そして他者の身体を意識することを通じて先ほど知覚した自らの身体感覚を更新することが繰り返される．

同時に，応援との出会いもこの時期ではないだろうか．小学校では紅白対抗形式，中学校では学年・クラス対抗形式，高校では学年枠を外すクラス対抗形式であった．時代が近いから，この変遷をしかと覚えているのではなく，高校のクラス対抗形式は運動部以外で先輩—後輩関係を体験する機会であったからだ．ともかく，運動種目の得点のみならず，組織され練習を繰り返した応援演技も得点の対象となり，一喜一憂する．長めのハチマキの団長と応援団による音頭よろしく，笛と太鼓のリズムに白手袋の動きが重なり，ついに三・三・七拍子のクライマッ

クスを迎える．クラス単位の練習は念入りであるが，他のクラスや他の学年との調整に自信は揺ぐ．父兄，となり近所のオッチャンやオバチャン，担任以外の先生たちからのまなざしが射るようで，そんな不安を振り払うには応援団の手袋に照準を合わせ，必死で声を張り上げるしかない．

このような原体験に基づく運動会を冷静に観察すると，運動会に組み込まれた身体感度と応援への接近には感服する．しかし，この機能と構造の先にあるものに対して問い続ける姿勢をなおざりとすることはできない．

吉見（1999a）は，明治期に試行錯誤した運動会の改良が校内の各児童のさまざまなレベルの集団性への帰属化を通じて国家的な身体能力への同一化させる回路をかたちづくっていたことを明らかにしている．そこでは，運動する「私」の身体は，わが「組」のためのものであり，わが「校」のためのものであり，ひいてはわが「国」のためであった，と看破する．果たして，この回路を応援の原体験にあてはめるとき，応援する「私」の身体は，学校内での「紅白」「学年」「クラス」，都道府県内での「地区」「ブロック」，国内で「都道府県」を経て，「国」のために向かう大きな流れにかたちづくっていることに気づく．高校野球や都市対抗野球は，内実は学校対抗形式や企業対抗形式であるにもかかわらず，都道府県代表や市町村代表を強調し，「私」が「国」に収斂する回路をかたちづくる一例となる．

3. みる身体性から拓く確立された個人

このような視点からスポーツファンの応援様式に着目すると，杉本（1999）が解き明かす「煽る文化装置」と「鎮めの文化装置」は，「私」から「国」への回路分析として理解しなおす試論として興味深くなる．

アノミーに陥りそうな，あるいは，エクスタシーに身を委ねそうな，闘鶏に興奮する人々に，賭けを通じた勝敗の設定が社会的な連帯を生起させる．これにヒントを得たギアーツは，社会的紐帯が崩壊する危険を未然に回避するためには，敵対集団を設定することがその絆を逆に固くすると分析する．この解釈に依拠し，一つのチームを応援するとき，その敵対するチームへの感情が，同じチームを応援する人々をより強固に結びつけると解釈する．この手法を日本の近代化に照らすとき，仮想敵国を欧米や大陸に求めていたことになる．その内的結束のエネ

ギーを身体性に求めるとき，「見る身体性」に開放される興奮をコントロールする，あるいは感情をコントロールする練習の場として，運動会は近代が発明したスポーツの利用法ではなかったのか，という発問にたどり着く．

しかし，そこでは回路分析に力点が置かれ，スポーツ文化の構築を志向し，その回路の先にあるものへの探索は留保する．そのスポーツ文化への志向性は，松田（1999）の詳細な分析のなかで示される典型的な陥穽となる．

まずスポーツファンの体験を作田（1993）が峻別する拡大体験と溶解体験にあてはめる．フジヤマのトビウオや力道山の空手チョップへの熱狂は前者の拡大体験となる．それは，自己の範囲をできるだけ広げるが，自他の区別は依然としてはっきりとしたままに，自己防衛的に「閉じたもの」としての境界をもち，ややもすると国家主義的な熱狂を招来していた．一方，溶解体験は客体への主体の全面的な参加あるいは没入であり，自他の区別が無化する分割不可能な同化，つまり対象中心的知覚によって特徴づけられる．瞬時のスポーツシーンに忘我する体験，終了のホイッスルととも咽び泣くエクスタシーの体験などに求められる．スポーツファンの拡大体験は新たな有用性の世界を開き，溶解体験は新たな至高性の世界を開く可能性を提示する．

このような二つのスポーツ・シーンの体験に「合一の共同体」と「交流の共同体」を成立させると指摘した岡崎（1995）の論考を援用する．スポーツファンや応援にみる体験を，この共同体の成立にあてはめるとき，松田（1999）の陥穽がはっきりとする．

現実的な共同性を本質とする合一の共同体では「確立された個人」，それに対して内奥の共同性に本質をもつ交流の共同体では「理性あるいは認識によって分断・分割された非連続的存在としての個々人」と引用するように，「確立された個人」を前提として論を進めることとなる．

近代社会が個人主義的なリベラリズムを最も徹底させた時代であったことを考えれば，スポーツファンの体験とそれにともなう他者関係のいずれを，社会が支持し，強化しようとしたかと自問する．自立した主体，独立した自由な人間，〈個〉という理念がめざすべき社会の基礎であり，〈個〉と〈個〉が社会制度を共有し，相互対称的に関わり合うという共同体のイメージを生んできたが，その理念とイメージとは裏腹に，スポーツファンの体験によって生まれる他者関係は，自己保存を前提とする他者関係であって，拡大体験でしかなかったと明言する．一方で

個の確立の徹底をめざしながらも，他方で他者関係に収束する方向を社会が志向していたことを暗に示す．にもかかわらず，このような方向づけを可能としたのは確立されない個人の存在であったのではないかという懐疑が松田（1999）には生まれない．

　つまり，「応援」が溶解体験を無力化し拡大体験を伸展するための仕組みであり，擬制としての個の確立とそれに基づく想像の共同体を支える一翼を担っていたのではないだろうか．さらには，「確立された個人」や「理性あるいは認識によって分断・分割された非連続的存在としての個々人」の確立を妨げてきた仕組みではなかったのではないだろうか．確立された個人の存在を前提とする松田（1999）の論考が，確立しない個人の仮説の前に無化され，それは杉本の発問に立ち戻る．なに（what）やどのような（how）を綿密に分析したスポーツファンの論究を，なぜ（why）にまで発展する基盤として評価したい．

　そのなぜ（why）を追求する姿勢がない限り，問題点に到達しない．目のあたりに繰り広げられる一流選手の瞬時のプレーにあれほど陶酔していた人々，すなわち，ジダンの芸術的FKやロベルト・カルロスの爆発的なFK，動物的なロジェ・ミラの躍動，マグワイアやソーサの大飛球，ランディ・ジョンソンやロジャー・クレメンスの剛速球，野茂や佐々木のフォークボールに忘我しエクスタシーに到達した人々が，かくも簡単に，武運長久と大書しないものの日章旗に寄せ書きする，旭日旗を打ち振る姿に変身できるかという疑問には至らない．

　この豹変こそ確立しない個人を証明しているのではないだろうか．このような個を確立しない仕組みを支えるのが，スポーツ本来の心性を剥奪し異なる価値観を置き換えた明治期以後のスポーツ教育政策であり，「私」は「組」「校」を経て「国」に収斂する呪術こそコミュニティ型スポーツに委ねられていたに違いない（海老原，2000b）．作田（1993）の言葉ならば溶解体験が拡大体験を超越する可能性，岡崎（1995）ならば「交流の共同体」が「合一の共同体」を超越する可能性を論究する視点は，確立された個人の在り方を問い続けることに違いない．

　岡崎（1995）は，溶解体験を事後的に把握しようとすれば，祝祭に操作性が与えられ，溶解体験における交流が集団との合一という観念に変換される可能性はあるものの，体験としての交流は人々が観念で合一するときに止まってしまうと解釈する．スポーツにたゆたう陶酔と忘我がスポーツによる敵対と排他に豹変するのが祝祭の操作性であり，それを宗教現象と呼ぶことは簡単である．しかし，

これを克服する手だてはないのであろうか.

また同時に「合一の共同体」の本質が現実的な共同性であり，日常的秩序安定化を志向し，「交流の共同体」の本質が内奥の共同性であり，日常的秩序解体化を志向し，前者は社会秩序の次元における「われわれ」の一体感であるが，後者は自然秩序の次元における「われわれ」との共鳴であって，これこそ人間性の根源的な二重性であると結論する．この二重性を超えない限り，溶解体験は拡大体験に吸収され，異なるものとの接近と交流は成し遂げられないのであろうか．

ドーピングで鍛えられた強靭な肉体を嗤うこと，捏造されるメディア・スポーツの物語りを暴くこと，観戦によって与えられるスポーツの心性，過剰なエネルギーつまり蕩尽と遭遇することこそ，スポーツを原点から見直すことであると主張したい．メディア・スポーツを客体視することの面白さ，そして直接的な観戦による絶対的な瞬間の実感を，繰り返し反芻することが「みる身体性」の出発点になるように思える．運動会で獲得された「する身体性」の発見を「みる身体性」「応援する身体性」に応用できないのであろうか．その心性に立って，スポーツをみることの特性を内省的に問い続けることが必要なのではないだろうか．一方で拡大体験が自己の境界外に存在する他者を毀傷する危うさを秘めていること，つまり「配慮のなさ」につながることを，他方で溶解体験が交流を通じて異種・他者と共有する可能性を内包していることを知ることが，自己の存在，他者の存在，他者に照射する自己のありさまを把握することのように思える．

4. 進行するネーションの相対化

類型②を思い出すまでもなく，国際的なゲームではもちろん自国のチームや選手を応援する．オリンピックや世界選手権で，負けるのは自明であっても，ほとんど無意識のうちに応援する．しかし，このようなナショナリズム（自国贔屓）がもつ問題点を，多木 (1995) は，国家とか人種とかがなにものであるかを問う権利が保障されるか否か，そしてナショナルなイデオロギーが先行することで競技者と観客が攻囲され，彼らの人権と自由が無視されかねないという2点を指摘する．つまり，帰属する集団への貢献に見合うほどに応分の恩恵を受けているのかを問い続けること，よきにつけ，あしきにつけ，集団からの一方的な恩恵がもたらす独善を拒絶する権利をもち続けることが，肝腎となる．

その上で，個人，ネーション，国際的機構に新たな関係を仮定し，近代的思考の極限である「個人」と「世界」の結束のまえに，ネーションの意外なほどの空虚さが浮かび上がることを解き明かす．つまり，ネーションとは，確立された「個人」と確立された「国際機構」との媒介でしかありえず，個人としてのスポーツマンのアイデンティティの拠り所ではなくなってしまうのであると予見する．今日，スポーツが面白いのは，このようなネーションの相対化が想定できるからであるとまで言い切る．

　2002年日韓共催W杯に向けたコンフェデレーションズカップ2001が開催され，日本代表は6月7日に準決勝でオーストラリアを破ったが，6月10日決勝戦でフランスに敗れた．決勝進出となるフリーキックを蹴りこんだ中田英寿選手は，直後のテレビ中継で「決勝でも頑張ります」と発言していたが，イタリアリーグ・セリエAの試合に向かった．さまざまな論評があるが，日本とASローマを天秤で量り後者を選択したと後々記憶されよう．

　2001年6月18日，ASローマはイタリアリーグ・セリエAで18年ぶり3度目の優勝を果たす．この期間に中田の選択への否定は耳にしない．われわれは，彼の大人びたコメント「セリエAでなにかを見つけ出し，それを日本の将来に生かしたい」を許容するからであろうか．確立された「個人」と確立された「国際機構」の直接的な関係を体現することに羨望するからであろうか．あるいは拡大体験をもたらすヒーローを待望するからであろうか．ASローマにチームワークやチームの和なんてフレーズはつゆ聞こえない．「中田の偉業」より「日本人初のセリエA制覇」といったメディア言説が広まる．「個人」が「世界」に直接コミットする姿より「ネーション」が強調される．「中田」を「日本」や「日本人」にスリ替える拡大体験が一層進展する．そんな手法を容認するならば，われわれの精神構造は相変わらず未熟児そのものに違いない．

　「日本？　そんなために闘っているんじゃないよ」と公共の場で言い切るほどの選手の出現に期待する多木（1995）のあとがきは，Newsweek英語版に掲載される野茂投手の発言がトリガーであったのではないか．そんなことを推論できる時期の一致である．将来，野茂が米大リーグで，中田がイタリア・セリエAで，後続の日本人選手に向かって，いかなるフラッグを振るのであろうか．それを想像することは決して難しいことではなさそうである．野茂と中田が体現するネーションの相対化のまえで，日章旗による応援の意味を絡めて，「確立された

個人」「確立しない個人」を問い直す絶好の機会であると考える．

［海老原　修］

4章

スポーツ・ボランティアの功罪

「第四小の子どもに間違いないと思うけど、たちばな商店街に出るところで、お年寄りが自転車に乗っていて転んでしまった。近くにいた5、6人の子どもが走ってきて、自転車を起こし、放り出された荷物をかごに入れてくれてね。それを見てうれしかったね。いま、子どもの暗い出来事ばかり耳にするんだが、いい子がいるね。校長先生ぜひ、朝礼で話してください。」

町会の方からの申し出に、早速生活指導朝会で、担任に確認する旨が伝達され、間違いなく本校（第四吾嬬小学校）の児童であることがわかった。全校朝礼で、「町会の方からうれしいお話を聞きました。四吾の子どもたちだと思うけど、自転車で転んだお年寄りを助けてくれた子がいるそうです。心あたりのある人、手をあげてください。」すると、1人、2人、3人、4人と手があがり、3年生の子どもたちでした。ステージにかけ寄ってくる子どもたちの顔は、恥ずかしそうにしながらもうれしそうでした。

兄と姉そしてもちろんお父さんには言わないように母親に頼んだが、校長先生が「うれしかったこと」と題する学校だよりで皆が知るところとなり観念する。「恥ずかしそうにしながらもうれしそう」な面映さは家族への口止めに象徴される。宮沢賢治「雨にも負けず」を引き合いに出すまでもなく、困っている人に手助けするのは当然である。まさかこの出来事をボランティアとは言わないだろう。

しかし、公共広告機構はチョットしたボランティアを「チョボラ」と宣伝する。困っている人を手助けすることがボランティアになるのだろうか、疑問である。シルバーシートとはお年寄りの囲い込み、エイジズムの典型に他ならず、あらゆるシートにシルバーシートの発想を適応したい。

新聞社のホームページで「ボランティア」を検索すると四十数件にヒットする。

清掃のボランティア，治験のボランティア，花壇や植木のボランティアなどはわが家の愚息の手助けレベルではなかろうか．「いますぐに，だれでも，できる事柄をボランティアと呼ぶべきでない」と考えたい．検索記事は，新人警官には研修としてボランティア活動をさせる神奈川県警，奉仕活動に自主的性格の強いボランティア活動を含めるように修正，採決，可決した教育改革関連3法案を紹介する．ここにあらわれる使役動詞「させる」や自主的性格はボランティア定義の混同や曖昧さを呈示する．

Jリーグ・アビスパ福岡は買春容疑で逮捕された所属選手に1年間社会福祉活動などのボランティアをさせると処分発表する（毎日新聞，2001年12月8日）．Jリーグ2部大分トリニータは酒気帯びおよび無免許運転など道路交通法違反で略式起訴され罰金刑を受けた選手に2002年1月から半年間ボランティア活動をさせる（毎日新聞，2001年12月29日）．これもまた，使役動詞をボランティアにあてる．ボランティア活動がはたして懲罰の手段として適当なのであろうか，はなはだ疑問である．

2002年1月東京で開催されたアフガニスタン復興支援国際会議は三方一両損と記憶されそうである．しかしここで取りざたされたNGO問題の根深さは，国が国以外の組織の活動を統制し，「草の根の市民の努力」の芽をむしってしまう危険にある．個人の自主的活動を他者が方向付けることが結果的にその自主性を破壊する可能性を孕むからである．国家の統制は奉仕活動に自主的性格の強いボランティア活動を含める教育改革関連3法案に似る．この問題のカギを握るNGO（非政府組織）ジャパン・プラットフォーム（JPF）そのものに対する疑問が提示される（朝日新聞，2002年1月26日）．JPFはそもそも外務省肝いりで，NGOを中心にマスメディアや研究者を入れ，経団連などの支援で組織されたという．政府肝いりの非政府組織とは「自主的な性格の強いボランティアをさせる」ほどに奇妙な言い回しと感じる．

1. ボランティアの専門性とは

2001年11月12日中米ドミニカ共和国行きアメリカン航空587便がケネディ国際空港を離陸直後，ニューヨーク市クイーンズ区ロッカウェイ地区に墜落した．そこは9月11日の同時多発テロの際，世界貿易センタービルに駆けつけた消防士

のうち，最も多くの犠牲者がでた地区の一つと言われる．弟の遺品である消防服を身にまとい墜落現場に急行する兄の姿をボランティアとニュース番組は伝える．テロとの関連が疑われ，二次災害に巻き込まれないように注意が呼びかけられるなか，立入禁止のテープ越しに燃えさかる住宅を映す．

　1988年12月英国スコットランド上空のパンナム機爆破事件では，翌89年9月アフリカ・ニジェール上空で爆発したUTAフランス機の破片にパンナム機と同じ時限爆弾の破片を発見することで，米英司法当局が犯人を特定した．凄惨な残骸に犯罪の証拠を探し出す高度な捜索能力と正義感に支えられた執念をうかがい知る．587便墜落が事故か事件か判然としない段階で遺留品には接近できない．消防士でもない，事故調査委員会や運輸安全委員会の調査員でもない兄が，墜落現場の消火やフライトレコーダー捜索に従事するはずもない．では彼はいかなる活動を行なったのであろうか．このあたりを想像すると，立入禁止区域外に現れる消防服は場違いな装いとなる．

　1999年8月14日の神奈川県玄倉川キャンプ水難事故では，行方不明者の捜索が下流域となる丹沢湖で県警，消防，陸上自衛隊によって行なわれた．その中に神戸に本部を置くボランティア団体「神戸元気村」が16日朝からカヌーを持ち込み自主的に捜索に加わった．丹沢湖を管理している県企業庁は「危険なのでやめてもらいたい」と作業の自粛を求めたが日没まで捜索を続けた（朝日新聞，1999年8月17日）．17日午前10時すぎには名前の書かれた黄色いサンダルを発見する（読売新聞，1999年8月17日）．遺体が発見されない場合にその遺留品は遺族にとってかけがえのないものとなったであろう．しかし警察，消防，自衛隊が，制服にライフジャケットをまとい，あるいはスクーバダイビング姿で潜水を繰り返すなか，カヌーはいささか奇異な光景に映る．

　先の墜落現場の映像では，立入禁止テープが整然と区分けされる．事故と事件の両方に対応するように配慮されていたのだろう．同じ観点に立てば，湖面を碁盤状に区画し捜索の徹底が図られていたと推論するのが合理的である．県企業庁からの申し入れは，捜索活動の規律から逸脱し非効率的となる，当局の捜索技術は堅実で二次災害も十全に回避できる，カヌーが二次災害に遭う危険はより大きく結果的に捜索の遅れにつながる，などの観点に照らすと妥当な判断と理解できる．

　1995年阪神淡路大震災や1997年ナホトカ号重油流出事件という有事はボラン

ティアの在り方を考える出発点であった．それを手がかりに「ボランティアとは，有資格者がその特殊能力を定常的に発揮する職業的領域にあって，有事に際して定常的にはその能力を発揮しない有資格者が無給にてその能力を発揮すること」と定義した（海老原，2000c）．これは，阪神淡路大震災の折，大阪ミナミのスナック店主が実は国家資格を持つ凄腕の医師でその活躍ぶりは山本周五郎「赤ひげ診療譚」になぞる荒唐無稽な想像力に拠っていた．被災した子どもたちを広場に集めサッカーやおにごっこを指導する，あるいは町内会館にお年寄りに軽体操やストレッチングを教える．そんな保健体育免許取得者を残念なことに耳にしなかった．そのことも先の想像力を刺激した．その上で，スポーツ指導の専門化の立ち遅れが，スポーツ・ボランティアを包括的で不明瞭なままとし，滅私奉公型指導へ回帰させると危惧した（海老原，2000c）．スポーツ指導が職業として社会的に認知されない限りスポーツ・ボランティアは存在し得ないし，その反対にボランティアが先行する限りスポーツ指導は職業として社会的に認知されず高度な専門性の追求もないと考えた．スポーツは文化であり，国家や自治体に統制される指導体制は文化的価値を損なう可能性があるとしても，生涯スポーツ振興のポイントは社会的にも経済的にも保証される公的なスポーツ指導者の確立と信じてやまない．スポーツ振興はハードへのインフラから指導というソフトへのインフラに変換する時期にあると考える．

2．「先生」に組み込まれたメタ的メッセージ

1）奉仕とサービスの違いを問わず

　三世代家族となる著者は，わが子には父親であるが，わが父にはいまだ息子である．夫となるには相方となる妻が必要となるが，彼女は，かつて恋人から許嫁となり，妻から母親に変身し，いつかはおばあちゃんとなるのだろう．学生にとって教師であるが，かつての指導教官にはいまだに青臭い大学院生に写る．ときどきジョギングや水泳をするスポーツマンであり，市民大会に参加する心意気だけは現役のプレーヤーである．高校の先輩からの先輩風は相変わらず強く，同級生はニックネームで呼ぶ．子どもの誕生に始まる父親という役割は，他家に嫁ぐ，不慮の事故で死すなど子どもを消失する時に喪失する．このような役割を同時に演じたり獲得したり失ったりしていく．

このような役割の取得と喪失の観点から「先生」を考えることから，体育・スポーツにおけるボランティアのあり方を俯瞰することとした．辞書に「先生」を求めると次の五つがあらわれる．①学問・技芸などを教える人．また，自分が教えを受けている人．師．師匠．また，特に，学校の教員．②学芸に長じた人．③師匠・教師・医師・弁護士・国会議員などを敬って呼ぶ語．代名詞的にも用いる．また，人名のあとに付けて敬称としても用いる．④親しみやからかいの気持ちを込めて，他者をさす語．「大将」「やっこさん」に似た意で用いる．⑤自分より先に生まれた者．年長者．

　われわれは生まれながらにさまざまな技術を取得しているわけではない．先達からそれを伝達されるなり，見よう見まねで盗み取らねばならない．この五つの解説の関係を論理的に紐解く．自分より先に生まれた不特定多数⑤のうち，生きてゆくために必要な技術あるいは喜怒哀楽を生みだす文化的技術をすでに持っている身近な人②の中でも，先の技術をコミュニティの中で伝達してくれる人①を一般化して「先生」と呼ぶが，その中でも尊敬の念を抱く人々③を特定して呼ぶ．著者をわが子はもちろん「先生」と呼ばないし，そう呼ばせたくはない．市民大会に揃って参加するチームメイトは著者の職業を知るが彼らが「先生」と呼ぶ場合はからかいに満ちて④になる．

　それでは，なぜ師匠・教師・医師・弁護士・国会議員などに限って尊敬の念をもって「先生」という呼称が用いられるのであろうか．生きてゆくための基本的な生活技術，それは衣食住に関連する職業に対応し，例えば仕立屋，お針子，コック，大工，左官屋などとなるが，この敬称を冠することは通常ない．これらの職業の達人はむしろ師匠と呼ばれ，親分子分や親方弟子の徒弟制度を維持する．デザイナーやイラストレイターといった流行の最先端をゆくカタカナ文字の職業にはこの制度が一層色濃く残る．

　このようなプロットから消去してゆくと「先生」と呼称される職業は小学校の担任が演じる役割のように思える．おなかが痛い，歯がしみる，あたまがおもいと訴えるとやさしく診察してくれる医師となる．クラス会や生徒会では，ときに弁護士，ときに検事，ときに裁判官である．教室では，立法・行政・司法の三権を掌握する専制君主となるか，民主主義の体現者として一人三役をこなす．登下校の礼儀，食事作法，掃除の仕方の伝授は家庭教育の延長線にある親代わりであったことを差し引くと，小学校の担任は，一方で医師・弁護士・国会議員を兼務

し，他方で国語算数理科社会など中学以降の専科別教師をすべて引き受けていることになる．後年まで担任が演じる専門的職業領域に対して「先生」と尊称で呼ぶことになるのは，教師—生徒間に組み込まれた力関係のコミュニケーションに因るのだろうか．「教師が語る以上これは正しい」「疑ってはならない」という暗黙の意味の伝達さらに言えば強要（宮島，1994）がこれらの職業に尊称を与えつづけるのかもしれない．

2）全体の奉仕者・聖職者として

　このメタ的メッセージは教師が自らの在り方を自問自答する機会を「疑ってはならない」と抑制するのであろうか．

　教育基本法第6条に「教員は全体の奉仕者であり」と明文化されるように，教育課程内活動も課程外活動もまた奉仕精神のもとにある．したがって，教師は金銭に縁遠い聖職者であると認識される（松尾，1987）．寺子屋は村役人，僧侶，医者などが副業として経営し，束脩（入門料）や謝儀（授業料）は比較的低価で，物品や野菜に代替されることも多かった（石島，1979）という歴史もまた教師の奉仕精神の出発点となろう．偏差値や大会成績などを除いて，教育活動を一定の基準で測定評価することはなまなかでない．したがって，自由競争が支える資本主義社会でも競争原理を適用しずらく，学習塾やおけいこごとなど一部の教育産業を除いてビジネスとして成立し得なかった．教育を金儲けの道具にしないこと，「おあし」と蔑称するように金銭に拘泥しないこと，そのような潔白を美徳とする日本人の特性に教師のイメージは調和することで教師は尊敬を集めてきた．

　久富（1994）が指摘する教員社会の特殊性は，先に提示したメタ的メッセージがつくる閉鎖性，すなわち自らを問いただす姿勢がつくりあげられない背景を明らかとする．「採用されたばかりの20歳そこそこの新任教師が，他の職業分野であれば，全くの『駆け出し』として半人前にしか扱われないところ，子ども，父母，地域住民，そして教師仲間からもある種の敬称をもって『せんせい』と呼ばれる．新米教師も含めて『せんせい』と呼び合うことを通して，層としての教師たちの権威を維持するという知恵が働く．仕事に就いたとたんに『せんせい』『せんせい』と持ち上げられ，それ以降もその特別の権威を維持する諸々の方略に染まっていくと，教師たちは知らないうちに一種の『尊大症候群』とも呼ぶべき性癖へといざなわれていく．」

このような社会は一方で教師の権威を維持する方向に作用するが，他方で聖職者としての自覚を強要するように働く．権威を互いに繰り返し承認する環境は自分が権威者であることの確認が常に行なわれているからである．自らの聖職性を自覚する教師は滅私奉公の姿勢を貫こうとするが，課外活動である部活動顧問への就任にともなう時間的，心理的，社会的，経済的な負担から生まれる不平等感と子どもへの配慮との板挟みに思い悩むのである．

　このような奉仕者・聖職者意識が課外活動の関与に反映する．教師は課外活動を担当することが当然であり，課外活動の代表格となる運動部活動への参画はその典型となる．教師にかかる聖のイメージが運動部活動の在り方を客観的に把握し，教育におけるスポーツの位置づけをお座なりとしてきたように思える．

3）学園ドラマに出現した顧問教師像

　このようなイメージを普及し定着させたものとして学園ドラマに描かれる顧問教師像は注目される（松橋・海老原，2000）．とりわけ1965年に始まり15年間にわたった「青春シリーズ」では主人公が運動部を率いるスーパーヒーローとして出現する．第1作「青春とはなんだ！」（主演夏木陽介，1965）は現東京都知事石原慎太郎原作で，アメリカ帰りの破天荒な英語教師が田舎町の高校を舞台に活躍するストーリーである．ワルガキ集団をラグビーに取りまとめ，学園に起こる難題を痛快に解決する．漱石「坊ちゃん」を原本にしたのであろうか，マドンナ，赤シャツ，のだいこ，山嵐に該当する配役が準備された．高度経済成長の起点を1964年東京オリンピックとするならば，このシリーズ放映時期は急激な右肩上がりが読売巨人V9に一致すると同じように，ほぼこれに同期する．新任式のスピーチの際，英語で痛烈な学校批判をするが，他の教師は英語を理解できず，生徒の手前わかったふりをしてスピーチに拍手を贈る．また，生徒を助けるためにたった1人でやくざな男たちのもとに乗り込み，親分に「教師にしておくにはもったいない」と言わしめる．シリーズ第2作「これが青春だ」（主演竜雷太，1966）も，主人公はロンドンから帰国した英語教師で，小さな漁村が舞台というこの時代の典型的な設定になっている．この主人公もまた，教養と逞しさを生徒たちに見せつけるリーダー的な存在だった．

　その後のシリーズにおいて「飛び出せ！青春」（主演村野武範，1972）の頃には，教師像はあこがれのヒーローから等身大の教師へと移行しはじめるものの，

部活の指導者像は必須アイテムであることに変わりはない．1980年代から現代までの学園ドラマが取り組んだテーマに比べると，運動部への奉仕的態度を背景とする「青春シリーズ」は運動部におけるボランティアのあり方を決定づけた．換言すると，社会的教育問題を内省的に見つめる現代社会学園に比べて，「青春シリーズ」は時代を方向づける指針を提示していたのである．

3. スポーツ・ボランティアを創出する職業的スポーツ指導者の確立

　文部省「運動部の在り方に関する調査研究報告書」（1997）は，部活の必要性を認めながらも，学校の負担軽減のために，部活動を将来，地域のスポーツクラブなどに移行させた方がよいと考える教員が半数にのぼる結果を報告する．運動部顧問への就任や継続において，積極的な関与（Adherence），渋々の応諾（Compliance），中途での離脱（Withdrawal），脱退（Dropout）などの事態が想定され，教員の運動部顧問離れが進行しつつあるという現実を突きつけた．

　全日本中学校長会による調査では，「運動部は校外の活動に」の新聞見出しのもと，放課後のスポーツ部活動をめぐり，半数近い中学校長が，学校外の社会教育への早期移行を望んでいることを明らかにする．社会教育への運動部の移行については「すぐにでも実現してほしい」という校長が7％，「早い時期に」が40％，これに「徐々に実現してほしい」の39％を加えると，校長10人中9人近くが移行を望んでいる．その理由では「地域社会として子どもを育てることが大切」（24％），「学校が多くのことを抱え込みすぎている」（21％），「顧問を引き受ける教員が減っている」（12％）などが目立つ．同会生徒指導部長は「顧問不足のほか，予算，施設不足などが共通の悩み．しかし一方で部活動重視の学校も少なくない．社会の側の受け皿も整っていない．当面は地域のスポーツ活動との連携に力を入れたい」と話している（朝日新聞，2001年11月26日）．

　最新の報道は，2003年度から日本中学校体育連盟（中体連）が複数校合同チームの全国大会参加を認める方針を固め，全国高校体育連盟（高体連）も容認の方向で検討中であることを伝える（朝日新聞，2002年2月4日）．すでに，日本サッカー協会が中・高サッカーで部員不足に悩む合同チームの全国大会への参加を2002年度から認める方針を固めていた（朝日新聞，2001年12月9日）．さらに，埼玉県志木市は，市内中学4校すべての部活動において学校単位を超えて種目別

に市内共通の部活動に変更する．顧問を務める学校教諭に学外の有償ボランティアの指導者が加わる形で種目によっては教諭と交代する（東京新聞，2002年1月31日）．

　これら一連の報道はその原因をいずれも少子化にともなう生徒不足・部員不足に求める．しかしそれは引き金であり，むしろ原因は「相対的に自律的な場」である教育に，優勝劣敗が明白なスポーツを組み込んだ仕掛けにある．その根本に国をあげての作為があり，教育とスポーツの矛盾が露呈する（海老原，2000b）．

　西武ライオンズ松阪大輔投手は中学校で野球部に入っていない．2001年夏の高校野球や2002年新春の高校サッカーの全国大会に出場した選手の過半数が学校運動部に所属せず，地域のスポーツクラブに所属する．合同部活の試みは旧弊なシステムから新たなシステムに移行する過渡的な枠組みなのか，あるいは学校の枠にスポーツをとどめようとする苦肉の方策なのか．スポーツにかかる抜本的なシステム変換の時期であることは間違いない．

　学校運動部，公的スポーツ組織（例えば総合型地域スポーツクラブ），企業スポーツクラブ，民間フィットネスクラブの四者のうち二者が組み合ういくつかの事例を紹介した．統合されたスポーツ組織が地域社会の中で複数存在し，それを取捨選択する「スポーツクラブの複線化」の可能性を提言した（SSF笹川スポーツ財団，2001）．そのシステムの主幹は専門的な知識に有償で応えるスポーツ指導者であると考える．志木市「有償ボランティア」がもつ「無償ボランティア」の在り方への不可思議さは，有償スポーツ指導者がスポーツ・ボランティアを創出すると読み解きたい．

　サービスが持つ不可視さ（無形性），授受関係性の不明さ（共同性），即時の消費（同時性）という特質は受益者負担の原則を縁遠くする．この原則への適合や不適合を俎上にのせることを阻んできたのが「疑ってはならない」という暗黙の了解であり，全体の奉仕者・聖職者イメージを閉鎖的な教師社会の中で相互確認によって強固にしてきたシステムである．「従来からアマチュアがスポーツを指導することがスポーツの純粋性を保つものだとされていた社会通念がかえってスポーツの指導者の社会的地位を低くしていた事実を否定できない」との石河の指摘（1987）が的を射る．この指摘は保健体育審議会より「社会体育指導者の資格付与制度について（建議案）」が提出された（1986年11月7日）直後であったにもかかわらず，この10余年にわたり正課体育と課外部活動の在り方への言及を

留保した．

　江橋（1978）が余暇教育指導者を時間枠に応じて専任（full-time），兼任（part-time），篤志の3タイプに分類せざるを得なかった理由もまた，スポーツ指導が余技の域にあり，サービスたり得ないとの判断があったと推察している．それを重ね合わせると，滅私奉公型の運動部顧問のありさまがトラウマとしてスポーツ指導者に潜伏し，指導の経済的妥当性を主張するときに頭を擡げてくるように思える．スポーツ指導が余技の域を出ず，奉公に懸命であればあるほど，社会的地位が低くなる悪循環を繰り返すことになる．具体的な手続きを既に試論した（海老原，2000c）．高度な専門的知識に支えられたスポーツ指導が職業的領域として確立することによって初めてスポーツ・ボランティアが存在すると信じている．

4．ボランティアを問いつづけること

　それでもなお，ボランティアの在り方について，したがってスポーツ・ボランティアの在り方について，繰り返し言及する姿勢は崩すまい．

　崩壊した世界貿易センタービルのがれきをバケツリレーで運び出す人々がボランティアとして報道される．しかし，後進諸国の大地震やアフガニスタンの空爆の中で同じ作業を繰り返す人々をわれわれはボランティアとは言わない．近代的なオフィスビルのがれきの山と粉々に砕けた土色のレンガの山にどんな違いがあるのだろうかと自問するとき，あるいは子ども達にそう問われるとき，どのような思想をもちあわせ，いかなる言い訳を準備するのであろうか．冷戦終結後に台頭した民族対立や宗教対立の背景には南北問題が横たわる．インターネットの民話ネットロアにならい「世界がもし100人の村だったら」ボランティアということばを知っている村人は何人いるのだろうか．そして，実際にボランティアを行なっている村人はどれくらいになるのだろうか．そんなことを考えることは決してマイナスではない．巷間伝わるグローバリゼーションやボランティアはこの南北問題を自明視しないように現代がつくりだす言説なのかもしれない．

〔海老原　修〕

2部
よわきものの視点から

[写真提供　共同通信社]

昔から『あしが不自由でも頑張ってね』と何度もいわれた．その裏には『足が不自由イコール不幸』という意識があるように思った．私にとって生まれた時から付き合ってきた足だし，このままで十分幸せに生きていけるのに（朝日新聞「天声人語」1996年1月7日）．社会的・文化的差別が生来具わる身体的差異によると思い込むことこそ深い区分けを再生産する．Beingとしての身体がHavingとしての身体を超える出発点は「あらゆる人間がどのような程度かできないこと＝障害がある」という，よわきものの視点からである．

5章

二元論にとどまる
スポーツとジェンダーの限界

1. ひばりとサザエさんに伍して

　シドニーオリンピック女子マラソンで優勝し，陸上競技で日本女子選手初の金メダルを獲得した高橋尚子選手に国民栄誉賞が2000年10月30日授与された．森総理は表彰式で「たゆまぬ努力とひたむきな姿勢によって，世界の強豪が集うマラソン競技を，さわやかな笑顔でゴールインし，青少年をはじめ国民に感動と勇気を与えた」とその功績をたたえた．1977年9月，ホームラン世界新記録を樹立した王貞治選手以来15人目となる．女性の受賞者は，1988年の美空ひばり，1992年の長谷川町子に次いで3人目となる．この2人には逝去直後に授与されたことを考えると，高橋選手への特別のはからいであった．
　今年も美空ひばりの命日前後には特別番組が組まれ，往時のテレビ映像が流される．「カラオケで唄うには畏れおおい」なんて冗談でも言えないほど，戦後の日本人の琴線を揺るがしつづけた．あの唄が流行った頃には，こんなこと，あんなことをしていたのかなあ，と一人ひとりの過去を，そのリズムとフレーズが思い起こさせる．順序も定かでなく，声に出して唄う度胸もないが，「柔」「真っ赤な太陽」「川の流れのように」などが脳裏をめぐる．それでもやはり，とどめは「悲しい酒」だろうか．
　一方，「サザエさん」である．全巻を本棚に揃えた．その本の大きさと重さは小学生の腕力にピッタリであった．畳に寝転び反転を繰り返しながら読む至福の時間があった．中学校や高校に進んでからも暇な時間に寝転んだ．小学校の時分に声を出して笑った4コマに中学校では笑えず，中学校での4コマに高校では無反応であった．そんな取り留めもないことをうすうす感じていた．テレビアニメ

「サザエさん」はいくつかの4コマ漫画をつなぎあわせ，見事な物語仕立てに編集する．わが家の豚児が反応する場面に自分が笑えず，自分が含み笑う場面に子ども達が無反応であることをしかと自覚するのはこの数年の出来事である．同じ4コマへの異なる応答によってうすうす感じていたこと，すなわち昨日と今日の自分って違うのではないか．今日笑えない4コマに明日笑うならば，今日の自分は明日には別人となるのではないか．日々変わりゆく自己を4コマ漫画「サザエさん」は知らしめていた．

没後，一層燦然と輝くこの2人の女性に比較するとき，冒頭の高橋選手の存在は一過性の感は拭いえず，ひばりやサザエさんのようにはなりえそうにない．森総理のパフォーマンスであったとの憶測に首肯せざるを得ない．しかし，遅れること1週間，2000年11月6日に女子柔道田村亮子選手に総理大臣顕彰が授与されるに及んで，美空ひばりと長谷川町子に匹敵するなにものかを高橋選手が背負っているのではないかと推論した．金メダル獲得直後から帰国に至るまでの新聞報道を収集すると，その写真には高橋選手の側方や後方に必ず小出義雄監督が存在する．高橋選手に焦点は絞られるが，彼女が寄り添うのは小出監督となる構図である．「私に男性コーチがいれば…」という田村亮子選手の発言は，この構図のメタ的メッセージを言葉に変換した著者の戯言である．高橋選手と田村選手を比較するならば，「たゆまぬ努力とひたむきな姿勢」は，バルセロナ銀メダル，アトランタ銀メダル，そしてシドニーで金メダルを獲得した田村選手に軍配があがりそうである．世界のトップレベルを10年以上維持するのは並大抵のことではなかろう．国民栄誉賞と総理大臣顕彰を比較することもナンセンスかもしれない．しかし，美空ひばりと長谷川町子に比肩するなにものかが，高橋選手にはあり，田村選手にはなかったと森総理が判断するとき，それは著者の想像上のつぶやきが現実のものとなってくる．

2. 二項対立の限界

すでに飯田（2001）が高橋選手と小出監督の関係を取り上げ，スポーツ・メディアや指導者・選手の間に暗黙裡に再生産されるジェンダーのまなざしを批判している．小出監督は未熟な「この子」たちが将来「素晴らしいお母さん」となるように指導していると自負する．そこには，妻や母という存在が子どもや夫との

関係によって成立する従属的な存在であること，男女平等運動やジェンダーの歴史観の出発点が妻・母親役割の脱皮から始まったことが理解される気配はなく，旧態然とした「お母さん」の在り方を肯定する姿勢をうかがい知る．金メダリストを「この子」と呼ぶ監督の家父長的な姿勢や，「高橋」姓でなく「尚子」名で報道するメディアの感性に，女子選手を取り囲むジェンダー・バイアスの根深さを鋭く警告する．殊更スポーツに限らなくとも，このような事例は日常生活の中にたやすく見い出せる．呼称の問題ひとつ取り上げてもジェンダー・バイアスが周到に組み込まれているのである．

　近代スポーツの思想が男性の身体を想定していたので，女性のスポーツ進出はその思想そのものの基盤を崩す可能性を秘めていると多木（1995）は指摘する．なるほど，ほとんどスポーツ種目で性的不平等が是正されている．重量挙げ，シンクロナイズドスイミング，新体操へ交互に進出し，残る種目は器械体操の鉄棒，段違い平行棒と平行棒であろうか．エアロビックダンス，トライアスロン，フリークライミングなど両性化されたスポーツが拡大しつつある．女性のスポーツ進出が実施上にとどまらず，組織や制度にまでその影響を及ぼしつつある証左となろうか．その拡大を危惧するからこそ，旧来の秩序を保持する力学が，先の国民栄誉賞に象徴的にあらわれたのであろうか．

　三ツ谷（1997）は，参加者はもちろん指導者や団体設立へ女性が関与し始めていることを明らかにするが，一方で競技団体の中枢組織への女性登用が遅れていることを指摘する．「登用」という言葉自体にすでに採用する者と採用される者の権力構造を前提としているが，この構造はそのまま指導する者と指導される者の関係に波及する．採用する男性・指導する男性と採用される女性・指導される女性という，制度上の二項対立に性的分担のあてはめを社会的に了解する図式が描き出される．事柄はそんなに単純ではなく，既存の性差別の構造が破壊され，新たな性認識の地平に立ったとは思えない（佐伯，1997a）．

　スポーツにおけるジェンダー・バイアスを逐一取り上げる事例研究，すなわち男性性の支配と女性性の被支配を列挙する視点そのものが，逆の比率にある領域を肯定する構造をもっている陥穽に気づいていない．徹底した非二元論的な思考習慣と分離主義の否定の前に（セジウィック，2000），スポーツに内包される南北問題に代表される二項対立とジェンダーの二項対立が事柄を複雑にする．この二項対立構造を了解する限り，先の国民栄誉賞授与は，スポーツにおけるジェン

ダーを如実にあらわす事例であったにもかかわらず，その問題性を自明視せず，暗黙的な了解や積極的な賞賛がなされる．すなわち，加害者，被害者，傍観者に生起する共犯性が生起することになる（浅野，2000）．

3．共犯的批判の可能性
〜美は女性の，力強さは男性の特徴ではない〜

　埼玉県立川越高校水泳部は男子校であるが，1988年より文化祭にてシンクロナイズドスイミングを演じている（1999年10月20日，テレビ朝日「ニュース・ステーション」放送）．振り付けからBGMに至るまですべて手作りである．当日は隣接する校舎の窓に観客が鈴なりとなり，非常階段の手すりにぶら下がる者も現れるほどとなる．引退する3年生を中心に行なわれる演技は終了直後，実演した部員はもちろん裏方の下級生までが感涙にむせぶ．観客の拍手はプールの水面と校舎の壁に反響する．音楽に合わせた一糸乱れぬ演技に感動するからであろうか．女性の専売特許となるシンクロナイズドスイミングを男子が挑戦するからであろうか．そうではない．そのVTRをみるにつけ，美しいから感動するのではなく，感動するからこそ美しいことを確認する．美術館に陳列された絵画や彫刻を観て感動するのは，美術館に陳列されるからではない．感動する絵画や彫刻が美術館という場所に置いてあるからである．音楽ホールやライブハウスの演奏を聴いて感動するのではない．感動する音楽演奏がそこで行なわれるからである．

　権力装置としての博覧会（吉見，1992）をひくまでもなく，百貨店，美術館，音楽ホール，そしてオリンピックもまた権力装置となる．そこでは設定された感動を消費しない者はその芸術的価値を理解しない者として除外される．しかし，そのような権力構造そのものが虚構であることをこのシンクロナイズドスイミングは教えてくれる．つまり，スポーツにおける美しさは女性の占有物ではないことを例示する．

　このような視点から，ソウルオリンピックに誕生したスポーツ・ヒロイン，陸上女子フローレンス・グリフィス・ジョイナーも興味深い．ドーピングに噂が絶えないほどに圧倒的な力強さはスポーツ・ヒーローを体現するが，まばゆいばかりの華やかさと美しさ，ファッショナブルな装いはスポーツ・ヒロインを兼ね備えていた（河原，1999）．しかし，その疾走するパフォーマンスは女性の男性化

にすぎず，記録の更新とは男女間の生物学的差異を縮小したにすぎない．それでも，従来のスポーツ・ヒロインの枠を逸脱した彼女の姿は，スポーツにおける男女差もまた，社会的性が生物学的性をつくっている仕組みを確認させる．

4. スポーツはセックス化されたジェンダーを超えるのか

　生物学的性別に基づいて社会的・文化的性別をつくられているという虚構が代理出産や人工子宮によって暴かれ，「性差は育ちの結果である」ことが確認される．もちろん，子宮からの開放とは，「男性身体」を標準とみなし，「子宮ある身体」を，特殊なハンディキャップのある身体とみなす男性中心主義にほかならない（上野，1998）．

　スポーツとジェンダーの問題を言及する姿勢が共犯性を帯びる背景には，スポーツそのものの特異性があるように思える．身体的な差異つまり生物学的宿命を体力やスポーツに反映するように仕組んだのが近代スポーツであるならば（佐伯，1997a），スポーツみたいな運動を女性が考案したらどうなっていただろうか，と想像することは決して無駄ではない．つまり，近代スポーツの範疇でジェンダーの関わりを言及するかぎり自ずと限界を露呈することとなる．

　その点で，多木（1995）はスポーツの「身体」とは普遍的に見えながら男性の身体からつくられたものであるから，女性スポーツを巡る言説が身体能力との比較で語られ，その不平等性を乗り越えようとする女性について語られることになると指摘するが，同時に性差を超えてスポーツをとらえる言説の枠組みがまだ存在していないし，根本的にはそのような状態はまだ到来していないと判断する．佐伯（1997a）もまた，スポーツという言語体系がもつ規範的強制力という限界の中で，スポーツの両性化という課題に解放の戦力もプログラムも見えないと明言する．

　飯田（1997，1998）はスポーツとジェンダーの関係に言及しつづけ，ジェンダー・バイアスへの抵抗を試論する．第一に「男らしさ」のイメージを剥奪すること，「より速く，より遠く，より高く」から「健康，交流，楽しみ」へ価値変換を試みること，第二に男性上位を再生産するような体力テストに代表されるジェンダー・バイアスを解明する分析視角をつくりあげること，第三に男性性，女性性のバリアを解消し「自分らしさ」を志向することをあげる．「自分らしさ」の

自由度の中に,「より速く,より遠く,より高く」も「健康,交流,楽しみ」も含まれるならば,価値変換そのものが権力の置き換えにすぎない.体力テストそのものではなくテスト評価にこそジェンダー・バイアスが顕在化する.社会的な性別を顕著にする手段に生物学的差異を利用したのはテストそのものではなく,テスト評価である.この論議もまた共犯的な関係に陥るのではないかと危惧する.

それでは手がかりはどこにあるのだろうか.多木(1995)は性の差異の様相が変化する新しい身体文化が生まれるとすればそこにはエロティシズムの可能性があると指摘する.また,加藤(1998)は「ミスコン問題」や代理母が産んだ子どもに愛着を持った「ベビーM事件」を例証しながら,共犯的批判の戦術は盗用とパロディであると試論する.「ミスコン」のパロディとしての「オスコン」は,疑惑となったジョイナーのドーピングが想起され,高級なパロディとはならない.

このような共犯的批判の戦略をスポーツに適用できるのであろうか.スポーツの心性が予期せぬ出来事との遭遇,蕩尽であるならば,その遭遇の方向性が「より速く,より遠く,より高く」でも間違いではあるまい.自己の能力への限りない挑戦で十全ではないだろうか.

それでもスポーツにおけるジェンダーを解放する糸口となるプログラムに自信はない.その中にあって,〈いのちあるもの〉の占有をめぐって,女性が子どもを出産して,共同体に属する個体数を増加させる限りにおいて,所有と交換の対象,とりわけて貴重な財,稀少財となってきた文化人類学的な事実(熊野,2001)を考慮した上で,「私の身体は私のものである」と自己所有への二重の問いを準備する加藤(2001)の論考は,スポーツにおけるジェンダーを考える手がかりを与えてくれそうである.つまり,女性の生殖に関わる権利の肯定が基本に横たわるように思える.私の身体が他者のものとなることは,すなわち他者による占有・処分は〈私の身体〉を破壊することになる.それは,ヘーゲルの暴力をして「他者から私の肉体に加えられた暴力は,私に加えられた暴力である」と語ることを引用する.

この問いかけ「私の身体は私のものである」が喚起する問題性は,「女性的」なスポーツにおいてもしばしば女性性が抑圧されるというスポーツ・ヒロインのパラドクス(河原,1999)に如実にあらわれる.そのパラドクスの行く末には,コーチたちによる,スポーツに名を借りた「児童虐待」でさえあると,ライアン(1997)を紹介する.この指摘こそ,スポーツとジェンダーが抱える本質を射る

と思われる．つまり，ことの本質は優劣，強弱，支配─被支配にある．そこに大人と児童，男性と女性といった二項対立を組み込むことによって，複雑な様式を装っている．後づける項目はことの本質をズラす手段となる．

　「ジェンダー・トラブル」(Judith Butler, 1990) から10年を経て月刊誌「現代思想」は「ジュディス・バトラー」を特集に組んだ．キーワードは身体の主体化と奴隷化と理解されるが，スポーツへのアプローチは見当たらない．それほどに，スポーツの中にジェンダー・バイアスが周到に組み込まれているのであろうか．その複雑さに惑わされてはならない．事柄の本質は単純である．

〔海老原　修〕

6章

スポーツとジェンダーのパラドクス
～女性選手のスポーツ参加について：
N．ルーマンの社会システム理論による把握～

　2001年5月28日，東京六大学野球リーグの明治大学対東京大学2回戦において，六大学野球史上初めて，というよりも，おそらく公式戦では日本野球史上初めて女性投手同士が先発して話題を呼んだ．東京六大学野球連盟では1994年に女性の選手登録が認められており，1995年には明治大学のジョディ・ハーラー投手が女性としては初めて公式戦に登板していた．

　2001年6月6日，日本高校野球連盟は，高知県教育長から出されていた女子部員の公式戦出場を求める要望書に対し，「要望にはこたえられない」とする回答書を送付した．要望書は5月23日付，同県県立高校に2年生の女子部員がいることから，公式戦への出場は男子生徒に限るとした高校野球の参加者資格規定を見直し，女子選手への門戸開放を求めていた（朝日新聞，2001年6月7日付朝刊）．

1. スポーツにおけるセックスとジェンダーのずれ

　今日，女性のスポーツ実施率は男性とほぼ変わらず，女性アスリートの活躍も著しい．女性がスポーツを行なうことに，もはやなんの違和感もない．にもかかわらず，女性が男性とともにプレーしようとした上記の事例は，スポーツにおいて私たちが相変わらず，いかに性による区別に固執しているかを気づかせてくれる．

　確かに，生理学的にみた男女の身体能力の差は明らかである．とはいえ，このことはスポーツにおける能力の差を「男／女」の二項対立でとらえてよいということを必ずしも意味しない．性別にみた身体能力の平均値の差は明らかだが，全体的な分布は重なっているからである．さらに，近代スポーツが「筋力や瞬発力など，男性が優位な『能力』や『体力』を基準につくられてきた」（伊藤，1999）

点を勘案し,「スキルの能力」に注目するならば,女性の最高レベルの選手は,男性の最高レベルの選手を除いたほぼすべての男性を打ち負かすであろうと言われている(例えばテニスのような競技を思い浮かべてみるとよい;Vogler and Schwantz, 1993;pp135-136).すなわち,スポーツにおける競技力の生物学的な性差(すなわちセックス)は,不連続な「男／女」の区別に還元できないのである.このように科学的な観点からすれば,フェミニズムが問題としてきた「セックスとジェンダーのずれ」(上野,2000)は,スポーツにおいても十分に問題化される可能性があると考えなければならない.そして,冒頭の事例にみるように事態は現在進行形であり,「スポーツとジェンダーのずれ」は,きわめてアクチュアルで「動的」な問題系を構成している.

本稿では,こうした動的な問題構造をとらえるために,N. ルーマンの社会システム理論による枠組みを採用し,冒頭に挙げた二つの事例からスポーツとジェンダーの関係を解読してみようと思う.

2. ルーマン「社会システム理論」の概要

N. ルーマンの社会システム理論において,社会(システム)の構成要素は人間ではなく「コミュニケーション」である.人間は社会システムの「環境」に属する(ルーマン,1997;pp61-62).コミュニケーションとは,一瞬の間だけ生起する統一,すなわち「一瞬の出来事」である.このように社会の構成要素を「時間化」して定義することで,社会システム理論は動的な社会把握を可能にしている(ルーマン,1997;pp73-77).

こうした一瞬の出来事であるコミュニケーションは,一つひとつがまったくばらばらに,無秩序に生起しているわけではなく,ある有意味な連関によって一定のまとまりを形成する.そうしたまとまり,すなわち「社会(システム)の統一性」を見い出すための理論的な基盤として,ルーマンは「自己関係性」を据える.自己関係性とは,コミュニケーションのまとまりであるところの社会システムが,自己のコミュニケーション「のみ」に依拠して(自律性),自己を内容規定し(自己言及),自己を再生産(自己創出)することである(福井,2002;pp5-7).

すなわち,社会システムとは,コミュニケーションを要素とし,そのコミュニケーションが自己関係的に接続することをとおして存続する社会的過程であると

定式化される．このとき，システムは作動の自己関係性によってその環境に対する「閉鎖性」を形成している．言い換えれば，システムは，こうしたコミュニケーションの自己関係的接続によって，作動的に「システム／環境−境界」を形成し，一つの統一体として存立するのである（福井，2002；pp34-36）．

このようにして存立する社会システムは，法や経済，政治といった「機能的に分化」した複数の「部分システム」を形成する．部分システムは，それぞれが「法／不法」（法システム），「支払い／不払い」（経済システム）といった各システム固有の二分コードに依拠してコミュニケーションを生成し，接続する（ルーマン，1997；p27）．

また，こうした機能分化にともない，主要な社会システムは，コミュニケーションの接続を容易にする媒体として，法（法システム）や貨幣（経済システム），真理（科学システム），権力（政治システム），愛（家族システム）といった「シンボルによって一般化されたメディア」を用いる（ルーマン，1997；p254）．また，コミュニケーションを容易ならしめるための，テーマのストックとしての「ゼマンティク」（ルーマン，1997；p257）や，コミュニケーションの接続を決定する「プログラム」（ルーマン，1997；p589）を備えている．

以上のような社会システム理論の枠組みによれば，「スポーツのコミュニケーション」は，どのような「社会的統一」として存立していると映じるであろうか．

3. スポーツのコミュニケーションの統一性

スポーツ人類学や民俗学では，"スポーツ"は「運動競技（つまり優劣判別の文化装置）の身体にその時々に異なる文化の衣をまとう」（寒川，2000；p.i）ものであり，人類に普遍的な行動様式として，近代スポーツのみならず，あらゆる民族スポーツを対象化している．こうした民族スポーツでは，"スポーツ的な行動様式"は，そのときどきに支配的な社会システム（共同体，階層，宗教など）に包摂され，それらの補助的なゼマンティクにとどまっており，「スポーツの統一性」は，そうした支配的な社会システムに条件づけられ，限定されたものになっている．

一方，グットマン（1981）は，近代スポーツを「世俗性」「平等性」「官僚化」「専門化」「合理化」「数量化」「記録への固執」といった特徴によって定式化して

いる．これによれば，民族スポーツから近代スポーツへの差異化は，特定の社会システム（例えば身分階層）に限定されない参入者を受け入れる普遍的なコード編成，すなわち部分システムへの分化に向けた変化としてとらえることができる．

こうした近代スポーツにおける普遍的なコード編成を想定して，スポーツを機能的に分化した部分システムとして定義すれば，スポーツを「身体をメディアとし，表象されたパフォーマンスの＜優／劣＞ないし＜勝ち／負け＞を，固有のプログラム（ルール等）やゼマンティクによって区別するコミュニケーションのまとまり」として把握することができる．

もちろん，近代スポーツも，その起源はアマチュアリズムやフェアプレーといったイギリス資本家階級の文化，イデオロギーの反映であり，さまざまな「近代的ゼマンティク」から自由ではなかった（松井，2000）．また，男女の生物学的差異の強調，肉体的にも劣る存在としての女性という社会イメージは近代とともに広がったものであり，近代スポーツはジェンダー的なコミュニケーションに，むしろより強く条件づけられたシステムであると指摘されている（伊藤，1999）．しかし，一方で近代スポーツは，階層や民族，人種，宗教，国家といった，あらゆる支配的な社会システムの区別を超えて世界中に伝播しているということもまた事実である（グットマン，1997）．

こうしてみると，スポーツは「法や経済，科学といった，社会システムとしての確たる形象（部分システムとしての統一性）を形成する領域」に比べると，その統一性は不安定であり，「いつまたその統一性を解体されて他の諸領域の狭間に埋没してしまってもおかしくない，そうしたゆらぎのなかにある」（高橋，1998）と考えることができよう．

4. 女性の「男性」スポーツ参加に対する批判的コミュニケーション

以上のような社会システム理論の枠組みを用いて，冒頭の二つの事例を分析してみよう．まず，高校野球連盟は，女子選手の登録を認めない理由として「男女の運動能力差による危険回避」を「主たる根拠」としている（朝日新聞，2001年6月7日付朝刊）．

また，東京六大学野球リーグにおける女性投手同士の先発は一般にも強い関心を呼び，さまざまな議論がなされた．一部マスコミや一般のファンの間では好意

的な意見がみられた一方で，当事者である選手や六大学野球関係者，野球評論家などには批判的な意見が多かったようである．

「こんな客寄せみたいな試合は二度としたくない」（某東京大学選手，中日新聞，2001年5月29日）
「大学野球の女性投手，安全性には十分過ぎるほどの配慮を」（サンケイスポーツコラム，2001年5月31日）
「スポーツの世界で，男と女が闘う必要など，どこにもない」「女性が，男性に混じって試合に出場する状態は，環境が未整備であり，異常な出来事であると自覚しなければならない」「客寄せパンダ」（玉木正之：「東京六大学野球に女性投手が出現した意味は…」；当時ホームページに掲載されたコラム Baseball Junky より，2001年6月6日）
「野球の本質から外れたいわばサイドストーリー」「安っぽい話題作り」（矢崎良一：「『松坂世代』の活躍，三冠王の誕生．大学野球の見どころは『女性投手』だけじゃない．」，文藝春秋，Number 525 p.13, 2001）
「真剣勝負を放棄」「危険」「しょせんは客寄せ」（広岡達郎：「堕落の象徴　女性投手対決」，中日新聞，2001年6月6日）

ここで，女性が男性と一緒にプレーすることに対してなされた批判について，以下の四つの論点を手がかりに議論してみよう．
①明らかに競技力の劣る女性選手の参加が競技の成立を問題化している
②「真剣勝負」「全力プレー」という「スポーツの本質」に対する冒涜である
③安全性に問題がある
④「女子野球」の環境整備を優先すべき

5. 競技力による区別に潜在するジェンダー

機能分化した部分システムとしてのスポーツの「システム合理性」は，原理的には女性選手の参入を排除することはないが，「女性だから」参入を許すものでも，もちろんない．最初から競技力に明らかな差異があると認められるような対戦は比較そのものを無意味化し，スポーツのコミュニケーションの統一性を危機

に晒すことになる．この点では，①のような批判はきわめて妥当であるように思われる．

　しかし一方で，2001年春季シーズンまでの東京六大学野球リーグにおける東京大学の通算成績は，229勝1291敗51分，勝率0.146であり，スポーツ推薦入試制度がないなど，構造的にも東京大学と他大学との戦力格差は明らかである．したがって，同校が東京六大学野球リーグに参加していることは，スポーツのシステム合理性だけでは説明できない．

　また一方では，東京大学の竹本投手はこの試合の前までにすでに公式戦登板の経験があり，内情を知る東京大学野球部関係者は「彼女は左の下手投げという特徴もあり，十分ベンチ入りに値する能力を持っていた．先発も決してあり得ない戦略ではなかったと思う」と述べている．すなわち彼女は，少なくとも東京大学においては一定のスポーツのシステム合理性にもとづいてベンチ入りし，プレーしていたと考えることができる．すると①のような批判は，論理的には「女性選手の出場」に対してではなく，「東京大学が六大学リーグ戦に参加していること」に対して向けられなければならないことになる．

　もちろん，ここでは東京六大学野球リーグの存立の是非を問いたいのではない．述べたように，システム理論の視座によれば，スポーツは機能的に特定化された部分システムへの分化を果たしつつ，その統一性は他のコミュニケーションの狭間でいまだ不安定な部分を残している．東京六大学野球リーグは，学歴階層や歴史，伝統，大学間のネットワークといった，スポーツのシステム合理性とはしばしば矛盾するコミュニケーションによっても，その存立が蓋然づけられている複合的なコミュニケーションの領域とみるべきであろう．

　こうした観点からすれば，女性選手の参入においてのみスポーツのシステム合理性（競技力の差異）を持ち出そうとする論理的に一貫しない批判の背後には，「ジェンダー」による偏見を指摘することができる．

　明治大学小林投手の前に，3イニングスを無失点に抑えられた東京大学の「男性」選手は，「女性だから全力が出せなかった」「客寄せみたいな試合には出たくなかった」等とコメントしたと伝えられている．その心情は理解できなくはないが，かような批判を展開するならば，論理的には彼ら自身に対しても同様の問題が突きつけられることになるのである．

6. スポーツ本質主義的な議論に潜在するジェンダー

　女性投手の登板が，競技の成立を危うくすると同時に，「真剣勝負」や「全力プレー」といった「スポーツの本質」に対する冒涜であるというような，「スポーツ本質主義」的な批判がしばしばなされる．これは，一見すると勝敗や記録をコミュニケーションのコードとするスポーツのシステム合理性にもかなうゼマンティクであるように思われる．しかし，「真剣勝負」や「全力プレー」は，スポーツのシステム合理性から演繹的に導き出される蓋然的な態度なのであって，スポーツの社会的統一性の前提条件なのではない．

　スポーツのシステム合理性に従えば，勝敗の予期が確定した場合には，試合終了を待たずにそれ以上の競技（全力プレー！）が無意味化するということが起こりうる．例えばメジャーリーグでは，大差をつけたチームが盗塁や送りバントを試みてはいけないという「暗黙のルール」があり（日経新聞，2001年7月2日夕刊），同じくNFL（ナショナル・フットボール・リーグ）では，勝敗が決したと判断されれば，たとえ試合時間が残っていてもヘッドコーチや選手はフィールド中央で互いの健闘を称え合いながら握手を交わすシーンが頻繁に見られる．こうした態度はスポーツのシステム合理性から演繹的に導き出されたものとして理解可能であり，「真剣勝負」や「全力プレー」がスポーツの前提条件ではないことを示している．

　一方，試合の大勢が決まってもなお送りバントを試みたり，明らかにアウトとわかっていてもファーストベースに滑り込むといった，勝敗とは無関係の行為が「真剣勝負」「全力プレー」と賞賛される場合には，そうした行為自体に，スポーツのシステム合理性とは無関係のコミュニケーションによる意味づけがなされていると考えるべきであろう．例えば，高校野球の予選で「0対122」という記録的大差で敗れた高校の野球部が「最後まで全力でプレーした」などと賞賛され，道徳の副読本に採用されるといった場合である（「互いに全力尽くしたそれで十分　深浦0－122東奥義塾」日刊スポーツ，1998年12月23日）．

　スポーツのシステム合理性は，勝敗の判定に必要以上の点差に対しては，なんの意味も付与しない．意味を見い出すのは，教育的価値観やイデオロギーといった，スポーツとは無関係の恣意的なコミュニケーションである（ルーマン，1997，

p393).「真剣勝負」や「全力プレー」が「スポーツの本質」だというのは，そうした恣意的なコミュニケーションによるレトリックである．

　女性投手が登板して問題となった試合では，春季リーグ戦の趨勢はすでに決していた．かような消化試合での女性選手の出場がすなわち野球の堕落であるというような短絡な因果接続の背後には，やはり根強いジェンダーに対する偏見を読み取ることができる．

7.「安全性」の問題に潜在するジェンダー

　高野連医科学委員の一人は，男女の「反応速度の違い」を取り上げ，女子がプレーすることの危険性を強調している（朝日新聞高知版，2001年7月7日）．しかし，述べたように身体能力の差異と「男／女」の区別を同等に扱うことは，生理学的，統計的には根拠がない．例えば前述の東大野球部関係者は，「彼女（竹本投手）が危ないというのなら，東大野球部の半数以上の選手が危ないということになる」と指摘する．

　もし，高校野球連盟が女子選手の登録を認めない理由を「安全性」に求めるのであれば，彼らは「女子選手よりも運動能力の劣る男子選手」の出場も制限しなければならない．もちろんその際には，合理的で客観的な基準を設定し，逐一チェックしなければならなくなる．おそらくは，そうした「コスト」が，女性選手の出場を禁止するもっとも「合理的」な理由として主張しうるものかもしれない．結局，「安全性」という高野連の主張も，やはり「ジェンダー」による偏見を免れていないのである．

8. ジェンダーとスポーツのシステム信頼

　ルーマンによれば，近代における「心理的洞察の躍進」と「無意識の発見」が，「身体」を，それまで貼り付けられていたもろもろの意味づけから引き剥がし，「身体そのもの」としての抽象化を促したという（ルーマン，1997，p391）．そうした身体の抽象化が，身体をメディアとするスポーツの，機能分化した部分システムとしての統一性の存立条件となっていると考えられる．しかしみてきたように，そうした身体にとってもジェンダーはなおも強固な意味づけを現在も与え

つづけている．もちろん，上野（2000）が，ジェンダーは「その『自然性』がもっとも疑われにくい記号の一つ」と述べているように，スポーツに限らず，法システムや経済システムにおいてさえジェンダーによる意味づけは根強い痕跡を残している．しかし，ともに「身体」に強く規定されるスポーツとジェンダーのパラドクスは，いったん顕在化すればきわめて象徴的な影響を社会に与える可能性がある．

述べてきたように，原理的にはスポーツのシステム合理性は生物学的性差（セックス）とは無関係である．高校野球の問題は，女子選手の安全性や競技力ではなく，「0対122」というような試合が成立してしまうように「レベルコントロール」ができていない点にある．求められるのは，本質主義的な議論ではなく，マネジメントやコストの問題，社会的コンセンサスの形成といった，現実的で実践的な議論であるように思われる．

スポーツがジェンダーを克服すべき，と本稿は主張するものではない．もちろん「女子野球」の振興も，現実的な選択肢の一つとして重要である．しかし，そうした選択肢が，翻って女子選手を「甲子園」や「神宮」から排除するのであれば本末転倒である．「甲子園」や「神宮」を目指す少女の夢を阻んでいるのが，彼女ら自身の競技力ではなく，わたしたちの偏見なのだとしたら，スポーツはその「システム信頼」をいくらか後退させることになると思われる．その信頼の失墜がどの程度なのかは，スポーツをとりまく他の社会システムの作動のいかん（すなわち社会的コンセンサス）によるのである．

［澤井　和彦］

7章
異性愛主義に立ち向かった2人のウィンブルドン覇者
〜ビリー・ジーン・キング＆マルチナ・ナブラチロワ〜

　ウィンブルドンの最多タイトル保持者ビリー・ジーン・キングと最多シングルス・タイトル保持者マルチナ・ナブラチロワは，1960年代後半から1990年代にかけて活躍したテニス・プレーヤーである．2人のテニス・スタイルは，ともにサーブ・アンド・ボレーで，ビリーがウィンブルドン最後のタイトルを手にしたのがマルチナと組んだダブルス（1979）であり，マルチナのウィンブルドン最後のシングルス優勝（1990）に手助けをしたのがビリーである[注1]．1994年，マルチナはコンチータ・マルチネスに決勝で敗れシングルスを引退するも，翌年ミックス・ダブルスで優勝．その結果，ウィンブルドン・タイトルは，ビリーが20勝，マルチナが19勝となる．そして，奇しくも2人は同性愛者としての経験を公表している．

　アメリカで第2波フェミニズムが台頭してきた時代を背景に，彼女たちのテニス（主にウィンブルドン・シングルス）とセクシュアリティに関連するできごとを抽出し，異性愛主義に果敢に挑戦した女性テニス・プレーヤーの足跡を追ってみたい（表1）．

1. レズビアンを可視的存在にする

　ビリーが育った1950年代は，アメリカでレズビアンが最も迫害された時代であった．第二次大戦後，政府は国家の建て直しを計り，アメリカをソ連の脅威から守るためには，政治的秩序の遵守とともに性的秩序の遵守も不可欠であると認識し，共産主義者ならびに同性愛者とおぼしき者への魔女狩りを徹底した．軍隊や公務員職だけでなくあらゆる職場から，同性愛者は性倒錯者であり，病で不道徳であるという理由で追放された．同性愛者であることが発覚すれば，生活の道

表　1

ビリー・ジーン・キングのできごと		
	1943	ビリー・ジーン・モフィット，カリフォルニア州ロングビーチで消防士の娘として誕生．
	1961	17歳でウィンブルドンの初タイトル，ダブルスで優勝．
	1965	ラリー・キングと結婚．
	1966—68	ウィンブルドン・シングルス優勝．
	1968	テニス・トーナメントがオープン化されると同時にプロ契約．
	1971	女性プロスポーツ選手で初めて年間賞金獲得総額が10万ドルを超える．
	1972	マリリン・バーネットと親交を深める． 女性だけのプロテニス・サーキットであるヴァージニア・スリムズを設立．
	1972—73	ウィンブルドン・シングルス優勝．
	1973	女性テニス協会(WTA)を設立． ヒューストンの巨大なアストロドームで開催された，対ボビー・リッグス(元ウィンブルドン・チャンピオン54歳)戦 "Battle of The Sexes" に勝利．この試合はテレビ中継され，会場では30,472人が観戦．
	1974	米国女性スポーツ財団(WSF)を設立．
	1975	ウィンブルドン・シングルス優勝．
	1979	ウィンブルドン最後のタイトル，ナブラチロワとダブルスで優勝．
	1981	マリリン・バーネットが同棲関係解消の離別手当てをめぐって訴訟を起こす．ビリーは二人の関係を率直に認める．その後，この裁判はビリーの勝訴で終わる．　注2)
マルチナ・ナブラチロワのできごと		
	1956	マルチナ・ナブラチロワ，チェコスロバキアのプラハで誕生．
	1975	アメリカに亡命．
	1978	リタ・メイ・ブラウン(レズビアン・フェミニスト，作家)と親交を深める
	1978—79	ウィンブルドン・シングルス優勝．
	1981	アメリカ市民権獲得．レズビアンであることをカミング・アウトする．
	1982—87	ウィンブルドン・シングルス連続6回優勝．
	1984	ジュディ・ネルソンと親交を深める．
	1990	ウィンブルドン・シングルス優勝．試合後，ビリー・ジーン・キングとジュディ・ネルソンを抱きしめる．
	1993	ゲイとレズビアンの権利を要求したホワイト・ハウス前50万人以上の行進に参加し，取材に答える． マルチナの居住地，コロラド州の修正第2条(同性愛者をセクシュアリティによる差別から守る法律の制定を禁止する)に抗議キャンペーンを繰り広げる．この法律は，1996年に最高裁で違憲との判決．
	1994	ウィンブルドン準優勝．シングルスを引退．
	1995	ウィンブルドン最後のタイトル，ミックス・ダブルスで優勝．　注3)

を絶たれるだけでなく，社会的生命をも抹殺されることになった．そのため，同性愛者は隠れた生き方を余儀なくされたのである．

1960年代にはいると，公民権運動や女性解放運動の勃興とともに同性愛の存在が客観的に報じられるようになったが，レズビアンたちが自己のセクシュアリティを公にする時代ではなかった．「ゲイ・パワー」の運動が一気に盛り上がるのは，1969年6月28日の「ストーンウォールの叛乱」以降である．

1970年代にはレズビアンの歴史の中で二つのムーブメントが育った．それは，同性への性愛を可視化するムーブメントと，抑圧されてきた女性の権利を獲得するにはレズビアニズムが必要不可欠であるというムーブメントである．マルチナが同棲し，深い影響を受けたと言われているレズビアン・フェミニストで作家のリタ・メイ・ブラウンの次の言葉は，レズビアン・フェミニストの心情をストレートに言い得ている．

「私は自分が暮らす文化があまりにも女性に対して否定的なのでレズビアンになりました．女の私がどうやって自分の人間性を否定する文化に参画できるでしょうか….女性ではなく男性を愛し支えることは，その文化，その権力構造をも支えることになるのです」(リリアン・フェダマン, 1996).

ビリーがウィンブルドンで活躍し，女性のテニスとテニス・プレーヤーの権利を男性と同等にするために奔走したのは，まさに1960年代後半から70年前半で第2波フェミニズムの台頭と時期を同じくする．労働者階級の出身であったビリーが，大学に入学し，当時としては女性の問題にかなり理解ある男性と結婚し，テニスを通じて世界に飛び出し，フェミニズムの新しい息吹にふれ，女性とスポーツの推進に邁進した姿が浮かび上がる．

しかし，ビリーがマリリン・バーネットとの関係を率直に認め，マルチナがレズビアンであることをカミング・アウトしたのは，1980年代になってからである．この件で，ビリーは法外な弁護料と裁判にかかる費用のほかに，約束されていたスポンサーとの契約を反故にするなど莫大な損失を受けることになった．マルチナにとっても，ビリーのスキャンダルの波紋が及び，アメリカの市民権を得られるか否かという瀬戸際に立たされていた．1973年にアメリカ精神医学会が精神疾病リストから同性愛を削除したが，それ以後もレズビアンの負のイメージは長く浸透していたのである．

文学作品やスクリーンからも同性愛者は姿を消し，検閲を通過するものは同性

愛者を社会的敗残者として描いた作品であった．映画界では，1970年代に入り漸く同性愛を謳歌する作品が制作されたものの，1980年上映のハード・ゲイを描いた「クルージング」では，同性愛者間の陰惨な事件が描かれ，同性愛者による上映反対運動が起こっている（ロブ・エプスタイン，ジェフリー・フリードマン，1995）．

そのような時代背景でのビリーの率直な発言やマルチナのカミング・アウトは，不可視的存在であったレズビアンを可視化し，その後に続く同性愛者の権利獲得運動に大いに弾みをつけたものと考えられる．

2. セクシュアリティの連続性

第2波フェミニズムまでは，女というものは，女らしい振るまいをし，女性の役割をこなし，男を愛するものだと信じられていた．したがって，女を愛する女性や，男っぽい女性は，性倒錯者，レズビアンだと言われた．しかし，フェミニズムはジェンダーという概念を創出して，女らしさや女性役割は社会的・文化的・歴史的に構築されたものであると定義し，家父長制に対抗するにはレズビアニズムが不可欠であると主張するフェミニストも現れた．さらに，性解放によって異性愛者の生殖を目的としない婚姻外の性行為が増加したため，レズビアンの性行為が生殖に繋がらないという社会的理由で非難される根拠も希薄になった．このようにして，異性愛が正当で唯一のセクシュアリティであると依拠する論理が徐々に崩れていったのである．

しかし，性指向にも二分類，すなわちヘテロセクシュアルとホモセクシュアルしかないと考えられ，バイセクシュアルという第三のカテゴリーの存在に気づく人は少ないと言われている．同性愛が迫害された時代には，自己の性指向をカモフラージュするために，異性愛者と結婚する同性愛者もいたが，これは本来のバイセクシュアルとは言えない．ビリーとマルチナに関して言えば，ビリーはバイセクシュアルであり，マルチナはホモセクシュアルと言えよう．

バイセクシュアルの存在を主張し，健康なバイセクシュアルの豊かなライフ・スタイルの可能性を論じるフリッツ・クライン（1997）は，セクシュアリティの「連続性」をキーワードにして，キンゼイの完全なヘテロセクシュアルから完全なホモセクシュアルへの7点性スケールに，七つの変数（性的魅力，性行為，性

幻想，情緒的嗜好，社会的嗜好，ヘテロセクシュアルとホモセクシュアルのライフ・スタイルの互換性，自己確立）を考慮にいれたクライン性指向テストを考案している．これにより，人はセクシュアリティの連続性のどの地点に自分がいるのかを理解できる．

　1990年代にはいると，セックスとジェンダーとセクシュアリティが一つの線上に繋がりをもつものであり，セックスがジェンダーやセクシュアリティの基盤であるという信念に疑問が投じられた．現在では，むしろジェンダーが先行し，セックスやセクシュアリティを規定しているという論理が主流と成りつつある（ジュディス・バトラー，1999）．そして，自然界のグラデーションに対し，人間の二元論的思考回路を当てはめたセックス（オスVSメス）やセクシュアリティ（異性愛指向）もまた構築されたものであるという考え方が支配的になっている．1990年代後半になり，漸くビリーやマルチナのセクシュアリティ（性的指向）を許容する時代が来たと言えるのではないだろうか．

3．スポーツ界は同性愛嫌悪

　男性占有領域であったスポーツ界への女性の進出は，女性の計り知れぬ可能性を認識させると同時に，その限界にも気づかされるというジレンマに陥らせている．メディアが報じるのは競技スポーツ一辺倒であり，そこで目にするのは，男女共通種目での男性に劣る女性の記録とパフォーマンスであり，女性占有種目での女らしさを基盤にしたパフォーマンスである．これがスポーツのジェンダー・ポリティクスであり，スポーツを解釈する上で「スポーツというものが社会内の権力集団の利益と必要に役立つように歴史的に生み出され，社会的に構築され，文化的に規定されているという仮定から出発する関係論的分析の重要性」を説くアン・ホール（2001）の示唆を応用して，初めてこのジレンマが理解可能になる．

　では，このように「ジェンダー最後の砦」や「ジェンダーの再生産装置」と言われているスポーツ界は，セクシュアリティに対してどのような態度をとってきたのであろうか．同じくアン・ホール（2001）は「カナダ，アメリカ，イギリスでは，レズビアニズムを支持するスポーツ団体は，公的資金の援助やスポンサーの資金提供を受けることが困難である」と例を挙げて説明し，「スポーツ界において同性愛嫌悪に反対し，レズビアンに肯定的であることへの難しさ」を論じて

いる．一方，男性同性愛に関しては，伊藤（1998）が「男性主導の近代スポーツの場では，男同士の強烈な結合性への志向性，すなわち男の友情（ホモエロティシズム）は賛美されるが，男性同性愛（ホモセクシュアリティ）は男らしくない存在として蔑視される」として，スポーツ界の男性同性愛嫌悪を指摘している．このようなスポーツ界における男女双方に向けられる同性愛嫌悪は，スポーツ界が家父長的構造をもつ証左と考えられる．イヴ・K・セジウィック（2000）は，「男のホモソーシャルという語を『男たちの結束』といった活動に当てはめ，アメリカ社会でよく見かけられるように，強烈な同性愛嫌悪によって特徴づけられる」と述べている．ここでいう「男たちの結束」が先の「男の友情」と同質の絆であるのは明白だが，セジウィックはそういった男同志の絆がスポーツの場でありがちなことまでは言及していない．だが，ゲイル・ルービンの「人間のセクシュアリティのうちの同性愛的な部分を抑圧すること，そしてそのことから当然に，同性愛者を抑圧することは…（中略）…女を抑圧する制度的な規則や関係性が生み出す所産なのです」を引用して，家父長制社会の大半が構造的に同性愛嫌悪を抱合していることを指摘している．

　また，シドニーオリンピックでは見合せられた「性別確認検査」は，セックスの境界線を踏み越える人々を排除している．となると，今日の競技スポーツは，人間を無理やり男と女に分断し第三のカテゴリーを認めず，ジェンダーの支配構造を支える再生産装置の機能を果たし（伊藤，1998），同性愛嫌悪を強化して異性愛主義を構築し，男性支配の永続化を補強する制度としての役割を担っていると言っても過言ではあるまい．

　このようなスポーツ界にあって，しかも同性愛についての理論構築も社会的認知も充分でない1970～80年代において，ビリーとマルチナの自己のセクシュアリティに対する真摯な言動は，スポーツ界に衝撃を与えたに違いない．ビリー・ジーン・キングとマルチナ・ナブラチロワが，それぞれの出自を克服し，テニス界で最も栄誉あるウィンブルドンの覇者となり得たのは，ローン・コートに適した積極的・攻撃的なプレー・スタイルを好んだからであり，なおかつ，サーブ・アンド・ボレーに終始した人物であったからこそ，スポーツ界の異性愛主義に立ち向かう勇気と実績に恵まれたのだとも言えよう．

<注釈>

1) 本章における「マルチナ・ナブラチロワ」「ビリー・ジーン・キング」の呼称は，初出ではフルネームにし，2度目以降はファーストネームの「マルチナ」「ビリー」に統一した．米国女性スポーツ財団（WSF）のメディアに対するガイドライン*には，男性プレーヤーを「サンプラス」「ベッカー」と呼ぶなら，女性プレーヤーに対しても「マルチナ」「シュティフ」と呼ばず「ナブラチロワ」「グラフ」とするよう，男女で首尾一貫した呼称を使用すべきであると掲載されている．しかし，この章でファーストネームを使用したのは，幸い比較すべき男性プレーヤーが登場しなかったことにもよるが，主な理由は，ビリー・ジーン・キングのような既婚者に対し，独身時代を結婚後のファミリーネームで呼ぶのは相応しくないと考えたためである．したがって，ここでは女性にとって終生変わらぬファーストネームを用いることとした．なお多くの場合，女性のファミリーネームは，婚姻前あるいは婚姻後であろうとも，父系側の性を名乗るわけで，母系側の姓は消滅していくという問題を抱えていることを付記しておく．

   *http://www.womenssportsfoundation.org/cgi-bin/iowa/issues/media/article.html?record=810

2) キング夫人（中野圭二訳）(1983)：センターコートの女王．新潮社．
   http://www.wslegends.com/speakers_billie_jean_king.htm

3) エイドリアン・ブルー（真喜志順子訳）(1996)：ナブラチロワ．近代文芸社．
   http://www.wslegends.com/speakers_martina_navratilova.htm

　　　　　　　　　　　　　　　　　　　　　　　　　　　　［飯田　貴子］

8章

ある身体ともつ身体
～パラリンピック考：義足のモーリス・グリーン～

　「オリンピックにあって，パラリンピックにないもの，なあに？」とシドニー・パラリンピック大会後，2000年11月の授業で質問した．車イス，義足の使用とか，障害に応じたクラス分けとか，いくつかの回答があった．このなぞなぞめいた問題の回答に，「初めて泳いだ長さだったので溺れるかと思った」と語るシドニーオリンピック男子競泳100メートル，ギニア代表エリック・ムサンバニ選手のような事態はパラリンピックではない，を準備した．

　1984年ロスアンゼルスオリンピックでの女子マラソン，スイス代表アンデルセン選手は脱水症状でフラフラになりながらゴールし，そのまま意識を失い倒れた．その劇的シーンは彼女がてっきり最下位であり，完走した44人中37位の成績であったことを失念させる．1988年カルガリーオリンピックスキージャンプ，英国代表エドワーズ選手は70メートル級ジャンプ69.2ポイント，90メートル級57.5ポイントでいずれも最下位であった．それは優勝者フィンランド代表ニッカネン選手の220ポイント台の足元にも及ばない．しかし，長野県白馬村ノーマルヒル，ラージヒルのスタート地点で脚が震え，愚息をかい抱く左腕より鉄柵を強く握りしめる右腕に恐怖を実感し，下界に向かうリフトでエドワーズ選手が弱視であったことをはたと思い出すとき，敬意より先にその勇気と無謀が頭をかすめる．

　このような視点から，シドニーでのオリンピックとパラリンピックのありさまを比べると，視覚障害ながら全米予選を勝ち抜いた陸上女子1,500メートル米国代表マリア・ラニアン選手を筆頭に，聴覚障害ながら水泳の舞台に立った南アフリカ代表テレンス・パーキン選手を，一方でパラリンピックの正式種目となったヨットではオリンピックに出場してもベストテン入りが確実視される選手を思い描く．長野オリンピック，スキージャンプ競技の前走者は聴覚障害の高校生であ

ったが，先のエドワーズ選手より長い距離を飛んだに違いない．はたして，溺れそうな泳者，意識不明となったランナー，転倒するのではないかと心配させるジャンパー，そして視覚障害者や聴覚障害者のオリンピック出場は，なにを呈示しているのであろうか．

1. 標準装備による障害者の新たな階層化

　制度化するオリエンタリズム，つまり「優越する西洋と劣弱な東洋のあいだに根深い区別を設ける」ことを意図して開催された博覧会は，博物館，美術館，動物園や植物園の原型である．その意図はオリンピックにも通底する．オリンピックがゲーム，儀礼，祭典，スペクタクルのフレームからなる多肢的な文化的パフォーマンスであり，近代オリンピックの発展にともなってスペクタクルの優越性が与えられ，この優越性は近代のまなざしをメディアに代補させることで，地球規模のメディア・スペクタクルを出現させた（吉見，1992）．
　このスペクタクル化に根深い区分けが隠蔽される気配がある．しかし，夏季オリンピックと冬季オリンピックの出場国・地域を比較すれば，いとも簡単にこの区分けを確認できる．夏季オリンピックに出場するが冬季オリンピックには出場しない国・地域が抱える理由が，雪や氷といった地理的条件や自然環境に因るのではなく，社会経済的格差すなわち南北問題であることが推察される．ジャマイカ代表ボブスレーチームの顛末を描いた映画「クール・ランニング」はそれを揶揄していた．もちろん，オリンピックに出場しパラリンピックに出場しない国・地域はどれくらいあるのか，という疑問にも同じ回答が準備される．この区分けをより鮮明とするのはメダルランキングである．シドニーオリンピックでもパラリンピックでも上位を占めたのは，オーストラリア，英国，スペイン，カナダ，米国であった．開催国オーストラリアが障害者のスポーツ優秀選手を政府が支援する奨励金制度を整備しているように，メダルランキングはそのまま障害者福祉ランキングと読み替えられようが，そこでも先の根深さを追認する．
　ところで，平均以下の記録にもかかわらず，ギニア代表エリック・ムサンバニ選手や英国代表エドワーズ選手が，なぜオリンピックに出場できたのであろうか．そこには，陸上競技や競泳などに設定されるオリンピック参加標準記録と特別枠の二つが巧みに準備される．例えば，前者では1996年アトランタ夏季大会に向

けたわが国の選手選考では，陸上競技で参加Ａ標準突破者がマラソンを除き100名近くに達する活況を呈し，競泳ではFINAより参加標準記録が設けられ，標準記録Ａ＝1国2名出場枠は厳しい条件であったが，ここでは標準記録Ａ（世界ランキング16位相当）と標準記録Ｂ（1国1名枠）を基準としていた（日本オリンピック委員会，1997）．つまり，ギニア代表エリック・ムサンバニ選手や英国代表エドワーズ選手のような選手には，標準記録Ｂや特別枠が準備されていることになる．このような基準によって出場国すべてに参加機会が保障され，同時に強豪選手の偏在を是正する標準記録Ａによって補強されている．

　ここで，オリンピックの標準記録をパラリンピックに求めると再び南北格差を確認する．男女計44種目開催された陸上車イスレースではその出場選手はほとんど先進国からであり，発展途上国や民族紛争でゆれる国からの出場はほとんど見当たらない．プロ化が進み花形選手がつくられ，ハイテク化の著しい競技者用車イスは1台50万円を超える．

　写真入りの新聞切り抜きを2枚用意し見比べた．1枚はシドニー・パラリンピック男子陸上100メートル（切断など，T42）決勝を伝え（朝日新聞，2000年10月25日），もう1枚はフェスピック・バンコク大会（極東・南太平洋障害者スポーツ連盟，FESPIC；Far East and South Pacific Games Federation for the Disabled）の大会予選とおぼしきシーンである（朝日新聞，1999年1月16日）．前者には「古城「悔しい」8位」と見出しをつけ大腿部から義足をつけ力走する短距離選手の写真，後者には大腿部損傷の片足そのままに杖を突いて走る選手が義足の選手を追走する写真がそれぞれ紙面を飾る．前者にある歩行用でない競技用の義足の目新しさは，後者の中程で切断された大腿部や両手で支える杖の原型を強調する．ひざと同じ動きを出すために，油圧シリンダーとカーボン繊維でできた競技用「脚」はすべて外国製で，人間の脚力と器具が生むバネの力を調整するために義肢装具士がつきっきりでそれにあたる．義足は1本100万円する．

　工業技術の向上はパラリンピックへの出場の可能性を拡大する．しかし同時に，オリンピックがなおざりとした本質的な問題，身体資源に完全なイーブンはのぞめないことを，障害の度合いに応じた細分化したクラス分けがより鮮明とする．ここには，平等性を厳密に追求すれば競争が成立せず，競技力の高度化によってスポーツの卓越性を目指そうとすればするほど，平等性の基準を曖昧にせざるを得なくなるという矛盾に陥る（藤田，1999）．さらにクラス分けを是正するため

に身体的な資源に平等性を求めれば，障害の重いクラスほど高価な補助器具が必要となり，それを獲得できる者とできない者という格差を生み出すことになる．身体的な資源における平等性の追求は，障害者スポーツのなかに新たな階層化をつくりあげる．パラリンピックに込められるメタ的メッセージを検討すると，南北問題を隠蔽し，新たな階層化を自明視させないという特性が，オリンピックと同様に，いやむしろより鮮明にあらわれてくる．

2.「もつ」ことと「ある」こと

この南北問題はパラリンピックにおけるパワーリフティング選手の筋肉増強剤使用というドーピング（禁止薬物使用）に象徴された．アンチ・ドーピング問題はオリンピックやパラリンピックが社会経済的不均衡の隠蔽装置を抉り出す可能性，したがって「持てる国」欧米を中心とする先進国と「持たざる国」アジア・アフリカ・東欧の発展途上国・後進国という南北問題が存在している現実を知らしめる．同時に，パラリンピックは，知的・身体的障害者＝「持たざる人」と健常者＝「持てる人」という意図的な構図を自覚させる．

このカラクリを紐解くに，立岩（1996）の問いは刺激的である．何かできない人＝障害者ならば，あらゆる人間がどのような程度かできないこと＝障害がある．ゆえに，その障害によって参加が拒まれる人すべてを障害者だと言って不都合はない．能力による差別はすべて障害者差別であると言っていいのだ，と発問する．そして，「もつ」価値に「ある」価値を対置させ，Aさんが「ある」ためにはAさんが「もつ」ことが必要であり，そのためには「できる」ことが必要だが，その「できる」人はそのAさんでなくてもよいのである．Aさんが「する」「できる」ことを，Aさんが「ある」（ために「もつ」）ことの要件としたり，Aさんの存在（の価値）を示すものとしたりすることが否定される，と説明する．もつ／もたない，できる／できないが「ある」という存在の価値に何ら関係しないことを言明し問題提議する．この問題意識は，Beingとしての身体とHavingとしての身体の対置に通底するように思える．もつ／もたない対象として身体を据えること，つまりHavingとしての身体は，操作できる身体，売買可能な身体，したがって，よその国から心臓や腎臓をもらえばすむという「一種の差別」（養老，1989）につながる．

昔から『あしが不自由でも頑張ってね』と何度もいわれた．その裏には『足が不自由イコール不幸』という意識があるように思った．私にとって生まれた時から付き合ってきた足だし，このままで十分幸せに生きていけるのに．（朝日新聞，1996年1月7日「天声人語」）

この逸話は，社会・文化的差別をつくるために知的・身体的障害が再生産されること，Havingとしての身体がそのための装置であること，また義足や義手が健常者に近づく障害者の幸福への切符であり高性能のそれが特急券となる錯覚を，明らかにする．立岩（1996）の発問「あらゆる人間がどのような程度かできないこと＝障害がある」は，Beingとしての身体が共生の出発点であることを言い当てる．

3．リバース・インテグレーション

障害のない人が障害のある人の活動に参加することを意味するリバース・インテグレーション（Reverse Integration）をスポーツに求めると，車イスバスケットや車イスマラソン，シッティング・バレーに参加したり，アイマスクをつけて盲人卓球やフロアーバレーボールに参加したりすることになる（藤田，1999）．この発想はスポーツの世界において現実味を帯びてBeingとしての身体が共生の出発点となりうることを示唆する．

車イスバスケットボールに挑戦し，障害者の高度な技術や戦術に対して，たとえそれが故意の反則すれすれのワザであっても，健常者が悔しがってリベンジを誓い練習に燃えた．パラリンピックがたどる道は障害者から健常者への一方通行であり，故に義足や義手が健常者に近づく障害者の幸福への切符で高性能のそれが特急券となる錯覚が生まれたが，先の体験が伝えるのはその逆の道が拓かれ，リバース・インテグレーションが対面通行であることを知らしめる．車イスマラソンは腕が棒となり，尻や腰が痛くてやっていられない．その痛みを奴らに悟られまいと涼しい顔をしたがすでに気取られていた．気づかぬふりをしてくれたことを後日知らされムカツク．

すでに，ドーピングにかかるルールの恣意性が暗示するように，国際パラリンピック委員会と国際オリンピック委員会の間でいかなるダブル・スタンダードが

準備されるのであろうか（海老原，2000e；12章参照）．シドニー・パラリンピック陸上男子100メートル（切断など，T44）では「義足のモーリス・グリーン」と異名を持つ米国代表，マーロン・シャーリー選手は11秒09の世界記録をマークした．高性能に進化する補助器具は可視化されるドーピングとなる．したがって，リバース・インテグレーションを成立させる条件とはドーピング・フリーかもしれない．

　ところで，藤田（1999）は石川（1996）によるアイデンティティの存在証明を手がかりに，スポーツにおける自己表現や自己達成にこそ，今日スポーツの世界を支配する勝利，ルールの普遍性や平等性といった価値体系とは異なる価値を見い出せると展望する．

　この石川の論考（1996）は示唆的である．存在証明とは，人が価値あるアイデンティティを獲得し，負のアイデンティティを返上しようとして，あらゆる方法を駆使する．すなわち，印象操作，補償努力，他者の価値剥奪，価値の取り戻しである．

　印象操作とは負のアイデンティティを隠し，価値あるアイデンティティの持ち主であるように装う，隠し見せかける，隠蔽と偽装という常套手段である．義足・義手，整形・形成手術，クローン法案にある再生医療や生殖技術とES細胞（胚性幹細胞）を経て筋肉増強剤や血液ドーピングに連動する．しかし，隠蔽・偽装したアイデンティティによって存在証明が破綻する悪循環となる．

　第二の方法は社会的威信の高い集団への所属，資格や能力の証明といった，価値あるアイデンティティを獲得することで，否定的な価値を帯びた自分を補償しようとする，補償努力である．2000年7月17日に財団法人日本障害者スポーツ協会が財団法人日本体育協会の傘下となった事例は典型的な出来事のように思える．体協に正式加盟したことで，障害者スポーツがスポーツとして認められたと記す．しかし，それは指摘したように障害者の健常者への一方通行的接近はこの偽装に違いない．この補償努力によって得られるのは，「彼は…にしては…だ」「彼女は…だが…だ」という形式な評価で，負のアイデンティティを消し去ることにならず，より高性能な補助器具を持つ集団への帰属といった，さらなる存在証明に駆り立てられる．「義足のモーリス・グリーン」マーロン選手は義足にしては速いという言説によって，到達できない存在証明へひたすら駆り立てられる．この幻想が幻想たりえるために構築される仕組み，より高い威信の集団への指向

を促す仕組みこそが，障害者の階層化となる．

　さらに第三の方法は他者の価値剥奪である．ここでは他者が所有した価値を剥奪することで相対的に価値が高まるが，自分の存在証明のために他者をおとしめたことが「自覚」されれば，「わたし」の存在証明はますます危うくなる．自覚しなければ済むし，自覚しないで行なえる制度となっているが，他者からの「糾弾」や「異議申し立て」に限界を露呈する．生体からの，ひいては脳死判定後の臓器移植である．

　そして，第四の方法が価値の取り戻しである．カテゴライゼーションの変更要求という形式をとる．所与のカテゴライゼーションをいったん引き受けた上で，カテゴリの内包を肯定的なものへと変更しようと試みる．その肯定的な価値を与える過程で，既成のカテゴリ名を「差別語」や「不適切な言葉」として否定し新しい提案をする．既成の価値体系への闘争の姿勢を明らかにするために，既成のカテゴリをあえて使うこともある．差別のカテゴリが持つマイナスの符号におじけづかず，あえてそのカテゴリを主体的に選び取ることで，カテゴリの命名権を奪回し，その「迫力」によって他者を揺さぶり，他者の枠組みを変容させ，差別の「無根拠性」を証明する営みである．

　この価値体系への揺さぶりとは，車イスバスケットボールにおける障害者の反則ワザにあらわれ，また障害者プロレスが社会通念に規定されるスポーツ観をゆさぶるという意味でポストモダン的であるとの指摘にも通じる（リー・トンプソン，1999）．そこでは「固定化されてしまった障害者観を揺るがすことができる」障害者対健常者の試合を実施し，「障害者が健常者のルールに合わせるだけでなく，健常者が障害者のルールに合わせることも必要なのではないかという問題提起になるはずだ」と障害者プロレス主催者の企図を引用する．

　パラリンピックがもつメタ的メッセージ，制度化されるオリエンタリズム，隠蔽や偽装によって健常者となることへの誘惑，そこに潜む本質的な差別に対して，障害者が繰り広げるバスケットボールの反則ワザ，マラソンでの白々しい思いやり，ショーとしてのプロレスは，アンチ・テーゼを構築し，リバース・インテグレーションへの道を指向していると確信している．

　この過程をたどる新たな価値体系の起点を，スポーツの語源「スポータ」，蕾が開き極値に達するエネルギーが満ち溢れるspore（芽胞，胚種，種子）につながるエネルギーの過剰に求めたい．その心性は自由に戯れる動物たちが持つ「蕩

尽」への憧れであり，予測不能な瞬間への欲望であり（室井，1986），スポーツのもう一つの意味「突然変異」を生み出す自然界の造化の戯れ＝畸形への畏敬に違いない．オリンピックの予選や準決勝で後半を流す選手が決勝で全力を尽くしたとしても，もはやコントロールされた全力であるという予定調和的結末に先の心性は蘇らない．試走やシミュレーションを経て幾度かの駆け引きの後にスパートするマラソンもその範疇にある．そこには蕩尽や突然変異を惹き起こしかねないエネルギーの過剰さとの遭遇を期待できないことを，われわれはうすうす感じている．

　1983年世界陸上選手権1,600メートルリレーで米国チームは第三走者がソビエトとの競り合いで転倒した．当時の400メートル障害王者，最終走者エドウィン・モーゼス選手は最初からとばし第三コーナーで力尽きた．その姿はペース配分や駆け引きなどつゆ知らない無垢の疾走であり，春秋の運動会での子どもたちのそれであり，まさに自由に戯れる動物たちの過剰なエネルギーの暴発であった．ムサンバニ選手，アンデルセン選手，エドワーズ選手さらに多くのパラリンピック選手に送った拍手は，われわれが忘れかけたエネルギーの過剰さとの遭遇に対する羨望と感謝であったに違いない．オリンピックにせよ，パラリンピックにせよ，その高度化と拡大化が進めば進むほど予定調和的となるジレンマにある．それを打破する心性こそ，するにつけ，みるにつけ，スポーツの持つ蕩尽（とうじん）への憧れであり，それに遭遇し消費することが奢侈（しゃし）であることをわれわれは自覚すべきであると強調したい．

［海老原　修］

3部

包摂と排除

[写真提供 （株）サンゲット]

アフガニスタン暫定行政機構・カルザイ議長は，援助資金の活用に触れ「汚職や腐敗に対してはサムライのように厳しく臨む」「サムライのように汚職と戦います」と発言する．「日本人以上に日本人らしい」やカタカナ文字「サムライ」という表現を日本人には用いない．このような言い回しは，日本に恭順を呈示する者を包摂し，反逆を意図する者を排斥する．彼らへの賞讃は，目的を遂げるには手段は選ばないという狡猾さ，そんな内なる声をのどの奥へと飲み込む．包摂と排除という対立項を超えた第三の道，世界市民的意識の萌芽をスポーツが刺激するからこそおもしろい．

9章

「日本人以上に日本人らしい」
と呼ばれた越境者
～ラモス瑠偉と呂比須ワグナー～

　外国出身のスポーツ選手は，日本社会の中で優れた活躍をした時に，日本人らしい人物として描写されることがある．一方で，何か問題を起こした時には，「外人」として排除されやすい．本章では，外国出身選手が，ある時は日本社会に包摂され，時には排除される仕組みについて考えるために，ブラジル出身のラモス瑠偉と呂比須ワグナーに関する新聞報道を検討する．

　ラモスと呂比須は，1990年代にサッカー日本代表として活躍したことから，「日本人以上に日本人らしい」人物として表象[注1]された．両者以外にも，外国出身のスポーツ選手がこのように描写されたことはある．例えば，1984年のロスアンゼルスオリンピック，柔道無差別級決勝で，山下泰裕と対戦したモハメド・ラシュワン（エジプト）は，相手の痛めた足を攻撃せず敗れたために，「日本人よりも日本人らしいエジプトのサムライ」（阿部編，2000）と描写された．つまり，この比喩表現は，ラモスと呂比須だけに用いられたものではない．それではこの表現は，日本社会の中でどのような意味を持ち，いかなる外国出身者に対して付与されるのであろうか．

　著者は朝日・読売・毎日新聞を対象に，呂比須が日本国籍を取得した時（1997年9月）から，W杯フランス大会の時期（1998年6月）まで，ラモスと呂比須に関する記事を調べた．その中で，両者を「日本人以上に日本人らしい」と描写した記事は，以下の節で引用する3例のみであった．

1. ラモスと呂比須の変化するイメージ

　ラモスは，1957年2月9日に，リオデジャネイロ近郊のメンデスに生まれた．無名な選手であった彼は，20歳の時にブラジル人の先輩に勧誘され，金銭的な

理由のために，日本リーグの読売クラブに入団した（鈴木，1994）．ラモスは，その言動のためにいくつかの問題を起こした．例えば，来日1年目のシーズンにおいて，相手選手に一種の暴力的示威行為をしたために，1年間の出場停止処分を受け，ラモスは当時のサッカー界から一時的に排斥された（鈴木，1994）．

鈴木（1994）によると，この処分は，1994年のJリーグ・プレシーズン・マッチで，菊池新吉（ヴェルディ川崎）が相手選手を蹴り，退場になった時の出場停止処分が2試合であったことを考慮すると，重すぎるものであったと指摘されている．外国人が今ほど多くなかった当時のサッカー界の状況を考えると，この処分に際して，来日1年目の外国人というラモスの持つイメージが，否定的に作用したことは容易に想像できる．

その後ラモスは，1989年11月に日本国籍を取得した．翌年から日本代表に選ばれ，ワールドカップ・アメリカ大会のアジア地区最終予選の活躍から，彼は，「日本人以上に日本人らしい」人物として描写されるようになった．つまり，ラモスのイメージは，野蛮な外国人選手から人気スポーツ選手へと，異なる意味を持つようになった．

一方呂比須は，1969年1月29日に，サンパウロ州フランカ市に生まれた．18歳の時にブラジル人の先輩に誘われ，彼は当時の日産自動車でプレーするために来日した（呂比須，1998）．ブラジルで所属していたサンパウロFCでは，控え選手であったことから，試合に出場し，外国文化を学び，治安の悪い母国から逃れるために，日本行きを決意したようである（呂比須，1998）．ラモスと同様に10年間日本でプレーした後，彼は1997年9月に，日本国籍を取得した．

ラモスと違って呂比須は，メディアから批判されることはほとんどなかった．しかし，呂比須のイメージも，無名な外国人選手から「日本代表の秘密兵器」（サッカー日本代表担当記者編，1997）へと，変化したと考えられる．

ただ両者は，日本人のサポーターから好意的に支持されてきた．例えば，ラモスの引退試合が，1999年9月にJリーグ主催で行なわれた時に，4万人のファンが国立競技場に集まったと言われる．さらに，W杯フランス大会のジャマイカ戦後半に，「決定力不足が目立つFW陣に対する抗議の意味で，控えの呂比須（ベルマーレ平塚）の出場を求める大コールが，日本サポーターからわき起こった」（読売新聞，1998年6月29日朝刊）ほどである．つまり両選手は，日本人のサッカーファンから好意的に受け入れられたことから，「日本人以上に日本人ら

しい」人物として描写されるようになった，と考えられる．

2.「日本人以上に日本人らしい」という表現の意味

ラモスと呂比須に関する新聞記事を具体的に検討する前に，「日本人以上に日本人らしい」という表現の意味について確認することにしよう．この表現のはじめの「日本人」と，後の「日本人」は，同じ意味で用いられているのだろうか．この表現の意味を理解する上で，丸山の《共示(コノテーション)》に関する説明は役に立つだろう．丸山（1981）は，《共示(コノテーション)》の持つ三つの意味について検討する中で，「ユダヤ人はユダヤ人さ」という例を用いて，ハヤカワ（1985）が提示する《内包的意味 intentional meaning＝共示(コノテーション)》について次のように説明している．

「実際には，この文を口にしていたナチストたちは，1回目の『ユダヤ人』を『ユダヤ民族に所属する国民』（＝外示(デノテーション)）という意味で使い，2回目の『ユダヤ人』を『けちで，ずるく，不正直な人間』（＝共示(コノテーション)）という意味で使っていた」（丸山，1981）．

この説明を参考にして，「日本人以上に日本人らしい」という表現の意味を考えてみると，はじめの「日本人」は，「『日本民族の血』をひき，『日本文化』を内面化し，日本国籍を持っている人たち」（福岡，1993）を意味するに違いない．後の「日本人」は，礼儀正しく謙虚な人間，という意味を持つと考えられる．
つまり，はじめの「日本人」には，ラモスや呂比須のように，外国出身で日本に帰化した者などは含まれない．もし，はじめの「日本人」が，日本国籍を持つ日本人という意味であったならば，両者は国籍の面ではすでに日本人であったことから，このように表象されることはなかったはずである．要するに，日本のメディアは，ラモスと呂比須をこのように描写したことから，両者を完全な日本人とみなしていなかった，と言えるだろう．
ともあれ，この比喩表現は，一般的な日本人よりも日本人らしい特性を身につけた外国出身者に付与される，一種の美的表現である．付言すれば，この表現は，メディアが外国出身者の中に，日本人の持つ美徳を見い出した時に用いられる，日本人の自民族中心主義を表すものと言えるだろう．

3. ラモスと呂比須に関する新聞報道の分析

　呂比須は，W杯フランス大会・アジア地区最終予選の韓国戦（1997年9月28日）のために，はじめて日本代表に選ばれ，この試合に向けた記事の中で，次のように描写されている．

　「彼を知る人は，だれもが『日本人以上に日本人らしい』と口をそろえる．まじめで謙虚，礼節を重んじ，あいさつを欠かさない．流暢な日本語も丁寧だ」（読売新聞，1997年9月26日朝刊）．

　この記事の中で呂比須は，日本人の美徳とされる特徴を持つ人物として表象されている．このような描写は，W杯フランス大会のクロアチア戦（1998年6月20日）に関する報道の中でもなされた．「日本人・呂比須選手　『悔しい』」という見出しとともに，来日してからの生活経験（結婚，息子の誕生，日本国籍の取得，日本代表入り，母親の死など）について記述される中で，彼は次のように表象されている．

　「…礼儀正しく，謙虚．呂比須選手を知る人は『日本人以上に日本人らしい』と口をそろえる．…（中略）…初戦のアルゼンチン戦で『僕はその時だけは（ライバルの）ブラジル人の気持ちになって戦う』と語った男は，この日，どこまでも『日本人』だった」（毎日新聞，1998年6月21日）．

　ここでも呂比須は，前の記事と同様に，「礼儀正しく謙虚」という日本人らしい性格を持つ人物として描写されている．いみじくも彼は，自分がブラジル人でもあることを，この記事の中で語っているにもかかわらず，その後で日本人として表象されている．
　一方ラモスは，フランス大会では日本代表に選ばれなかったけれども，ワールドカップの日本戦の解説を，NHKで行なった．その際には，3戦全敗を喫した日本代表を，「うっとうしいほど反復された根性論」（朝日新聞，1998年6月29日夕刊）によって非難したといわれる．文芸・スポーツ評論家の渡部直己は，ワ

ールドカップに出場できなかったラモスが，大会に出場した代表選手を批判することに，ある種の醜悪さを感じ，三浦知良とラモスを世界の有名サッカー選手に対比させて，次のように述べている．

「同じ『ベテラン』とはいえ，4年前も今回も，チームをW杯に導けなかったカズは，バッジョでもクリンスマンでもないのだし，同じ怒り屋でもたんにブラジルで一流たりえなかったゆえに『日本人以上に日本人らしい』人となった当のラモスと，ジュビロで名波らをしかり飛ばすドゥンガは決定的に違う」（朝日新聞，1998年6月29日夕刊）．

渡部の意見は，必ずしも一般的なものではないだろう．さらに，日本人の誰もが，ラモスの言動に「醜悪さ」を感じたかどうかも定かではない．ラモス（1999）は，自伝の中でこの時のことに触れ，自分が代表に選ばれなかったから怒っていた訳ではなく，期待に反して活躍できなかった日本代表の戦い方に，不満があったようである．

ただ渡部は，ラモスが特別に日本人らしい性格を有するために，「日本人以上に日本人らしい」と描写されたのではなく，単に日本で一流選手になり得たゆえに，賞讃されたことを指摘していた．この指摘は，ラモスに付与された「日本人以上に日本人らしい」という表現の虚飾性に気づかせてくれる．

「礼儀正しく謙虚」な人物としての呂比須と，「怒り屋」としてのラモスは，異なる性格を持つ選手として認識されるにもかかわらず，同じ表現によって描写された．それ故に，「日本人以上に日本人らしい」という表現は，両者の性格を適切に表す言葉というよりも，日本に愛国心を持ち，日本社会に同化した外国出身者に与えられた褒め言葉，もしくは，飾り言葉であると言えるだろう．

それでは，なぜこの表現がメディア報道の中で用いられるのであろうか．それは，外国出身者が日本に帰化し，日本人らしく振舞うことが，外国人さえも日本人や日本文化のすばらしさを認める，わかりやすい実践となるからであろう．もちろん，単に外国出身者の日本人らしさを褒めるために，この表現が用いられる場合もある．さらに，ラモスの伝記を執筆した鈴木（1994）は，この表現が結果として「日本人の自己満足」（154頁）を表す場合もあることを，次のように指摘している．

「『義理と人情』とは，ラモスが若い頃から好んで口にしている言葉だ．日本人はそれを聞いて『ラモスは日本人以上に日本人らしい』と喜ぶ．だが，そこにはどこか日本人の自己満足のにおいがする．ラモスの中に日本人が本来持っている美徳を見い出したつもりになっているが，日本人一般の資質とはまったく関係なく，ラモスの『義理と人情』はラモスという個人が本来持っている資質なのだ」(鈴木，1994)．

この指摘は，渡部の意見と同様に，「日本人以上に日本人らしい」という表現に内包された虚飾性に言及している．さらに，上記の「日本人の自己満足」とは，日本人の持つ自民族中心主義を言い換えた表現であると考えられる．これらの事例は，外国出身選手が日本人のナショナリズムを強化する，という状況の皮肉さに気づかせてくれる．

おわりに

ラモスと呂比須は，1990年代にサッカー日本代表の中で重要な役割を果してきた．それゆえに，メディアは両者の外国人としての側面を覆い隠すためにも，彼らを日本人らしい人物として表象したと考えられる．

これらの報道の問題点は，二つ目の記事（毎日新聞，1998年6月21日）にみられるように，彼らが日本人としての国民アイデンティティだけを保持するものとして，メディアが伝えることである．日本国籍を取得したからといって，われわれと同様に呂比須たちも，日本人の国民アイデンティティだけを保持するものとみなすことは，あまりに想像力に欠ける見方ではないだろうか．おそらく両者は，ブラジル人と日本人の複数の国民アイデンティティを持つだろう．しかし，ラモスと呂比須は，日本社会で受け入れられるために，日本人らしい言動を行ない，日の丸といった愛国的な対象と自己を盛んに結びつけた[注2]，と考えられる．

グローバル化が進む中で，ここで扱ったラモスと呂比須のように，複雑な国民アイデンティティを持つ人々は，日本においてさえ増えてきている．このような状況において，われわれは，これまでのように呂比須たちの持つ違いを同化するのではなく，複数の国民アイデンティティを認めるように，発想を転換する必要があるだろう．

<注釈>

1) ここでは，ある出来事や言説が社会的に構築されるという意味で，表象（representation）という用語を使うことにする．例えば，テレビ画面を通してあるスポーツを視聴する者は，競技場の観客と違って，表象された試合を見たことになるだろう．なぜならば，われわれが視聴する映像は，番組制作者が指示したカメラわりや構成に従って，構築されたものだからである．テレビ番組に限らず，新聞の記事も，記者の視点を通して作り上げられた，表象されたものである．

2) 例えば呂比須は，日本国籍を取得した際に，いくつかのメディア報道の中で，日の丸とともに写真におさまっている．もちろん，これらの写真は，記者の要望に応えて撮られたものかもしれない．しかし，呂比須が日本への愛国心を示したことは否定できない．写真を掲載した記事は，以下のものを参照（日刊スポーツ，1997年9月23日，「日の丸呂比須」；『週間サッカーマガジン』1997年10月1日号，No. 625, 17頁）．一方で，ラモス（1999）は自伝の中で，日の丸と君が代への強い気持ちについて語っている．

［千葉　直樹］

10章

「黒船」から国民的マスコットへ
～日米文化摩擦を起こした
ハワイの英雄：小錦（KONISHIKI）～

　日本の「国技」と言われる相撲の世界に，最近では数多くの外国人が入門するようになった．外国出身力士の中でも目覚ましい活躍をしてきたのは，ハワイ出身の高見山，小錦，曙，武蔵丸である．高見山（東関親方）は，外国人としてはじめて幕内優勝を果たした．その後，小錦は大関に，曙と武蔵丸は大相撲の最高位である横綱に昇進した．彼らの中で，最も毀誉褒貶にさらされたのは，小錦であろう．本章では，小錦が日本内外のメディアからどのように描写され，「小錦」という四股名から「KONISHIKI」という芸名に名前を変える過程の中で，そのイメージがいかに変化してきたかについて記述する．なお，ここでは1982年から1999年までに，小錦を扱った日米の新聞，相撲雑誌，自伝や関連する文献などを資料として用いた．

1. 昭和の黒船来襲

　小錦（サレバ・アティサノエ）は，ハワイ・オアフ島のナナクリ・ホロポノに，10人兄弟の8番目の子どもとして，1963年の大晦日に生まれた．両親はサモア人であり，子どもに良い教育を受けさせるために，ハワイに移り住んだ移民であった（小錦，1998）．ニューズウィーク（1999年6月23日）とのインタビューの中で彼は，「あなたという人間の原点はどこにあるのか」という質問に対して，次のように答えている．

　「私は典型的なサモア人の家庭で生まれ育った．国を飛び出したメキシコ人やハイチ人，キューバからのボート難民と少しも違わない」（52頁）．

つまり小錦は，典型的なアメリカ白人でもなければ，ハワイに起源を持つ者でもなく，アメリカ社会の中でもマイノリティのサモア人であった．その後，日本国籍を取得する彼は，「サモア人」「ハワイ人」「アメリカ人」「サモア系アメリカ人」「日本人」など，複数の国民・民族アイデンティティを持つことになる．しかし小錦は，日本のメディアから「ハワイアン」や「外人」と表記されることが多かった．

ところで小錦は，ハワイ出身の高見山（東関親方）に誘われて，高砂部屋に入門するために，1982年6月にはじめて来日した．彼が日本のマスコミから一躍脚光を浴びたのは，1984年の秋場所であった．入幕後2場所目で，二横綱一大関（隆の里，千代の富士，若島津）を倒し，12勝3敗の好成績をあげ，殊勲賞と敢闘賞を獲得した．押し相撲一辺倒で当時の相撲界の上位陣を倒した彼は，「黒船」（読売新聞，1984年9月25日夕刊）と表象された．秋場所の活躍に焦点をあてた記事の中では，「二十歳の"ハワイの怪物"」と呼ばれ，負けず嫌いで，図太い神経を持ち，大らかな性格の人物として描写されている（読売新聞，1984年9月24日）．

岡田（1999）によると，この頃の小錦は，「ハワイの野獣」や「人間ブルドーザー」などと呼ばれ，「ヒールヒーロー」であったとされる．小錦（1998）も自伝の中で，秋場所（1984）の13日目（大乃国戦）あたりに，一部の観客から「コニシキーッ，負けろ」と罵声を浴びせられ，ただ外国人であるために悪者扱いされた，と述べている．

その後，1987年5月には，外国人としてはじめて大関に昇進した．この時の各新聞は，小錦の大関昇進を好意的に扱っていた（朝日新聞，1987年5月27日夕刊；読売新聞，1987年5月25日；毎日新聞，1987年5月25日）．特に，毎日新聞の記事（1987年5月28日）の中では，9章で取り上げたラモスらと同様に，「日本人よりも日本人らしい」と表象されている．つまり，この時小錦は，日本の国技である大相撲の看板力士になったことから，メディアは外国人であった彼を，日本人らしい性格を持った人物として美化したのだと考えられる．

小錦は「相撲はケンカだ」[注1]発言に見られるように，さまざまな騒動に巻き込まれてきたが，その中でも人種差別発言の際に，日本のメディアや相撲協会から最も痛烈に非難された．

2. 小錦の横綱昇進問題

　1991年の九州場所で2度目の優勝を遂げた後（13勝2敗），小錦は次の場所（1992年の初場所）で12勝3敗の成績を残した．その次の春場所では，13勝2敗の成績を挙げ，3度目の優勝を果した．3場所で38勝7敗という成績は，双羽黒，北勝海の横綱昇進直前3場所の結果と比べても引けを取らない（表2）．しかし，春場所後の横綱審議委員会では，小錦の横綱昇進は議題にすらのぼらなかった．
　その後，新聞に掲載された彼に関する記事が，この問題の発端になった．日本経済新聞のある記者は，春場所で優勝したにもかかわらず，横綱に昇進できなかった理由を小錦に尋ね，その談話を次のように引用している．

　「厳密に言えば，これは人種差別だよ．金髪や黒人だったらどうなのか．今回なれなかった理由は一つしかない．それは僕が日本人じゃないからだ」（日本経済新聞，1992年4月20日夕刊）．

　この記事の2日後に，ニューヨーク・タイムズは，「人気力士が日本の人種差別主義を非難する（Sumo Star Charges Racism in Japan）」という見出しを掲げ，日本相撲界における小錦に対する差別について報道した．記者との電話によるインタビューの中で彼は，「もし自分が日本人であったなら，もう横綱になっていただろう」（The New York Times，1992年4月22日）と述べたことになっている．
　しかしながら，小錦（1998）は自伝の中で，日本経済新聞の取材に対しては，上記のような発言をしておらず，ニューヨーク・タイムズの取材に関しては，シャワーを浴びている間にハワイ出身の付き人が答えたものであった，と述べている．彼は一貫して，「人種差別」とは言っていない，とマスコミの取材に答えた．しかし，この発言だけが一人歩きをして，この問題は日本のみならずアメリカにおいても大きく取り上げられた．
　横綱推薦の内規には，第二項に「大関で二場所連続優勝した力士を横綱に推薦」と，第三項に「第二項に準ずる好成績をあげた力士を横綱に推薦」と定められている．小錦の1992年初場所（12勝3敗：3位）と春場所（13勝2敗：優勝）の成

表2　横綱昇進候補者の直前3場所の成績

醜名	3場所前	2場所前	横綱昇進の直前場所	直前3場所の通算成績
双羽黒	86 春　　10-5	86 夏△ 12-3	86 名○ 14-1	36 勝　9 敗
北勝海	87 初　　11-4	87 春◎ 12-3	87 夏△ 13-2	36 勝　9 敗
大乃国	87 夏◎ 15-0	87 名△ 12-3	87 秋◎ 13-2	40 勝　5 敗
旭富士	90 春　　 8-7	90 夏◎ 14-1	90 秋◎ 14-1	36 勝　9 敗
小錦	91 九◎ 13-2	92 初　 12-3	92 春◎ 13-2	38 勝　7 敗
曙	92 秋　　 9-6	92 九◎ 14-1	93 初◎ 13-2	36 勝　9 敗
貴乃花	94 夏　　11-4	94 秋◎ 15-0	94 九◎ 15-0	41 勝　4 敗
若乃花	98 初　　10-5	98 春◎ 14-1	98 夏◎ 12-3	36 勝　9 敗
武蔵丸	99 初　　 8-7	99 春◎ 13-2	99 夏◎ 13-2	34 勝 11 敗

（◎は優勝，○は優勝同点，△は準優勝）

績は，上述したように，この問題が生じる以前に横綱に昇進した力士と比べても，それほど差はなかった（表2）．もっとも，初場所の第3位という成績が，内規第三項の「第二項に準ずる好成績」にあたらない，と評価されたようである．

さらに重要なことに，双羽黒関の失踪事件（1987年12月）以後，横綱昇進基準は，その後横綱になった5力士（旭富士・曙・貴乃花・若乃花・武蔵丸）を見ればわかるように（表2），実質的に「大関で2場所連続優勝」することになっていた．実際に同じ外国出身力士の曙と武蔵丸が，2場所連続優勝することによって横綱に昇進したことを考慮すると，小錦の横綱昇進は見送られて妥当であったと考えられる．

もう一つの論点に品格の問題がある．横綱推薦の内規第一項には，「横綱に推薦する力士は，品格・力量が抜群であること」と，第四項に「品格については，協会の確認に基づき審議する」と定められている．作家の小島襄氏（元横綱審議委員会委員）は，「『外国人横綱』は要らない」（文藝春秋，1992年4月号）という評論の中で，横綱の品格を，「『心技体』の調和である横綱としての自信と自覚と自制が全身にみなぎっている姿を指す」（376頁）と定義している．しかし，このような主観的な品格の概念規定では，何をそのようにみなすかは，評者によって異なり，客観的な評価基準にはなり得ない．

雑誌「相撲」（1992年5月号）の中では，小錦の品格に欠ける点として，①正しい仕切りができていない，②四股がひど過ぎる，③仕切りが終わった後，立ち上がってからにらみ合うのは品位に欠ける，④水を受けるときの動作，塩の撒き

方などの作法も礼節を重んじる国技相撲にふさわしくない（48頁）など，数多くの点があげられていた．しかし，「四股が悪いといったって，千代の富士みたいに見事な四股を高々と踏む横綱ばかりではなかったし，その千代の富士でも仕切り終わったあと，にらみつけて目上に失礼な，と昇進前は言われていた元祖だった」（相撲，1992年5月号）と指摘されている．つまり，小錦だけが品格に欠ける訳ではなかった．

　品格に関する概念規定は，曖昧で不透明であるにもかかわらず，特に小錦は非難された．その理由は，親方や横綱審議委員，メディア関係者の中に，外国人力士に対する偏見を持つ人がいたためだと考えられる（岡田，1999）．この頃の小錦は，実力不足で横綱に昇進できなかったことを，相撲社会の人種差別主義に転嫁する力士として，メディアを通して最も否定的に描写された（栗田亘，Asahi Shimbun Weekly AERA，1992.5.5-12：82頁；日本経済新聞，1992年4月20日夕刊）．

3. 小錦から KONISHIKI へ

　人種差別騒動の後，小錦は力士としての全盛期を過ぎ，1993年11月の九州場所で負け越したために，大関から陥落した．この頃の彼は，地方巡業の土俵入りの際に，腹で前の力士を突いて笑いをとるというように，時に「道化」（岡田，1999）になり，観客を喜ばせていた．平幕に落ちた後も，小錦は現役を続け，親方になるための条件を満たすために，1994年2月に日本国籍を取得した．その後，1997年の九州場所で，15年間にわたる力士生活に別れを告げた．引退後，佐ノ山を襲名したが，タレント活動やボランティア活動を行なうために，1998年9月に相撲協会を退職している．

　小錦は，芸能活動を続ける上で，この四股名を使うことを希望したけれども，この名が高砂部屋に代々伝わる由緒ある四股名であるために，相撲協会はその使用を認めなかった．そのために，彼は芸名を「KONISHIKI」に変えた．その後，サントリー，セガ，DDI など数多くのテレビ広告に出演した KONISHIKI は，1998年のCMタレント好感度調査（男性部門）で1位に選ばれている．彼は，現役力士時代の悪役や「道化」役から，タレントへの転身後，サントリーのテレビ広告の中で縫いぐるみを被り，コミカルなキャラクターを演じ，一躍国民的マス

コットと言える存在にまでなった．

　このテレビ広告の生みの親である佐々木氏（電通クリエーティブ総括局局長）は，「当時の小錦さんはそれほどイメージがよかったわけではない」（ニューズウィーク日本版，1999年6月23日：54頁）と述べている．つまり，愛嬌のあるキャラクターを演じることを通して，彼のイメージは，現役時代よりも良くなり，そのことが他のテレビ広告の依頼を増やしたと考えられる．

おわりに

　小錦の引き起こしたさまざまな問題は，伝統的な相撲界の価値基準と，サモア人もしくはアメリカ人として価値観の違いによって生じた文化摩擦であった，と考えられる．つまり，この文化摩擦は，相撲界に外国人力士が増えてくる中で，当然のように生じたグローバル化[注2]の問題でもある．

　外国人力士が大相撲の看板力士になる中で，そのことに危機感を抱いた親方衆もいたようであり，小錦の横綱昇進問題の後（1992年5月），相撲協会は，一部屋二名までという外国人力士枠を内密に作ったと言われる（岡田，1999）[注3]．つまり，外国人力士の数を制限しなければならないほどに，この時彼らは，相撲界の中で一大勢力になっていたということである．つまり，この外国人力士枠は，グローバル化に対するローカルな相撲界の抵抗として解釈できるだろう．

　このような状況の中で，彼は力士時代の悪役，道化役をへて，タレントへの転身後，国民的マスコットと言える存在にまでなった．小錦のイメージは，時とともに変化してきたが，そのことは彼に関するメディア表象の仕方が変わったということだろう．小錦の事例は，日本のメディアが外国人を悪者に仕立てる傾向と，日本社会が愛嬌のある外国人を受け入れる可能性について，示唆を与えてくれた．

＜注釈＞

1) 小錦（1998）は，NHKとのインタビューの中で，「君にとって相撲とは何なの」と質問され，「それはファイトだ」と英語で答えた．この言葉が「相撲はケンカだ」と誤訳され，相撲協会の首脳陣から批判された．
2) 社会学者のギデンズ（1993）は，グローバル化（globalization）について，次のように説明している．「今日事実上すべての人に影響を及ぼす相互依存の結びつきが増大した結果，世界はいくつかの重要な点で，すでに《単一の

社会システム》を形づくっている．…（中略）…国境をこえた社会的政治的経済的結びつきが，それぞれの国のなかで暮らしている人びとの運命を，決定的に条件づけているのである．このような世界社会の相互依存性の増大を概略的に意味する言葉が，グローバル化である」(514頁)．

3) 相撲協会は，2002年2月に，外国人力士枠を一部屋一名に変更した（朝日新聞，2002年2月5日）．従来の申合せでは，相撲界全体で40名の外国人力士しか認めなかったが，この改正によって，52の相撲部屋すべてに，外国人力士を入門させることが可能になった．

[千葉　直樹]

11章

奴らのゲームで奴らを倒せ
~沖縄高校野球界にみる再生産戦略~

1. 奴らのゲームで奴らを倒せ

　歴史的に被支配的な立場におかれてきた民族にとって「奴ら（支配者）のゲームで奴らを倒す」ことほど大きな感動を呼び起こすものはない．さらにその逆転に被支配民族独自の文化を明確に表象する手段がともなうとき，それはより大きなものとなる（Bairner, 1994）．この点にこそ，グットマン（1997）が指摘するスポーツのヘゲモニー的普及（ludic diffusion）を促進させる力学が存在する．すなわち，支配する者が自らの文化を強制的に被支配者へ押しつけるのではなく，被支配者の側から自ら手を伸ばし，支配者側の文化を受け入れていくという文化普及の過程に存在する力学である．現実の生活では決して達成することのできないこと，つまり，支配者に対して優位な立場に自らをおくことを，プレーが作り出す虚構の世界において実感できるという事実は，支配者側の政治や文化に対して反発を感じる者にとって熱狂の対象となる．さらには，スポーツが作り出すスペクタクルは，自らをして自文化と明確に認識する表象の媒体となり，それらの表象の背景に存在する自文化の語り—神話—の中に，プレーする者と応援する者を巻き込むのである．たとえその語りが，実際の自分たちの生活とかけ離れたものであったとしても．

　Bairner（1994）は，「イングランド—スコットランド」という「支配—被支配」の構造の中で，スコットランド人がフットボール（サッカー）に熱狂する理由として，プレー・スタイルがスコットランド人特有の気質を表象するからであり—イングランドがあたりの強さ，よく組織されている，直感力の欠如を特徴とするのに対し，スコットランドは攻撃的，情熱的，巧みさが特徴であるとみなされ

ている―,さらには打ち振られるタータン(スコットランド・ハイランド地方の民族衣装)や応援歌が過去の歴史や心の故郷であるハイランドの丘や谷のイメージ(実際には都会で育ったとしても)を喚起するからであると指摘する.この「イングランド―スコットランド」にみる「支配―被支配関係」は,熱狂の激しい対戦カード,「オランダ―ドイツ」,「ハンガリー―スロヴァキア」,「カタルーニャ―スペイン」などの社会史にも確認され,「圧制のはけ口がフットボールに向かうのは自然なこと」であり,「フーリガンについては充分すぎるほど書かれている」が,「それ以外のファンのほうがはるかに危険な存在なのだ」と言わしめる(クーパー,2001).

そのように考えるならば,民族間,地域間の対立構造,明確に実感される文化的な差異こそludic diffusionの源泉となろうことが理解される.

伝統的祭りに付随する指笛や太鼓を用いた沖縄県民の高校野球への熱狂的な応援を目にする限り,上記の指摘が首肯できる.1999年春の全国高校選抜野球大会において県代表校として初の優勝を達成した沖縄尚学高校に対して,沖縄県では「広く県民に敬愛され,県民に明るい希望と活力を与える顕著な功績があった者」を対象とした県民栄誉賞を新たに設置し授与している(沖縄タイムス,1999年4月9日朝刊).この他,那覇市は市民栄誉賞を,沖縄タイムス社はスポーツ特別賞を同校に与えている(1999年4月8日朝刊,9日朝刊).

「ヤマトゥ(大和:沖縄以外の地域の沖縄における呼び方)―ウチナー(沖縄:沖縄における沖縄の呼び方)」という対立構造の中で,スポーツの場面での県出身者の活躍は,単なる県代表校の活躍を超え,まさに「奴らのゲームで奴らを倒す」ことにほかならない.

沖縄尚学高校野球部の監督,金城孝夫氏はインタビューに応えて,優勝後に沖縄に帰郷した時の印象を次のように語っている(手塚編,1999).

「甲子園から帰ってきたとき,空港や学校にも多くの人が集まり,祝福してくれました.沖縄の県民感情として『本土に勝ったんだ』という喜びの表れでもあったんでしょう.しかも野球という国民的スポーツで勝ったことも,盛り上がった原因ではないでしょうか.70歳,80歳代で野球を知らない方も,涙を流して喜んでいる光景がテレビで報道されました.マスコミの方も,人によっては政治的背景と結びつけたがります.でも私自身が戦後生まれですし,子ど

もたちは自分の将来のために野球をやってるのだから，そういったことと結びつけないでほしいとお願いしました.」

「政治的背景」と「結びつけないでほしい」という金城氏の意図に反して，このインタビューが掲載された『チバリョ！沖縄球児』には，「ヤマトゥ―ウチナー」の明確な差異化を強化する言説が多数ちりばめられている．その中からいくつかを紹介すると，「沖縄野球40年戦いの軌跡」，「小さな島の球児たちに大きな夢」，「海人たちの甲子園奮闘記」，「誇り高きウチナンチューたち」などである．この書籍のタイトル自体，「チバリョ」という沖縄の方言で「頑張れ」を意味する言葉を使用し，中に掲載された論考やインタビュー記事では，沖縄のことを「小さな島」，「海人（ウミンチュ：沖縄方言で漁師を意味する）」，沖縄県民を「ウチナンチュー（沖縄人：沖縄方言で沖縄の人を意味する）」と称する．これらの言説が象徴するのは，「ヤマトゥ―ウチナー」の対置的構図であり，沖縄で流通している言葉をあえて使用するのは，ヤマトゥとのディスコミュニケーションを前提とし，この言葉が理解できる者とそうでない者―自己と他者―を，区別するまなざしを強化する．全体としてこの本は沖縄尚学高校の優勝を祝賀し，沖縄高校野球を賛美する内容となっているが，ここには，冒頭にふれた，勝利に「当該民族独自の文化を明確に表象する手段が伴うとき，それはより大きなものとなる」というBairner（1994）の指摘が重ね合わされる．タータンや応援歌がスコットランド人の心の故郷として「ハイランドの丘や谷」のイメージを喚起するのと同様に，「小さな島」や「海人」という言葉は，沖縄に対する神話化された自己イメージを喚起する．メッセージは明確である．「小さな島出身のわれわれが苦難を乗り越えて奴らのゲームで奴らに勝った」ということである．そして，「首里高の夏出場から41年，悲願の大旗が初めて海を渡った」という表紙の言葉が象徴するように，これまで沖縄のスポーツ界，ことに野球界において，「奴らのゲームで奴らを倒す」というテーゼが競技力向上の推進力となってきたことは確かである．

2. 神話と ludic diffusion

ところで，ある集団がスポーツの競技力を向上させるには，いかなる要素が必

要とされ，また，いかなる手段によってそれは達成されるのであろうか．試合，トレーニングに必要な施設，設備条件は基本となるが，ludic diffusion という観点からは，戦略・戦術，それにそれらを着実に実践として具現化しうる人的資源，すなわちプレーヤーという要素が必要不可欠となる．科学的トレーニング方法や合理的戦略・戦術として結実した形式知がスポーツに関わる情報として空間の移動を容易に達成するのに対し，実践の場で身体化される暗黙知（ポラニー，1980）としての戦略・戦術は，それを身体化した人的資源（監督，コーチ，プレーヤーなど）によって，または，まさにそれらを身体化する実践の場での経験を多く積むことによってそれを欲する人々のもとへもたらされるものである．だが，これらは人が媒体となるがゆえに，移動の困難性を生じることがある．

問題となるのは，受け入れる側となる「実践の共同体」（レイブとウェンガー，1995）のフォーマル，インフォーマルな再生産の様式である．そして，歴史的に培われた民族や社会の対立構造，それによって長年にわたってつくりあげられてきたそれぞれの「実践の共同体」独自の再生産の様式は，圧倒的に外部からもたらされる人的資源の自由な移動の障壁となるのである．この点で，神話化された自己認識や他者の認識，それによってつくられた「共同体」自体の再生産のあり方は，ludic diffusion と対立することになる．

ここで，われわれは，ludic diffusion に対して民族的，地域的な対立構造がもつ相矛盾するベクトルに気づかされる．一方で「奴らのゲームで奴らを倒す」ためにludic diffusion を促進し，すなわち他者からゲームの戦略・戦術を手にいれようとし，他方で，他者を拒絶する．これらの矛盾するベクトルを同時に成立させうる「実践の共同体」の再生産戦略はないものであろうか．

さて，先に紹介した沖縄代表校として初めて甲子園において全国優勝を達成した沖縄尚学高校の監督である金城孝夫氏の経歴をみると，ある事実に気づかされる．金城氏は沖縄の豊見城高校において，この高校の野球部を1975年から3年連続で夏の甲子園大会においてベスト8まで進出させ，沖縄水産高校野球部を1990，1991年に決勝進出させた栽弘義氏の指導を受けている．その後，栽氏の出身大学である愛知県の中京大学に進学し，愛知県の高校において20年間にわたって野球部の監督をつとめた．そして，1996年に沖縄尚学高校に赴任し，'99年春の大会で優勝を果たす（手塚編，1999）．つまり沖縄の高校，本土の大学，そして沖縄への帰郷というルートである．

ここには，沖縄高校野球界という「実践の共同体」の再生産，それも，他者を拒絶しつつ「奴らを倒す」ために自らを強化させていく再生産の戦略がみてとれる．まず，他者が保有する，ゲームの戦略・戦術を身体化するべく構成員が海を渡り，そして，沖縄高校野球界にそれをもたらすのである．金城氏は，インタビューに応えて，「沖縄の高校では練習体系そのものを知っている人が少なかった．まず，栽先生が本土の野球を沖縄に持ち帰った」と述べている．栽氏本人も，自らの指導を振り返り，次のように語っている（手塚編，1999）．

「やっぱり向こう（本土）に行って，僕の場合には中京商業，中京大学が主ですけれど，いろんなことを学んできましたから当たり前だと思うんです．理事長の安里さん（嗣則・現沖縄県高等学校野球連盟理事長）が日体大の出身でしょ．2人で野球の施設とかボールの量とか，全部変えちゃいましたから．練習メニューとかもそれまでとまったく変わりました．作戦面では疑似バントとかね，工夫の部分がそれまでと全然違いました」

ところで，森岡浩氏は「沖縄氏姓学」と題した論考の中で沖縄の高校球児に関して興味深い指摘を行なっている（手塚編，1999）．最近の高校野球においては，自らの出身地とはなれた県の高校へ「野球留学」をする者が増えているという指摘の後に，「全国で唯一，沖縄だけは，（選手の）名字を聞いただけで，地元出身かどうかだいたいの検討がつくのである」と述べ，その理由として，沖縄の名字のほぼ100パーセント近くが地名からできている沖縄固有の名字であるという点をあげる．「近世以前では沖縄の言葉は本土の言葉とかなり違いがあり，地名も本土とはかなり違った響きを持つものであった」ため，そこから誕生した名字は本土の名字とは異なるという．そして，沖縄尚学高校のプレーヤーの名字を検討し，ほぼ全員が地元の選手と判断する．

森岡氏の方法に従って，1958年から現在にいたる「沖縄県勢春夏甲子園出場者名簿」における監督氏名の欄をみてみると，ほぼ100パーセント，沖縄固有の名字が並んでいる．沖縄の高校野球ではその指導者のほとんどが沖縄出身であることがわかる．すなわち，この点からは，沖縄高校野球界という「実践の共同体」は，外部（ヤマトゥ）から人的資源を供給するという方法ではなく，自給自足的に純血な人材を養成することによって再生産がなされているということが指摘で

きよう．

　先に述べたように，ludic diffusion に対して，民族間，地域間の対立構造は相矛盾する二つのベクトルを保持する．沖縄の高校球界に関してみれば，指導者としての人材の選抜基準は，意識化されているかいないかは別として，純粋なるウチナーを志向している．このような再生産様式がとられている場合，当然のことながら，外部の者で，競技力向上に必要な戦術・戦略を身体化している人材があったとしても，その内部に受け入れられることは困難であるといえよう．すなわち，ludic diffusion の障壁として，「実践の共同体」の再生産様式が機能するのである．しかしながら，ゲームの戦略・戦術を身につけた人材は「奴らを倒す」ために必要となる．そこで，とられた戦略が，内部の者を外部に派遣し，ゲームの戦略・戦術を身体化させた後に再度内部に取り込むという様式であると考えられる．栽氏，金城氏，さらには栽氏のインタビューで紹介されている日本体育大学出身の安里氏が，その好例といえよう．当然のことながら，競技力を向上させつつ自己を自己自身によって再生産していくという戦略は，意識化され，誰かによって考案されたものではない．「実践の共同体」へ参入する者が，身につけるべき課題としてそこに存在しているのである．それは，単純に言ってしまえば「郷土愛」といえようが，外部から入る者を選抜し，内部から一度外に出た者を再度そこへ戻らせようとする志向性である．

　森岡氏の指摘にあるように，現在の高校野球界においては中学までの出身地を離れ，野球の名門校へと入学する「野球留学」が頻繁に行なわれている．故郷を離れ，境界を超えるプレーヤーの移動は，なにも高校野球界に限ったことではなく，現代のスポーツ界全般に認められる現象である．ことに，プロスポーツ界においては顕著に現れている．そのような現状の中，沖縄高校野球界の純血主義的な再生産様式は，いつまで保持されうるのであろうか．一方で，「次は夏の大会で優勝を」という言説により，神話は強化されている．田中，鈴木，渡辺など，本土由来の名字の監督やプレーヤーが沖縄の高校野球代表校の名簿にリスト・アップされる日は近いのだろうか．

［岡本　純也］

4部
従順と服従を讃えず

[写真提供　共同通信社]

元オフ・コース小田和正がスガシカオ「夜空ノムコウ」を唄った理由を問われ，人のつくった唄を唄うことでお互いを正当に評価できるのではないか，という思いを告白する．唄い手同士が評価し合う，あたり前の関係を自問自答してきたとも言う．選ばれるだけで選ぶことのないスポーツ選手の世界が，選ぶことも選ばれることもない人々を対照とすれば，歪であることを浮き彫りとする．選ぶことと選ばれることが保障される，あたり前の関係を築くには，スポーツ界はあといかほどの時間を必要とするのであろうか．そのための基本的な条件とはいかなるものであろうか．スポーツ選手が背負う歴史は思いのほか重い．

12章

アンチ・ドーピングの意味作用
～従順と服従を讃えず～

1. アンチ・ドーピングの意味作用～身体の所有権と臓器移植法～

　テクノロジーの発達が保障する障害者のスポーツ参加の拡大は，スポーツ機構がそのダブル・スタンダードを露呈することで幕を下ろすであろう．成否を細分化するときに生まれる正規分布を思い描くとき，筋肉増強剤の露見はタンパクステロイドの同化が成功した者にその確率が高くなる．禁止薬物の使用を処罰の対象としているというより，タンパクステロイドの同化に成功した者を罰し，失敗した者は未然に処罰から免れていることになる．M.マグワイア選手が公言した筋肉増強剤アンドロステジオンを禁止薬物としなかった大リーグ，陸上男子百メートルの金メダリスト，リンフォード・クリスティはじめ多くの選手が陽性反応を示し，筋肉増強効果が認められる「ナンドロロン」を禁止薬物対象から除外した国際サッカー連盟（朝日新聞，2000年3月5日）など，ドーピングにかかるルールの恣意性が暗示するように，国際パラリンピック委員会と国際オリンピック委員会の間でいかなるダブル・スタンダードが準備されるのであろうか．しかし，引退後の社会復帰を目指しリハビリテーションに精を出す選手の「不思議な光景」によってドーピングの解禁を予測する中村（1998）の見解を拡張すれば，将来，パラリンピック選手とオリンピック選手が競い合う瞬間が来ることも決して夢とはならず，訝しさを誘発するルールのダブル・スタンダードも用意せずに済む．
　ところで，タンパク同化競争というタンパク質摂取競争や高性能の義足・義手の着用を経てフランケンシュタインとサイボーグ人間へ到達する連想が意味するアンチ・ドーピングの本質的な問題とは，身体の商品化であり，それにともなう身体の所有であり，1997年10月に成立・施行された「臓器移植法」であったと

思い知ることができる．

　インターネットにて「臓器売買」をキーワードに検索すると，先端医療と生命倫理に関する学際的討議をたどる一方で，人体部品ビジネスやヒューマン・ボディ・ショップなる「人体部品市場」が厳然と現れる．粟屋（1999）は臓器移植の正当性を保障する倫理的な視点に，生命功利主義，物的人体論，自己決定の原理を挙げる．そのいずれもが正当性を確保し，また同時に物理的，医学的，社会的，法的な観点からも考察を加え，結果的に人体の所有権を認めざるを得ない，つまり人体を所有の対象たりうる「物」であると結論づける．この論考で留意すべき点は，人格を有する「人」に対しては排他的支配を認めないという現代法に拠って，生きた人間の身体全部またはその一部は物ではないという解釈である．つまり，身体の所有権を是認することは他者の身体の占有である「奴隷」を肯定するからである．それでも，「身体の所有権一般は認められるが，他人の身体に所有権を成立させる行為は法的に無効であり，その結果として他人の身体に所有権は成立しない」という論理構成が可能であるとの見解を下す．

　このような身体の所有権の成立は，身体に係る私的財産と公的財産の観点からの分析を可能とする．国民健康保険法に拠って通常，一般被保険者は療養を受ける場合に3割を一部負担する．したがって，保健医療機関などで診察や入院に際して，身体の3割が私的財産で，7割は公的財産との便宜的な解釈が可能となる．これを徴兵制下に敷衍するならば，ナチ時代の強制労働被害者補償金100億マルク＝5,600億円（朝日新聞，2000年3月25日）や軍人・軍属への戦争犠牲者援護費約40兆円は，彼らの身体そのものや労働対価として平時に遺族や被害者の私的財産に換金される．しかし，有事にあってはそれらは公的財産として占有されていたと理解される．また行方不明者や身元不明者のそれは公的財産に棚上げとなったままと解釈される．

　1998年に起きた和歌山・保険金詐欺事件の林真須美容疑者は，1996年にやけどをした際の後遺症を理由に障害厚生年金の給付を請求したが認定されないものの，このやけどで1種1級の身障者手帳を結果的に取得していたという（朝日新聞，1998年10月6日夕刊，7日夕刊）．このやけどに関する疑義が取り沙汰される（朝日新聞，1998年10月4日号外）が，ここに浮かぶ発想は，林真須美容疑者が自らの身体を故意に損傷せしめ身障者手帳1種1級の認定を得て公的手当を受領している構図である．損傷した身体の公的手当の対象に係る認定は定常的な

療養の開始となり，彼女はその身体の一部を私的財産から公的財産への変換を故意に謀ることで公的手当を得るという，公を巧妙に欺く手段を成功させたと解釈できる．

　この手法を筋肉増強剤アンドロステジオンを服用したマグワイア選手にあてはめるならば，禁止薬物服用による副作用の発症の危険を冒しながら神話と象徴と引き替えに将来訪れる疾病に対する公的な支援を米国民が合意している．つまり，神話と象徴を以て将来の疾病や死の対価にしていると考えられる．したがって，マグワイア選手は筋肉増強剤によって鍛えられた身体を神話と象徴を求める米国民に呈示した時点で，その身体は神話と象徴に代価する公的財産に変換したと考えられるのである．

　このような手続きをたどると，アンチ・ドーピング運動が掲げる理念は，身体の所有権の否定であり，臓器移植法への反対表明であらねばならない．養老（1996）は，「人は死ねばゴミになる」を反語と読み解き，まずは死体損壊罪（刑法第190条）を手がかりに死体はモノではなく人間の一部つまり人間であると説く．「脳死を死と認めた場合の人権の侵害が問題となるが，脳死を死と認めたら，脳死と宣告された瞬間に人間は物となりそこにはいかなる人権も存在しない」とする脳死臨調を批判する．先に紹介した臓器移植の問題点を検討しその正当性に首肯せざるを得ない粟屋（1999）の真意は，そもそも，有償であれ無償であれ，すなわち臓器売買であろうとなかろうと，臓器という人体部分（部品）の他者への提供自体が人体ひいては人間の尊厳を汚すことにある．むしろ問題はすでに人間の尊厳などという抽象的価値よりも，臓器や組織を必要とする目の前にいる患者の救命や生活の質の改善がより優先するという価値判断をわれわれが下してしまっている点にある，と読み解ける．

　この解釈は，倫理的価値と現実的価値の優先的選択ならびにその判断の時間的ズレというアンチ・ドーピング運動が共有する問題点をより鮮明にする．ドーピングによる競技力の向上は，国家，スポーツ連盟，民間企業，そして選手自身にも莫大な利潤を保障してきた．1976年インスブルックオリンピック70メートル級ジャンプ金メダリスト，ハンス・ゲオルグ・アッシェンバッハが告白する旧東独の組織的ドーピング（朝日新聞，1996年6月28日）や1994年広島アジア大会中国水泳選手を中心とした大量ドーピングの背景には，国民の優位性をスポーツによって発揮し証明するという国威発揚があることが指摘される（松瀬，1996）．

また，1988年ソウルオリンピック，陸上百メートルのベン・ジョンソンは国際陸上競技連盟（IAAF）やカナダ陸連の関与を示唆する（朝日新聞，1996年6月24日）．中国競泳陣はその後，1998年豪州・パースの世界水泳選手権で，家畜の成長ホルモンの所持や利尿剤トリアムテロンの検出によって資格停止処分を受ける事件を懲りもせず起こす．ここに確認されることは，まさしく現実的価値が倫理的価値を凌駕した姿であり，抽象的価値を逡巡し思考する猶予すら現実的時間が飛び越してゆく姿に他ならない．

むしろ，ここに伏在している根源的な問題をなぜ問わないのかという疑義を提示できそうだ．臓器売買にしろ，アンチ・ドーピングにしろ，そして環境問題にしろ，同根の南北問題に帰着することを．吉見（1992）は小学校の展覧会と運動会の同型的な原版を万国博とオリンピックに求め，制度化されるオリエンタリズムとはまさに「優越する西洋と劣弱な東洋のあいだに根深い区別を設けること」であり，この関係を再生産していく言説的編成のすべてであると指摘する．国際的レベルで振り返るとき，ドーピングに手を染める選手に共通する記号が「劣弱」であることに思い当たるとき，アンチ・ドーピング運動も再生産していく言説的編成の一部に織り込み済みであることに気づいてもよい．

2. 従順と服従を讃えず

ところで，先のアッシェンバッハは，インタビューの中で「東独は，上からの命令や強制に絶対服従の世界だった．組織ぐるみのドーピングというのは，むしろ規律正しい命令社会でないとできない．その点では，日本も危険なのではないか」と警告する．折りしも1996年5月，アトランタオリンピック候補の伊藤喜剛（陸上）が国際陸連（IAAF）の抜き打ち検査により，筋肉増強剤メチルテストステロンの陽性反応を示していた．無実を主張したが，A，Bサンプルともに陽性で，4年間の資格停止処分を受けた．1994年2月から旧東独のウエイトリフティング・ナショナルチームでコーチを務めていたホルスト・ギュンツェルが同選手を指導していたが，伊藤選手と同様にドーピングへの関与を否定する．伊藤選手は，「故意に飲んだわけではないし，自分の知らないところから出ていること自体，納得がいっていない」とインタビューに答える（朝日新聞，1996年5月18日）．ここに透けてくる姿は，東京オリンピック，マラソンの銅メダリスト，円

谷幸吉の遺書から沢木（1979）が「異物感」「不気味さ」と表現した肉声の欠如に通底する．従順で素直な天真爛漫と言い換えてもよい．しかし幼児のそれに似て生々しい判断を期待できない．

辺見庸は「言葉と生成」と題する評論で，柄谷行人による「日本精神分析再考」（「文学界」1997年11月号）の論考一部分を紹介する（朝日新聞，1997年10月26日，11月2日）．

「ヒットラーが羨望したといわれる日本のファシズムは，いわば国家でもない社会でもない協同主義 corporatism（三木清）であって，それは非軍事化されたかたちで現在も存続している．それは『国家』を構築的なもの，『社会』を生成的なものとして区分するならば，この国では，構築と生成の区分が厳密に存在しないということを意味する．あらゆる意思決定（構築）は『いつのまにかそう成る』（生成）というかたちをとる」

その上で，次のように独白する．

「私がいま感じているのは，いわば，鵺のような全体主義化である．そこには凛乎たるものは何もない．右も左も凛然としないことをもって，主体が消え，責任の所在が隠れ，満目ひたすら模糊とした風景のままに「いつのまにかそう成る」何かだ」

この協同主義と指示される戦略は，意図すると意図せざるにかかわらず，アンチ・ドーピングの基準づくり，スポーツ・ルールの基準づくりに鮮明に反映される．明文化したルールを一方で謳いながら，他方で幾多の抜け道を用意し，関係者の落とし処を模索する手順は，まさに『いつのまにかそう成る』（生成）のである．

このような生成を糾弾する手がかりに市民的不服従を挙げておきたい．「私は命令を受けており，服従の誓いに従って命令を実行しなければなりませんでした」と言い放ち，上官に忠実だっただけで，同じ立場なら，だれも同じことをしただろう，だから人道的にはともかく，法的な責任はないのだ，と．ユダヤ人虐殺に関わった戦犯として，1961年にイスラエルで裁判を受け，死刑になった元ナチ

ス親衛隊中佐アドルフ・アイヒマンは，未公開記録映像の中で嘯く（高橋・堀訳，2000）．この弁明に対して，ハンナ・アーレントは反論する．「君がしたことの現実性と他の人々がしたかもしれぬことの潜在性のあいだには決定的な相違がある」事情はどうあれ，実際に服従したことそのものに罪があるのだ，と（朝日新聞，2000年3月5日天声人語）．紙面を手がかりにする限り，ベン・ジョンソンも，アッシェンバッハも，伊藤喜剛も，最後に被害者であることを強調する．ここには，主体的な判断も，積極的な否定もなく，まして応答可能性（レスポンシビリティ）としての責任（高橋，1999）などかけらすらない．

　もちろん，伊藤選手が何者かに服従していたとは思えない．しかし，そこに象徴される従順さはわが国のスポーツ選手すべてがこれまでに「生成」してきた気質であるように思えてならない．2000年シドニーオリンピック，マラソン代表選考は，予想通り，紆余曲折を経て決定した．日本陸連には女子の選考に約50本の抗議の電話があり，「選考が不透明」「一部の選手に早々に内定を出したことがおかしい」といった内容であったという（朝日新聞，2000年3月14日）．「選考に内定はいらない」と題する社説は，納得のいく基準の設定と技術を公平に対比できる「眼力」という選考視点とその公開性を説き，一方で中山選手と瀬古選手の確執を彷彿するかつての「一発勝負」案の再浮上を，各大会のレベルアップや国民の目が注がれ選手への励みになる機会を確保する複数大会の開催を理由に否定する（毎日新聞，2000年3月15日）．

　意見議論百出，多くの関心が寄せられ，いくつかの論点に焦点が絞られ，再び論議するのは，喜ばしいことである．しかし，ここには，当事者たる選手の意見がまったく出てこないのは，いかなる理由と背景があるのか．選手ばかりでなく，監督やコーチからの意見も新聞やテレビにはみえてこない．なぜ，異議を申し立てる選手や監督・コーチがいないのか．予期された事態を未然に防ぐ方法をなぜ当事者たちが模索しないのか．その従順さ，素直さ，敢えて服従と言うならば，それこそが，わが国のスポーツ界が生成してきた気質，辺見庸のいう鵺的な全体主義を再生産してきた病原のように思える．

〔海老原　修〕

13章

ポスターに表象する
トップ・アスリートの一義性

1. ポスターに登場するアスリート
　〜その図像的解釈の可能性〜

　島尾（1995）は詩画軸「ひょうたんなまず」（瓢鮎図）をイコノロジー的に読み解き，室町幕府三代将軍義満とその長男義持（四代将軍），次男義嗣の父子に交わされた「北山殿行幸」という一大イベントに記憶される権力表象を推論する．一方で，「絵を読む」こと，すなわち「ヴィジュアル・イメージの解釈学」のもつ一種のうさんくささは「絵の見方なんかいくらでもある」という常識的な感覚に根ざし，ヴィジュアル・イメージは曖昧であり，さまざまな解釈可能性に対して開放されていると明言する．ここで重要となるのは図像をめぐる文脈で，添えられる序文と30の題詩から，細かなニュアンスとコノテーションから成る多重の意味が生成されるとし，この文脈の違いが生み出す，異なる「瓢鮎図」に対する近代の言説を紹介する．

「欲望が目のまえにちらつかせながら妖しい幻影をとらえようとして，それに引きずられ，振りまわされ，もがき苦しみ，ころび，たおれ，あがき，のたうち，泡ふき，醜態のかぎりをつくして遂に死んでしまうのが人間の運命にほかならない．…すなわち，瓢箪はかれを翻弄する欲望であり，鮎（鯰）はその欲望をさそう幻影にほかならぬ．…」
（小林太一郎「人間と欲望」『芸術の理解のために』）

「応永年間には，たびたび，地震があった．…応永二十年頃に描かれたとする，

如拙の「瓢鮎図」は，あきらかにそれらの地震に対処する人間の工夫のむなしさを，しんらつに風刺しているように思われる．…徹底的な個人主義だったその男は，地震がおこると同時に，一瓢をたずさえて，いちはやく左端の竹薮に逃避した．…彼は，持参した瓢箪の酒をかたむけながら，余震のおさまるのを待っていた．」そのとき，突然現れた大ナマズを，「とっさにその瓢箪で押さえつけようとしたのは，…みずからの手で，きっぱり，地震の原因をとりのぞきたかったためではないかとおもうのだ．」
（花田清輝「ナマズ考」『日本のルネッサンス』）

　前者は欲望に対する，後者は自然に対する，人間の儚さを解釈する．「多義性を盛る器」と章立てに記すほどにイメージが多重化する装置として図像を評価できるところに，「ことば」で語ろうとすれば，ある程度の概念化や論理化が必要だが，絵画であればそのようなことはあまりないという特性がある．この見解を援用するならば，スポーツ選手が登場するポスターやスポーツを素材とするポスターをスポーツ・ポスターなる造語で纏める曖昧さも，そこから発信される言説やイメージに多義性や多重性への期待も，許されよう．「瓢鮎図」に添付される序文と題詩は，今日的に読み解くならば，ポスターにおける図像とコピーとなり，さらなるイメージを誘発するラジオCMのBGMと発声音，テレビCMの動画とセリフの関係性に発展する．ここにある基本的な構造に対して，「瓢鮎図」の図像学的解釈と同様，歴史的文脈からの分析，言語表現と映像表現を含む内容分析，さらに間テクスト的な分析が可能となろう（上野，1999）．
　ここで，スポーツ選手が登場する広告に着目すると，食品・清涼飲料水におけるプロ野球選手やJリーガーと公共広告に主として頻出するトップ・アスリートに大別できる．
　前者は，新たな消費層の開拓，消費体系の階層化への組み込み，体系化の中での差異化と疎外化をつくりあげたと解釈できる．帽子，トレーナー，ポロシャツ，靴下，ズボンやスカート，シューズなどの既成衣服にスポーツを冠する「スポーツ・ウェア」の日常化はその証左であり，傘，金熊，鰐，10本指のつま先たちなどのワンポイント・ファッションはその象徴であった．NOMOと記されたトレーナーに代表される野茂グッズの逆輸入は近年の出来事である．お年寄りに的外れな回答を誘発しそれを笑いのネタとする番組で，トルネード投法からの野茂

を連想させる問題は，正解であった野茂の発音を聞き，「野茂」から「広島」と
発言した事態は，スポーツやスポーツグッズから疎外された集団の生産，つまり
消費体系の階層化と疎外化の構築を確信させる．

　他方，高度経済成長を支えた「ファイト一発」なる激励は，駅の立ち食いそば
を林立させ，「24時間は働けますか」の問いかけと「ホォ」という缶コーヒーの
一時的な癒しを経て，結局は24時間営業のコンビニが現在も「ファイト一発」
の思想を支える．ここにも，新たな労働階層の創出，階層化，疎外化をつくりだ
す原動力をスポーツ広告が担っていると解釈できそうだ．

　ところで，2000年元旦から流れた「ANAのハンバーガー計画」CMの西武ラ
イオンズ松坂大輔投手によるセリフまわしのスムーズさを例外として，テレビ
CMではセリフは抑制される．ここには稚拙な演技力が露出しない演出を企画す
るというより，図像とコピーから構成される静止画像つまりポスターの方がスポ
ーツ選手の発信する共示（コノテーション）を自在に統制できる構成を選択しているように思える．
本論では，後段にあげた公共広告に登場するスポーツ・ポスターを取り上げ，そ
の社会的な背景を検討することとした．

2．スポーツ・ポスターの内容分析

1）逸脱なきガンバリズム

　手許には内閣官房・総務庁による1998年長野オリンピック金メダリスト原田
雅彦選手を背景とする，縦70cm×横50cmの大きさの青少年健全育成ポスター
がある．右上方には次のコピーが縦書きに白文字で，また下方には横書きに赤文
字で「若者たちの未来は，この国の未来です．」が記される．

「ガンバレ」の声がプレッシャーになったことも，確かにありました．それで
も，僕は若い人たちに「ガンバレ」と言ってあげたい．だって，その言葉に支
えられて，僕は夢を実現できたのだから．

　「原田，立て，立て，立ってくれ．立った！立った！」という絶叫アナウンス
はスキージャンプ団体戦の放映であった．ここでの主役は個人戦で金，銀メダル
を獲得し，団体戦でも安定したジャンプをみせた船木選手ではなく原田選手であ

った．なぜならば，1本目の失速ジャンプによって1994年リレハンメルオリンピックのそれを彷彿させた観衆と視聴者に向かって，計測の遅れるほどの2本目の大ジャンプと涙声のインタビューはまさに筋書きのないドラマを見せつけたからである．同時に，失速ジャンプをバネに4年間のプレッシャーをはねのけ悲願の金メダルを手にする「ガンバル」物語の創作を容易にするからである．この物語の底流に流れるのは「努力」に他ならないことを，ポスターに2度記される「ガンバレ」に送り手の意図が押し出される．首相官邸ホームページから「キッズルーム」，「たいせつな話」をたどり1998年バックナンバーには「原田雅彦選手からのメッセージ」にアクセスするとほぼ類似する内容を目にできた．多くの日本人が努力や忍耐を美徳とすることは知られるが，今日，表向きはそれを敬遠しながらも内実は共感する二律背反を内在化する傾向を感じる．この傾向に抗うのは，努力の称揚を大きな声で肯定できるスポーツであり，このもどかしさを払拭することが期待される．この努力の肯定によって「夢が実現され」「若者の未来」「国の未来」が獲得されるというメッセージを伝達しようとしている．

　プロ野球読売ジャイアンツ松井秀喜選手がボールを打つ瞬間を背景にした警察庁のポスターがある．警察庁生活安全局銃器対策課は「正当な理由のない刃物の携帯が犯罪となる趣旨（銃刀法第22条）を広く一般に周知させることを目的として，「持つな，頼るな，強くなれ」をプロ野球屈指の強打者として活躍中の松井選手のメッセージとして伝えるものである．」とその趣旨を説明する．ポスターでは「持つな，頼るな，強くなれ」のコピーは赤色で塗られ，松井選手の躍動感溢れる動きが相乗効果をともなって強度の禁止を提示する．ボールをミートするインパクトが3行の単純な言葉による禁止の強度（インパクト）と語呂合わせとなる．ユニフォームの「GIANTS」は読売ジャイアンツが有する球界やスポーツ界での支配的な強さを，ストイックな松井選手のまなざしはその意志の強さを導き，野球さらにはスポーツではルールからの逸脱を断固として許さない強固な姿勢を共示する．これにより「ナイフを持たないこと」が強調され，「正当な理由なく」が打ち消されるメッセージとなる．そこで，「正当な理由なくバタフライナイフなどの刃物を持ち歩くことは犯罪です．」を補足するレイアウトとなる．しかし，ここには正当な理由とは何かを考える機会を促すのではなく，ルールへの遵守と禁止行為抵触への処罰が押し出される．学校における体育がスポーツのルールについて「なに」ばかりを教え，「なぜ」を教えない状況を追随する．運

動競技のルールは，絶対的な拘束力を持ち，ルールを遵守することを「罰則によって強制されるもの」でなく，疑ってはならぬという「取り決め」を自覚しないままに「自発的に」なされるべきものであるとしても，遵守すべき根拠が正しく理解された上でそうされるのでなければ，そのルール遵守に教育的ないし社会的な価値を理解することはできない（守能，1984）．ならば，このポスターが共示するのはやみくもなまでのルールへの遵守であり，ルールを疑ってはならぬという権力への追従であると指摘しなければなるまい．

2) 励ましが増幅するニヒリズム

これらの広告の対象はもちろん青少年に向けられている．神戸連続幼児殺傷事件に連鎖したバタフライナイフ事件と理解されていた．しかし，1970年代半ばに始まるいじめ，不登校，学級崩壊という一連の脈絡の中にこの殺傷事件を位置づけるならば，模索され続ける問題解決の発想が問題発見への道を閉ざしている構造に突き当たる．すなわち，教育やスポーツに組み込まれる「選抜のシステム」にある．片方で熱心に励まし，一方で冷徹に選抜するシステムの中で，試行錯誤の機会や行為の責任が剥奪されている．とりわけ，励ましと選別が同一人物や機関に占有される仕組みを嗅ぎ分け，そこから逃避できない自己を認識するに到り，生成されるのは虚無感・ニヒリズムにほかならない．

このような青少年の抱える根本的な問題へのおとなと子どもの認識のズレを顕在化しているのが昨今の事件であろう．最新の事件，名古屋・中学生5千万円恐喝事件は，神奈川県警，新潟県警，埼玉県警に続く警察の不祥事と糾弾される様相とともに，同時に学校や教師のあり方そのものの再考を促す複合的な事件と思われる．なにに正義と求めればいいのか，どこに正義はあるのかという問いは長い間「なに」ではなく「なぜ」と反芻しないツケと理解される．「継続はニヒリズム」（澤井，2000）はこの構造的な病理を的確に表現する．ジャイアンツ松井選手から送られるメッセージ強度の禁止は受け手のニヒリズムを増幅するように思えてならない．

3. スポーツの歴史的文脈

吉見（1999b）は近代日本の歴史的文脈に身を置きつつ，カルチュラル・スタ

ディーズの射程とも交わるような研究を指向するなら,「近代天皇制」は避けて通れないテーマであると指摘する.ポスターはメディア編制の有力な戦術にほかならないし,そこに提示される図像とコピーが表象する言説は歴史的文脈に覆われている.故に,スポーツ・ポスターはスポーツとメディアとしてのポスターの歴史的文脈からなる二重性を背負うことになる.ここでは,後者の分析を手がかりとして,スポーツ選手の歴史的文脈を確認したい.

スキージャンプでは皇太子妃両殿下列席のもとに開催される宮様スキー大会が1999年に70回を数え,またプロ野球では1959年長嶋茂雄選手の有名なサヨナラホームランを観戦した巨人・阪神戦を「天覧試合」と刻む.1999年12月26日にはサッカー天皇杯準決勝を天皇・皇后両陛下が観戦したことがニュースとなった.国民体育大会の天皇杯・皇后杯,大相撲の賜杯を筆頭に,天皇杯は18競技に設けられており,これに類する皇族の名を冠する大会を多くみることができる.

吉見(1999b)は,皇太子成婚を絶対君主制,制限君主制でもない大衆君主制への転身であるとする松下の議論を踏まえながら,「現御神(あらひとがみ)」を頂点とする天皇制から「スター」としての皇室を焦点とする転回で,皇太子のパレードを「オガミ」に行くのではなく,大衆は「ミ」に行こうとしていると記す.この姿勢は昭和天皇崩御でも現皇太子成婚でも確認される.この転身・転回を容易にせしめたものにまなざしの変位を求める.皇太子成婚を報道する写真を紹介し,皇太子夫妻を乗せた馬車とそれを迎える群衆の位置関係は群衆の多くが沿道の2階から皇太子夫妻を見下ろしている点に興味を示し,このとき,天皇家は国民を上から俯瞰する中心点としての特権的な地位を完全に失っており,被写体としての受動的な位置に甘んじている.

このまなざしの変位による文脈の解釈の違いは奇妙な既視感を喚起する.国技館が東京・蔵前にあった当時,人気の衰退した一時期には,階上後列部に並べられた縁台に寝そべって観戦できた.初日,中日,千秋楽も似た状況であった.貴賓席から落ちんばかりに身を乗り出した昭和天皇は,同夜のニュースでは帽子を持った左手を高々とあげ右手を観衆に振っていた.土俵と力士,見入る昭和天皇を俯瞰する縁台からのまなざしには好角家の好々爺然としていた.しかしテレビのニュース番組に出現した天皇は下方からのカメラアングルによって国民を睥睨(へいげい)する構図を提示していた.この実体験は,俯瞰する位置や睥睨する位置を自在に統制できるのがメディア編制であり天皇家にまつわる言説をも重層的に編集でき

るとする吉見の指摘を確認させる．さらに，この俯瞰は，天皇家とスポーツ選手の位置関係に下方からのカメラアングルという位置が加わり三者の構図があり得ることがわかる．しかし注目すべきは，賜杯，天皇杯や皇后杯を戴くように，スポーツ選手が今日も下方にて見守られる位置を動かないこと，したがって下賜に対する受容と歓喜そして恭順さを共示することである．その上で，編集と物語化の自在とするメディア・スポーツ（佐伯，1997b）は，その操作によって俯瞰する観客と下賜される観客の存在を視聴者に意識させないことはもちろん，この両者の位置関係を操作的に追認させることで視聴者も選手と同じ位置に配置せしめる．

　果たして，このような歴史的文脈に内容分析をつなぎあわせるとき，ルールに指定された道筋をガンバリズムを以て進みゆくスポーツ・ポスターやスポーツ選手には，生来制度に従順であるという言説が用意され，過去のさまざまなイベントで繰り返される位置関係を神話化し，実際の位置とメディアによる位置統制によってこのイメージが強化されてきたように思える．重層的な文脈を持ちながらスポーツが単純化される機序がこのような事情によると解釈すると，異なるメッセージや共示を発信しかねないピークを過ぎた選手を過去の人物とする力学や，制度から逸脱する危険を露出する選手には周到なラベリングが準備されている事実に到る．

4．アマチュアリズムという情報統制

　劣等人種やアンチヒーローは映画の良き登場人物ではないという仮説は西部劇におけるインディアンの表象の変化を参照させる．インディアンは，遠くのシルエットや脅威を与える一団でしかなかった限りでは，打ち倒されるべき略奪者という役割に留まっていた．しかし，彼らが喋り行動する十全な登場人物として現れ始めると，逆転が生じ，インディアンはそれ以降，同一化することができるような人間的な存在になった（高橋・堀訳，2000）．そうした近接化と遠隔化，人間化と非人間化の過程では図像の違いや発語によって表象が変化することになる．

　「全仏遠征に平尾を加えず　アマ規定違反の疑い」の見出しで，3カ月前の5月，ラグビー・アイルランド戦の善戦を支えた平尾誠二選手（当時22歳，同大出，

英国留学中）を10月に予定される日本代表のフランス遠征から外すことを伝える．ファッション雑誌の表紙やグラビアに掲載された平尾選手の写真は，服飾メーカーのブランドがそれとわかるものでラグビー協会アマチュア規定で禁じた「商店または製造業者の広告，あるいは推奨の手段として自分の氏名を使用すること」に抵触する（朝日新聞，1985年8月14日）．その年6月には，スポーツでの金銭的報酬を求めないことを伝統とし「アマチュアリズム最後のトリデ」といわれるラグビー界で，ウェールズ・ラグビー協会が「選手の報酬を認めるべきだ」というアマチュア規定の改正を求める大胆な提言を発表していた（朝日新聞，1985年6月12日付）．「何らかの処分を受けることはショックであり，アマチュア資格を剥奪するのではなく疑わしき行為によって次に予定される日本代表遠征メンバーから外す通知は初めてのことなので衝撃的であった」と書き記すが「これも人生の勉強」という気持ちを吐露する（平尾，1996）．先のウェールズ・ラグビー協会による提言は彼の英国留学中の出来事であり知らぬはずがなく，その後，選手や監督として出現するその革新的な姿勢に思い巡らせると，複雑な思いを抱いていたと想像することができる．

　ここにあった問題は，スポーツ選手にまつわる言説を変化させる可能性を平尾選手がファッション雑誌というメディアに提示していたことである．桜のエンブレムに紅白の横縞のラグビージャージは，満開の豪華絢爛と散り際の潔さという精神性（白幡，2000）を国旗日の丸をイメージするユニフォームに織り込む効果を顕在化する．このように解釈するとき，ファッション雑誌に掲載される平尾選手の洗練された写真は明らかにスポーツ選手に表象される一義性を破壊しかねないインパクトをもっている．この一義性を堅持する方法論としてアマチュアリズムという記号にて包み込み，それによって情報を統制したと理解することはあながち間違いではあるまい．

［海老原　修］

14章

労働組合「日本プロ野球選手会」の意味

1. 選手からの異議申し立てと連盟による説明責任

　万国博覧会は，消費文化の広告装置，見世物の大衆化を推し進めながら，帝国主義のプロパガンダ装置を同時に自己演出したが，脇役的な位置にあったオリンピックもこのイデオロギーを通底する．オリンピックが万国博覧会から主役を奪う転換の契機となったのは1936年ベルリンオリンピック大会であり，その際にナチ総統ヒットラーは情報メディアによって大スペクタクル化を図った（吉見, 1992）．当初宣伝媒体でしかなかったが次第に影響力を増し，現在では立場を逆転している．百メートル決勝の開始時間の調整やNBA CM用のタイムアウトはその典型的な事例であろう．ここで，一般の社会とスポーツ界の関係を紐解くと，スポーツ界での出来事には，世の中が指向する進路をスムーズにする露払いのような働き，仕出かした事態の清濁を苦もなく飲み込むオブラートのような働き，そして現在進行している事態を投影する働きがあるように思える．その際，情報メディアはその出来事の局所を増幅や矮小を繰り返したのち，これらの働きを完遂させる．このような視点に立つと，オリンピック・イヤーとなる2000年，スポーツに関する報道は自ずとその働きが顕著に現れて一層興味深い．

　例えば，シドニーオリンピック・マラソン女子代表選考に続いて，競泳代表選考の不透明さが取り沙汰される事件である．選考に漏れた千葉すず選手の代理人が日本水泳連盟あてに選考方法の確立などを求め，抗議文と質問書を送った．回答内容によっては，国際水泳連盟への抗議やスポーツ調停裁判所への提訴も検討し，千葉選手は「後輩のためにも選考基準をきっちりとさせたい」と決心したという（朝日新聞，2000年5月5日）．ここで注目すべきは，千葉選手が代理人を

通じて正式文書を以って異議を申し立てたことである．

すでにマラソン代表選考を事例に選手や監督・コーチからの意見が提示されないことに疑問を投げかけたが（海老原，2000e；12章参照），海外からは国際オリンピック委員会に対する選手サイドからのオンブズマン運動が伝わる（読売新聞，2000年4月14日，ディリー・ヨミウリ；2000年4月15日）．「olympic advocates together honorably」を「五輪唱道者たちの名誉ある連帯」とadvocatesを唱道者と解釈するが，後段にあるadvocatesなる列聖調査審問検事を視野に入れたい．唱道とは定められたルールを教え導く順法を意味するが，調査審問検事には君主といえども非あるならば厳しく審問し，誤り・不正を調べることになる．行政監察官と訳されるオンブズマン（ombudsmen）は今日，後者の意味合いを強くしているように思える．千葉選手の異議申し立てに対して「選考は公正．しかし，落選理由は従来，本人にも教えていない」との回答書が予測されるが（朝日新聞，2000年5月11日），果たして説明責任を充たすことになろうか．この問題を社説で取り上げ，日本水連の姿勢を，大相撲の八百長発言での日本相撲協会，元プロ野球監督と紙上対談した高校野球監督を警告処分した日本学生野球協会の体質と同根とみる新聞メディアは，もちろんその回答書にかかる説明責任の判断を問うであろう．

2．企業スポーツ選手の労働災害認定
　　〜余暇から労働へ〜

この抗議文と回答書のやりとりは，従来のスポーツ界には見られなかった出来事である．一般社会とスポーツ社会のダブル・スタンダードのありさまを指摘するが（海老原，2000d；19章参照），スポーツ界の手続きが実社会に近づきつつある事例が散見され注目される．

このような事例は，企業選手のけがを労働災害として認定する方針を固めた労働省（現：厚生労働省）に求められる（読売新聞，2000年4月23日）．従来，企業のPR活動に直結する企業対抗の大会などに限定され「スポーツは会社のためではなく個人のために」なされる活動と解釈されたために，企業スポーツ選手の傷害事故には任意の傷害保険や旅行保険でカバーされていた．しかし，今後はオリンピックや国体なども含め業務命令を前提に基準緩和が図られることとなっ

た．アマチュアとプロフェッショナル，余暇と労働の対峙関係は，すでに企業スポーツの出現によって前者の意味をなさなくなっていた．ようやく現状に近づいた対応は遅ればせの感は否めない．

また，1997年6月マイケル・ディミュロ審判への暴行事件を思い起こさせる2000年5月6日中日―横浜戦での暴行事件では，日本商業労連連帯労組・プロ野球審判支部では傷害事件として告訴する可能性も検討している（朝日新聞，2000年5月9日，11日）．スポーツ現場で起きた傷害事件がスポーツという非日常性の名のもとに不問に付されるのは過去の話となるのかもしれない．

これらの事件は，今日盛んに取り沙汰されるインフォームドコンセント，説明責任，情報開示がスポーツの世界にも浸透してきた事例と位置づけたい．そのためにも，従前，このような姿勢が封殺されてきた背景を確認しておくことが肝要と思われる．

3. 契約行為におけるインフォームドコンセント

1998年秋プロ野球新人選択（ドラフト）会議を受けて入団交渉にあたっていたオリックス球団編成部長が自殺した事件は記憶に新しく，翌1999年8月には神戸東労働基準監督署は遺族から申請されていた労働災害と認定した．この自殺を労働災害と認定する解釈をデュルケムの自殺論に拠るならば，球団によって自殺に追い込まれた集団本位的自殺でなければなるまい．自己本位的自殺やアノミー的自殺であったならば，労働災害に認定できない．会社の方針に殉じた美徳か，個の確立の未熟さと理解するか判断しがたいが，当時，その遠因をドラフト制度の在り方に求め，いくつかの議論が提示された．

このドラフト会議に対して「選手の職業選択の自由を奪う」という批判は当初からあった．しかし，球団と選手との間に締結される統一契約書の存在は，ドラフト会議が日本野球機構12支店支店長新人配属会議のショーアップに過ぎないことを知らしめる．ここにあるのは，「職業選択の自由」と誤解された「企業内の職場選択の自由」に他ならない．したがって，その年12月上旬，国会衆院予算員会での元プロ野球選手三沢淳氏（自由党）による「ドラフトの問題は社会問題になっている．悲しい事件も起きたが，制度に対する総理の意見を聞きたい．」の質問に対して「選手が思い通りの球団にいけず，時には抽選で選ばれていく制

度は問題なしとしないとは思う．しかし，それ以外の道があるかと考えると，長年の経験の上でプロ野球全体の発展の観点から制度が生まれて，実行されているのだと思う．」と小渕首相に一蹴される．つまり，日本プロ野球機構という民間企業の社則に公権力が徒な侵害を時の首相が進言するはずがないのである．それに対して職業選択の自由を振りかざす報道姿勢は的外れの感を否めない．憧れの球団への入団を熱望する新人や選択権を獲得し必死に入団のメリットを説くスカウトは，統一契約書が意味する職業選択と職場選択の違いを理解しようとしないのであろうか．

　例えば，12支店を有するA銀行に就職し，同じ業績を残した新人2人でも，他行との競争の激しい繁華街にある支店と辺鄙(へんぴ)な支店では自ずと給料査定に差が生じよう．比肩し得る実力も持ちながら低い査定の銀行マンがA銀行を辞めて他の銀行に転職しようと考えるのは至極当然となる．この移籍に際して，A銀行がその行員の保有権を主張したのが野茂や伊良部の事件であった．B銀行への移籍をA銀行が拘束する行為を以って職業選択の自由が保障されていないと判断できる．野茂移籍劇は，B銀行という大リーグからの誘いに，任意引退選手という辞職を経て，A銀行系列支店ではなくB銀行の支店での職場復帰であったから，A銀行の拘束力に支配されなかったことになる．つまり，大リーグ進出による自由競争時代に突入したとき，統一契約書こそが職業選択の自由を侵害する危険性を孕んでいることを彼らの移籍騒動が警告していたのである．

　その年の暮れに日米両コミッショナー間で署名されたポスティングシステム（入札制度）とは，この事態に対応するA・B銀行間の対抗措置であったと理解される．もちろん，選手たちは入団に際して高額な契約金と引き替えに身柄拘束の保有権を了承したことを忘れてはなるまい．A銀行とB銀行に新たなる競合を生み出すC銀行が参入する事態は現在のプロ野球界では現実味がない．

　このようにプロ野球の組織を一般企業のそれになぞるならば，プロ野球が抱える本質的な課題は，契約時に交わされる統一契約書に関するインフォームドコンセントと，職場の変更の申し入れ（フリーエージェント制）であったことになる．1985年11月15日，プロ野球12球団の1，2軍選手で組織する日本プロ野球選手会から申請されていた資格審査請求を審査した東京都地方労働委員会は，「プロ野球選手は労働者にあたる」と判断し，労働組合法上の労働組合と認める決定を下し，資格証明などを交付したことが報道された．最低年俸，負傷などの損害補

償，トレードによる移転費などの引き上げが期待されていた．従前，選手の契約の実態は，いったん契約すると，一生その球団に縛られ，年俸の決定，肖像権などほとんど球団側に握られ，一方的な解雇や突然の移籍が勧告される境遇は，パートタイムのアルバイトや日雇い労働者のそれに近かった．故に，「やっと人間らしく」（毎日新聞）や「クビ覚悟で団結」（朝日新聞）の見出しが当日の紙面に躍っていた．

十数年を経た今日，取り沙汰される問題は，契約に関するインフォームドコンセント，つまり経営者と選手の間の契約に関する合意である．二十二章二百七条に附則規定を加え156頁から構成される日本プロフェッショナル野球協約を一つひとつ理解し了承するのは至難の技と思える．したがって，この合意への道筋となる代理人の同席が昨冬のストーブリーグの課題であった．

第八章「選手契約」第五十条「対面契約」は次のように定める．

「球団と選手が始めて選手契約を締結する場合，球団職員，またはスカウトとしてコミッショナー事務局から登録された球団職員と選手とが，対面して契約しなければならない．また，選手が未成年の場合，法定代理人の同意がなければならない」．

その後の契約更改に際して，野球協約には代理人交渉は禁止されていないものの，現実には選手1人に球団側は複数のスタッフが臨む．この体制は機構側とプロ野球選手会の交渉にも如実に現れ，ようやく選手会の顧問弁護士の同席を容認する手続きが確認され（asahi.com news, 2000年4月10日），代理人制度導入への意気込みは道半ばである．

ところで，韓国プロ野球8球団中6球団の75選手が労働組合にあたるプロ野球選手協議会の結成を宣言し，「労組」の発足が伝えられた．これに対して，協議会結成に反対する韓国野球委員会は野球規約違反として協議会加入選手全員を自由契約選手にすることを決め，選手側が話し合いを求めれば対話による解決策を模索する余地が報道された（朝日新聞，2000年1月23日）．この自由契約選手とは委員会側の一方的な解雇と復帰手続きの委譲を意味することは，かつての日本プロ野球の選手の境遇を考えれば容易に想像できる．自由契約選手や任意引退選手の身柄は，実質的に球団やコミッショナーに握られている．それを未然に防ぐ

ためには球団の主張を受け入れなければならないのである．「グラウンドに銭が埋まっている」とか「腕一本で働く選手が自分の値段を自分で決められないでどうするの」とは，しばしば耳にするセリフである．このような言説が根付く関係性こそが選手の立場を劣勢にしてきた．そのようなシステムをホワイティング（1999）は「日本では，コーチは親方であり，選手は弟子なのだ」と殊のほか激しい論調で前近代的な徒弟制度と非難する．

4. 徒弟制度からの脱皮に向けて

　ある社会への参入はその社会が定めるルールへの合意を以って成立する．参入に臨み，何らかの共同性を予め設定すること自体，共同性を持つ者と持たぬ者の間に差別をつくりだす（ハーバーマス，2000a）．ひとたび成員となるならば，そのルールに常に疑義を持ち，その更新を心がけることは決してマイナスではない．故に，その疑義や更新を申し立てるシステムを準備する必要がある．度重なる警察不祥事事件に対して，日本弁護士会は警察官による労組組織の結成を進言した（朝日新聞，2000年3月29日付）．硬直化した組織体質の改善と更新を促す方法論を提示している．

　親方がロックアウト，関取衆がストライキとは，荒唐無稽な想像であろうか．プロ野球選手会がストライキを敢行するとき，過去に無言である先人たちの責任が大いに問われることを期待したい．「過去の消化」とは，過去を見つめ，自己のものと確認し，それにいたった経緯，その現在への影響などを批判的・反省的にとらえ，最終的にはその過去にとらわれつつも，過去から解放される逆説的な帰結を得るプロセスであり，そのためには，公共の議論，被害を受けた者との対話の中で模索されるプロセスととらえる（ハーバーマス，2000b）．わが国のスポーツ選手たちを覆ってきた従順さ，異議申し立てへの抑制に関して，批判的・反省的に再検討するチャンスが，オリンピック・イヤーには用意されていると期待している．

　その後，スポーツ仲裁裁判所（CAS）の仲裁に向け水連が千葉すず選手本人に提訴意思について代理人を介さず確認した記事（朝日新聞，2000年6月9日）は代理人を認めないプロ野球の交渉を彷彿させた．手続きへの共通理解と合意に至るには専門家の同席が必須と思われる．さらに，水連がCASの仲裁に委ねる

決定を行ない，同意書をCASと千葉選手に送付すると報道される（サンケイスポーツ，2000年6月9日）．関与する人々によるルールへの疑義，提訴，合議，合意をたどるであろう今般の事件が大いに注目される理由は選手からの異議申し立てに端を発している点である．情報開示とルールづくりへの参画という問題意識からは，CASの最終決定そのものより，それに至る水連や千葉選手の意見陳述やCASの解釈と裁定が情報開示されること，その開示に基づく参画者の討論と合意による新たなるルールづくりに方向づけられること，を期待して止まない．

［海老原　修］

5部
スポーツに潜む経済的原理

[写真提供　共同通信社]

「日本人に牛肉の味を覚えさせろ」とは1970年代米国・穀物商社の至上命令であった．攻略すべき市場の条件とは体格に劣りかつ向上への強い憧れをもつこと．合理化とアメリカ化を旗印としたハンバーガーショップがその戦端を開いた．バスケットボール，全米チャンピオンとヨーロッパ・チャンピオンが雌雄を決する冠大会のスポンサーもまたハンバーガー会社である．圧倒的な体格と爆発的な体力を呈示するにはバスケットボールはもとよりスポーツはもってこいである．商社は次なる市場を中国に見据えている．

15章

労働と文化のグローバリゼーションの視点からみるNBAの世界戦略

1. デビッド・スターンが仕掛けるNBAの世界戦略

　1999年11月，東京で5度目の日本開催となるNBA（全米プロバスケットボール）の公式戦が2日間開催され，両日とも3万人以上の観客が来場した（月刊バスケットボール2000年1月号）．NBAは1980年代後半以降，アメリカ国内のみならず世界にその勢力を伸ばす戦略を取り始めた．とりわけ衝撃的な戦略のひとつは1992年のバルセロナオリンピック出場であった．それまで米国はオリンピックのバスケットボール代表は大学生を中心とした選手で編成しNBA選手を組み入れていなかった．しかしオリンピックでのプロ解禁の流れを受けてバルセロナ大会からNBAの選手を出場させることとした．この大会の米国代表は"ドリームチーム"と呼ばれ，NBAの中でも一線級の選手で編成された．この米国代表は危なげなく金メダルを獲得し，世界にNBAの圧倒的な技術とパワーを知らしめた．その後も米国は1994年，1998年の世界選手権や1996年，2000年のアトランタオリンピック，シドニーオリンピックにも新たな"ドリームチーム"を送り込んだ．

　オリンピックなどの世界規模の大会以外に，地域レベルでの進出も行なっている．アメリカ大陸においては，1995年の球団拡張の際，カナダに本拠地を置くことができた．さらに次の球団拡張の際にはメキシコにも本拠地を置くことを狙っている（梅田，1997）．

　また欧州では1987年から「マクドナルド・オープン」という試合がスペイン，イタリア等で行なわれた．この試合は1995年から「マクドナルド・チャンピオンシップ」という大会に変わり，欧州のプロリーグやクラブチームのチャンピオ

ンとNBAの優勝チームが戦っている．こうしてNBAは欧州での人気拡大を図っているのである．日本はアジア戦略の基点とされ，1990年に初めて公式戦が開催されて以来，定期的に試合が行なわれている．またNBAは米国以外で試合を行なうだけではなく，世界各地に支所を置いている．

　このようなNBAの世界戦略は，すべて現コミッショナーであるデビッド・スターンの1984年の就任以降に行なわれた．彼がコミッショナーに就任した同じ年に奇しくもNBA入りしたマイケル・ジョーダンに代表されるアクロバティックなプレーを世界中に売り込もうと計画したのである．

　ここでデビッド・スターンについて説明を加えたい．スターンは1942年ニューヨークに生まれた．NBA顧問弁護士を勤め，サラリーキャップ制導入の交渉をまとめる等の業績を収めた．顧問弁護士時代のコミッショナー，ラリー・オブライエンにその法律家としての能力に加えてビジネスマンとしての能力も評価され，四代目コミッショナーとなった．コミッショナー就任後，5大陸で4万5,000人の10代の若者を対象にマーケティングを行ない，バスケットボールをテレビと結びつけて世界に売り込む方針を立てた．このスターンの戦略によってNBAは160カ国以上でテレビ放送されるようになり，世界中の人々が見ることのできるスポーツとなったのである（梅田，1997）．

2．国際労働移動

　ところで，20世紀後半の国際的な社会現象のひとつに，移民や外国人労働者などの国際的な労働移動がみられる．典型的なのが1992年に調印されたマーストリヒト条約であろう．これにはEU域内の労働者の自由移動が含まれている．こうした現象は，欧州だけではなく世界で同時的に起こっている（梶田，1993）．日本でも最近は飲食店等で外国人従業員を見かけることは珍しくなく，また"危険，汚ない，キツイ"と言われる3Kの職場は外国人労働者抜きには成り立たないともいわれる．

　同様の現象はスポーツの世界でも起こっている．その大きなきっかけであり，象徴がボスマン判決であろう．これはベルギー人サッカー選手，ジャンマルク・ボスマンが，移籍金制度はEU域内の労働者の自由移動を制限しており違法であると欧州司法裁判所へ訴えた事件である．結果，彼は勝訴し移籍金制度の違法性

を示した．この後欧州のサッカー界では有力選手の移籍が相次ぎ，クラブ運営に大きな影響を与えた．近年はサッカーに限らず，またヨーロッパに限らず，さらに一流選手に限らず，スポーツ選手の所属の世界的な流動化がみられ，現代スポーツ界の大きな傾向のひとつとされている（平井，1999）．

　一方，日本に注目してみると，従来よりプロ野球で外国人選手がプレーしてきた．最近ではJリーグで開幕の1993年から現在まで，世界の一線級の多くの選手がプレーした．その他，大相撲にも外国人力士は珍しくなくなり，バレーボール，バスケットボール等でも見られる．これらは日本に来た外国人選手の例だが，近年は逆の例，すなわち海外でプレーする日本人選手も見られる．野球の野茂選手やイチロー選手，あるいはサッカーの中田選手らが海外で活躍しているのは周知の通りである．

　一般社会においては，時に，移民や外国人労働者と彼らの労働先の国民との間で文化的な摩擦が生じることがある．ドイツでは統一後，難民や定住トルコ人を狙った事件が発生し，フランスでは1993年春に移民制限法が成立するなどの動きがあった．外国人労働者の増加により新たなナショナリズムが発生したと考えられる．わが国では2000年4月に物議を醸した石原都知事の「三国人」発言（2000年4月）が思い出される．

　スポーツにおけるこうした文化摩擦としては，大相撲の小錦関の横綱問題を例に挙げることができる．1991年末から1992年にかけての3場所で，彼は2度の優勝と幕内で3番目の成績を1度収め，過去の例によれば横綱になってもおかしくなかったが，成績ではなく「品格」を理由に昇進を拒まれた．その際小錦関が「人種差別を受けている」という趣旨の発言をしたという報道がなされるという騒動も起こった（10章参照）．また古くは，1965年プロ野球阪急ブレーブスのダリル・スペンサー選手が本塁打王争いでトップを走っていたとき，終盤戦で敬遠され続けた．結局本塁打王は南海ホークスの野村克也選手であったが，野村と違うチームに所属するロッテ・オリオンズのエース小山正明投手もスペンサー選手を敬遠し，「ガイジンにはタイトルを取らせたくない」と発言したとされる（ホワイティング，1991）．

　これらの例は，スポーツを職業とする外国人労働者が，当該国民との間で文化摩擦を起こし，そのナショナリズムを刺激したものととらえることができる．もちろん文化摩擦は逆の方向にナショナリズムを刺激することもあり，その一例が

ラモス選手と呂比須選手であろう（9章参照）.

さて60年代以降の大規模な国際労働移動は大規模な資本の移動と関連があるとされる（梶田，1995）．いわゆる多国籍企業がその典型である．こうした動きの背景には南北問題があり，先進国と発展途上国の間の社会経済的な格差が関連していることは間違いないであろう．

この世界的な資本の移動をスポーツの中で考えてみると，前述のNBAの世界戦略がこの資本の移動と対応しているととらえることができるのではないだろうか．なぜならNBAは"本社"がある米国だけでなく，カナダやメキシコ，さらには欧州，アジアにも触手を伸ばし，世界各地にオフィスを構えて"ビジネス"を行なっているからである．その背景も非常に似ている．すなわち前述の国際間の労働移動やNBAに見られる資本の移動は，スポーツでの"南北格差"がその一因と考えられるからである．つまり，ここで取り上げたバスケットボールでは，米国が"北"の国であり，日本はもちろん他のアジア諸国や世界の多くの国々は"南"の国である．その"南北格差"はかなり大きいのである．

通常言うところの南北問題については，南が北に追いつくのは絶望的という指摘がある（梶田，1995）．スポーツでも"南"の固定化が進むのだろうか．

3. 文化とグローバリゼーション

サッセン（1999）によれば，資本の移動によっても文化接触による文化変容が生じるとされ，また梶田（1995）によれば，国際労働分業が文化のグローバリゼーション[注1]を生み出しているという．そこでスポーツとその周辺現象を文化ととらえ，二つの代表的な文化変容モデルを基に，スポーツにおける文化のグローバリゼーションについて考察したい．

まず「文化帝国主義」モデルは，文化的産物（ソフトウエア）の流通，技術移転，メディアのハードウェアの国際流通が，第三諸国の発展を助長せずむしろ先進諸国への従属を強化し，真の発展を妨げてきたと主張する（モハマディ，1991）．このモデルでは，こうした文化の流通はあらゆる国民国家の文化的一貫性を弱める効果があり，それに伴うのは文化的喪失のプロセスであるとする（トムリンソン，1997）．そうすると，このモデルに従えば，多くの伝統スポーツよろしく"南"のスポーツは衰退していく運命にあるのかもしれない．

二つ目の「文化多元主義」モデルは，西洋の文化的生産物の流通が必ずしもそのままヘゲモニックな支配を生み出さず，文化によって異なる影響を及ぼし，また多様かつ能動的に受容されることを強調する．このモデルをスポーツに置き換えると，海外からの影響が支配的とならず，例えば新たな形のスポーツが生まれ，そこに新たな解釈が融合することで新たな形のスポーツが生まれ，そこには新たな解釈が出現し，そして浸透していくことが考えられる．

　現実の問題としては，2000年3月に，アメリカ大リーグの公式戦が日本で初めて行なわれたことがあげられよう．これも野球における国際的な資本の移動である．これは今後どのように展開していくのであろうか．文化帝国主義モデルに従えば，日本のプロ野球はメジャーリーグのマイナーリーグ化してしまうのかもしれない．文化多元主義モデルに従えば，日本の"野球"とアメリカの"ベースボール"というように共存していくのかもしれない．あるいは他の様相を生じせしめるのであろうか．

4．日本でのバスケットボール周辺の現象

　これらの二つのモデルを参考に，NBAの世界戦略の影響を受け，実際に日本でどういう現象が起こったかを概観し分析してみたい（表3）．

　日本で本格的にNBAの放送が始まったのが1988年である．これはNHKの衛星放送（BS）の試験放送の中で放映が始められたものである．1990年には初めてNBAの公式戦が日本で行なわれ，この後定期的に試合が開催されている．1992年にはバルセロナオリンピックで前述のドリームチーム1が活躍する．1993年にはマイケル・ジョーダンが所属するシカゴ・ブルズがNBAで3連覇し，日本では10代を中心としたバスケットボール・ブームが起こる．バスケットボール・ファッション，黒人音楽，3on3（ストリート・バスケットボール）等が流行した．マイケル・ジョーダンは同年引退を表明するが，日本でのバスケットボール・ブームは1995年のマンガ「SLAM DUNK」（井上雄彦，集英社）の大人気へと形を変えて継続する．アトランタオリンピックでドリームチーム3が編成された1996年には，マイケル・ジョーダンら多くのNBA選手が契約しているナイキ社のスポーツシューズ「エアマックス」が破格のプレミアムをつけるなど大流行し，"エアマックス狩り"なる事件も起こった．ちなみにこの年のNHK衛

表3　日本および世界のバスケットボール関連事象（1984年以降）

西暦	世界	日本
1984	ロスアンゼルスオリンピック マイケル・ジョーダンNBA入り デビッド・スターンNBAコミッショナー就任	
1985		能代工高インターハイ7連覇（計26回目）
1986		
1987		NHK BS試験放送開始
1988	ソウルオリンピック	NBAの本格放送始まる（NHK BS）
1989		NHK BS本放送開始
1990		NBA JAPAN GAMES 1（NBA公式戦） NHK BS加入者120万件（3月末）
1991		「SLAM DUNK」1巻発売（2月）
1992	バルセロナオリンピック（ドリームチーム1）	NBA JAPAN GAMES 2
1993	シカゴ・ブルズ3連覇 マイケル・ジョーダン引退	バスケットボールブーム NHK BS加入者500万件（3月末）
1994	世界選手権（ドリームチーム2）	NBA JAPAN GAMES 3
1995	マイケル・ジョーダン復帰	「SLAM DUNK」大人気
1996	アトランタオリンピック（ドリームチーム3）	ナイキ エアマックス ブーム NHK BS加入者730万件（3月末） 「SLAM DUNK」31巻（最終巻）発売（10月） スカイパーフェクTV!本格放送開始（10月） NBA JAPAN GAMES 4
1997		協会登録者100万人を超す（3月現在）
1998	シカゴ・ブルズ2度目の3連覇 世界選手権	能代工高3年連続3冠（田臥3年生） スカイパーフェクTV!加入者100万件突破（12月）
1999	マイケル・ジョーダン引退	NBA JAPAN GAMES 5
2000	シドニーオリンピック	

星放送の加入者は約730万件であった．

　また同年は前述の「SLAM DUNK」の最終巻が発売され，さらにこの年に高校バスケットボールの名門，秋田県能代工業高校に次代の全日本を背負うと目され，NBA的なテクニックを持つ田臥勇太が入学し注目を集めた．その後1997年に発表になった日本バスケットボール協会登録者（1996年度）は過去最高の100万人以上で，特に中学生は全国で約50万人が登録し，日本の全中学生の約9人に1人がバスケットボール部員という状況になった．この1996年は日本におけるバスケットボール・ブームのひとつの結実点といえよう．1998年には復帰したマ

イケル・ジョーダンを中心とするシカゴ・ブルズが2度目の3連覇を達成し，日本では能代工業高校で前述の田臥らが高校3年間の全国大会でのすべての優勝を成し遂げ，その最後の大会では東京体育館のバスケットボールの試合での観客動員記録が作られた．

　このように概観すると，80年代から90年代にかけての日本のバスケットボール関連現象の多くはNBAに何らかの形で関連しているように思われる．現象によってはNBAというより，アメリカの影響という方が適切なものもあるかもしれず，そのため個別の現象に対して詳細な分析が必要ではある．しかし，全体的な傾向に言及すると，NBAが直接・間接に与えた影響は日本のバスケットボールやその周辺を"活性化"する方向性を持っていたと言えるだろう．つまり，現時点ではNBAの進出によって日本のバスケットボールが衰退したとは言えず，その意味では「文化多元主義」モデルに従っているように考えられる．

　また，もう少し長期的なスパンで現れてくる現象もあると思われる．例えばこれらのNBA関連現象の渦中にバスケットボールに触れ始めた若い世代が，代表入りするような年齢になったときの日本の競技レベルやそのころのバスケットボール周辺のシーンは興味深い．こうしたことも合わせて考察したときに総合的な影響力をより精緻に評価できるのだろう．

おわりに

　スターンによるNBAの世界戦略は，労働の面から見ると国際的な労働や資本の移動における現代の傾向の中で説明できる．文化の面では，世界的に浸透していく文化は現在ではある一定のレベルを超えると無目的的に広まっていくとされ（トムリンソン，1997），政治的／経済的活動の結果としてスターンの意志にかかわらずNBA文化の拡散現象が生じていくといえる．つまり，NBA文化の浸透や各国での受容／変容は，スターンの手の届かないところで起こっているのであり，NBAがそうした国々で受け入れられることを目指す以上，スターンの世界戦略はその上でしかあり得ない．すなわち，一見スターンがイニシアチブを取っているようで，しかしその実そうとも言いきれない．つまりスターンの方が規定されているという構図が浮かび上がるのである．

　こうした状況を踏まえ，これからのスポーツをめぐる動きを，労働と文化のグローバリゼーションという視点から注目していきたい．

＜注釈＞
1) 原文では「グローバライゼーション」となっているが，表記の統一のためここでは「グローバリゼーション」とした．

［出町　一郎］

16章

スポーツ労働市場の中の自由貿易と保護貿易
～フィリップ・トルシエとボビー・バレンタイン～

　選手の行為規範《なにをなすべし》《なにをなすべからず》という指示は，一方で選手の行為規範《なにをなすべし》に背いた選手を《かくのごとく処置すべし》と審判を命ずる裁判規範と二重構造をもつ．この裁判規範は正義の実現に専ら寄与する．この正義とは，等しいものを等しく扱う平均的正義，等しくないものを等しくなく扱う配分的正義の基本的二概念を適用できる．この適用から除外される事例にプロレスのレフリーと相撲の行司をあげることになる（守能, 1984）．
　プロレスはスポーツというよりショーである．「プロレスはショウとして荒技をみせてファンを喜ばせながら実力で勝負を決めるものだ．ショウと真剣は紙一重というが，それがプロレスの信念だ．そのためには一般的にレスラーの技量をあげ，見て楽しいものにしなければならない．この前の試合（昭和29年12月22日）は私としても決して立派な試合だったとは思っていない．…ショウとしてのレスリング，スポーツとしてのレスリングを今年こそは皆さんに理解してもらいたい．（力道山談）」（村松, 2000）．
　ここでは，善玉が苦難の末に悪玉をうち破る勧善懲悪の一大スペクタクルが展開する．《なにをなすべし》に背いた選手を《かくのごとく処置》しない審判に苛立ちながら，結局最後に勝ち残る「善玉正義」に歓喜する．悪玉の違反行為は視野に入らず，善玉のそれに対して断固たる正義の実行者たることによって，一層の反則攻撃を容認する．それは観客には見えるが審判は見えないこととなる．観客の怒りが頂点に達しようとする頃合いを見計らって正義が突如現れる．これこそ審判の腕のみせどころとなる．スポーツは正義の観念に即して行なわれるはず，という自明の論理の裏をかくところに，人気の秘密がある．判官贔屓と勧善懲悪という大衆好みの概念を巧みに演出する．もちろん，賭の対象になり得ないし，八百長などの疑惑も的はずれとなる．

ところで，引き分けを宣言できない大相撲の行司は立場がない．代行的に審判を演じる彼は儀式を司る「行司」にとどまり，最終判定は勝負審査役の掌中にある．軍配の上げ下げが儀式の一環に組み込まれ土俵に花を添える．したがって，「同体」と宣言する行司の大パフォーマンスを想像すると，このようなフレームのずらしを行なう行司にこそ拍手を送りたいが，観客や勝負審査役の興ざめぶりは怒りに変換するかもしれない．軍配を水平とした「同体」に対して勝負審査役が判定を覆すよりは，東方にあげた軍配に対して，勝負審査役が，行司差し違えにて西方の勝ちやら，同体にてもう一丁やらが儀式として相応しくなる．

　では，どのような経緯から，この審判が勝負審査役に委ねられるのであろうか．宮廷相撲と草相撲のルーツをもつといわれるが,宮廷相撲では勝負の審判官には，近衛の大将・中将・少将があてられ，疑わしき勝負審判に際しての最終判定は天皇の裁決「天判」を仰いだ（山口，1987）．今日，大相撲の最終判定の実権「天判」を行司に委ねられず，力士OBである勝負審査役が握っていることは，スポーツにおける審判やコーチの専門性を考える際の有効な手がかりとなりそうである．優勝劣敗が重要な要素となるスポーツとは異なり，「相撲は儀式」と割り切るならば，行司の立ち振る舞いも，「天判」に連なる審議の手順もまた，天覧に供するパフォーマンスであり，勝負審査役に厳格な審判技術の追求を求め，VTRを参照としたばかばかしさも理解できる．親方衆がアマチュア相撲の行司のようなワイシャツに蝶タイ姿で土俵中央にて額を擦り合わせたり，裁判官や検事，弁護士といった司法専門家の風体が物言いをつけたりするのも，また興を削ぐと想像できる．

　しかしながら，この儀式的な審判をスポーツにあてはめると意外な姿が見えてくる．1997年6月米人審判ディミュロに続いて2000年5月にも，プロ野球では審判への暴行事件が起こった．相撲の儀式に倣って判定手続きも選手や監督にシナリオが用意され，抗議シーンは現役選手とOB審判による，プロレスもどきの場外乱闘であると割り切るならば頷ける．力士OBに「天判」があるように，選手OBである監督・コーチがそれを獲得しようと目論むのであろうか．異議申し立てでなく最終決定権を彼らが入手するとき，行政権と司法権が同一人物に掌握される儀式が始まるとも知らずに．このような顛末を考える手がかりに「黒船・ディミュロ」（AERA，1997年6月23日号）や「平成の黒船・トルシエ」（川端，2000）を求めると，わが国のスポーツ界における選手，監督・コーチ，審判の関

係に言及できそうである．

1. 名選手にこそ名監督・名コーチあれかしと祈るべきであろうか

　苅谷（1991）は，学校に委ねられた職業選抜の中で，成績による選抜が厳しく行なわれるほど，選抜の主たる基準である学業成績は，生徒の勤勉さや真面目さといった成績以外の特性と強い関連をもつようになることを明らかにしている．このような人格特性は元来学業成績や競技力とは独立したものであるが，学業成績のよい者が生徒会長や学級委員となったり，運動能力に秀でる者が主将やゲームキャプテンとなったりした経験をわれわれはもつ．部活動への参加が象徴する協調性，時間やルールの順守，権威への服従，学業成績だけに留まらない学校生活全般がもつ将来の職業との連結性が，この選抜の有効性と社会化の効力を相互に補強し，さらに正当性と通用性を増すことで学校社会の中で再生産される仕組みをつくりあげる．生活面や性格的な評価に優れるが学業成績や競技力が今ひとつであるという人材は葬り去られるが，逆に問題行動は少々あるもののテストができる者や運動能力の高い者は選抜される．つまり，日本の学校社会では学力が評価基準として支配的な位置を占めているのである（苅谷，1991）．この支配力は職業選抜過程のみならず，業績至上主義や学力至上主義という社会基準の主幹となり，業績や学力とは何ら関係のない分野にも影響する．その効力はその分野において正当性と通用性を繰り返すことで再び補強・強化されてきた．

　この仕組みを考えるキーワードに，Turner（1960）が提唱した競争型移動モデル（contest mobility）と庇護型移動モデル（sponsored mobility）が有効となる．アメリカの競争社会を説明する前者モデルでは，社会的な選抜が「勝てば次のゲームに進める，しかし，負ければそこでおしまい」となる．これに対して，社会的規範に重きを置く英国の選抜モデルとなる後者では，エリートを早期に選び出し，選出の後にはその地位を保証・補強することになる．わが国において学校に委ねられた職業選抜が実質的な差異を拡大してみせる作用は，学業成績と人格特性の連関性が卒後の評価を水路づけることに結びつく．出身学校や当時の評価が通行手形のように社会生活の中で機能する．学校での学業成績に始まり職場での業務成績に連動する学力が支配する庇護型移動が主流をなしている．

　さらに，競争型移動モデルを適用するアメリカ競争社会でも，庇護型移動モデ

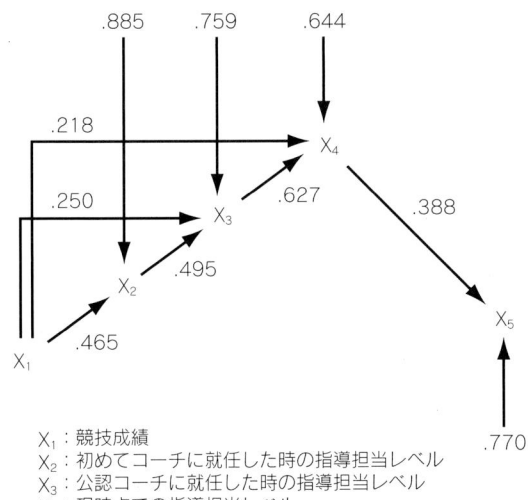

図1　コーチ・キャリアにみるパス・ダイアグラム（粂野ら，1983）

X_1：競技成績
X_2：初めてコーチに就任した時の指導担当レベル
X_3：公認コーチに就任した時の指導担当レベル
X_4：現時点での指導担当レベル
X_5：コーチランク

ルが学際領域（Hargens and Hagstrom, 1967；Hargens, 1969）や大学体育教員（Massengale and Sage, 1982）のキャリアに確認される．学位取得や専門的職種へも適応するこのモデルは，先に学校の成績が社会での業績を水路づけたように，異なる領域での連結をも説明する．それはスポーツの世界での競技力の高低が指導力のそれに置き換えられる仕組みに応用できる．図1に，コーチとなってからの指導担当レベルの推移を追跡し，コーチランクを決定するコーチ・キャリアのパスモデルを示した．1983年10月，日本体育協会に登録されていたコーチ約900名を対象に実施した調査である（粂野ら，1983）．コーチのランクを主任強化コーチ，強化コーチ，ジュニアコーチ，上級コーチ，コーチの5段階としコーチの現役時の競技成績を出発点として，現時点でのコーチのステータスまでを追跡するモデルである．競技成績や指導担当レベルはオリンピック・世界選手権大会でのメダル獲得を最高レベル，県大会や市町村大会への出場を最低レベルとする11段階に設定し，そのまま得点化した．

結果は，経年的な流れに沿って，事前の指導レベルによって事後の指導レベルが決定されるという直線的なパスモデルを示す．とりわけ，公認コーチ就任時の指導担当レベルと現時点の指導担当レベルの間に求められるパス係数が非常に高

い数値を示す．これらは，指導担当レベル間の変動がきわめて小さい，つまり，指導選手の競技レベルを著しく上昇させるとか，下降させる事例がほとんどないことを推察させる．コーチのランクと指導する選手の競技水準が一致する実状を踏まえると，競技レベルの低い無名の選手を高い水準に育て上げることがコーチランクの急上昇に結びつくと仮定できる．しかし，担当した選手のレベルがあらかじめ高いならば，そのような上昇は期待できない．もちろん，同じ上昇が達成されたケースでも，初期レベルを考慮し，高い競技レベルでの上昇により重みが付くように，次のように配点してみたところで所詮そこに設定される仕組みを確認するに過ぎない．

例えば，5段階上昇せしめたケースでは，①市町村レベルから国体レベル（優勝）に上昇させたケース（$(6+1) \div (6-1) = 1.4$ポイント）と，国体レベル（優勝）からオリンピック・世界選手権（優勝）にしたケース（$(11+6) \div (11-6) = 3.4$ポイント），といった事前と事後の指導担当レベルを加算し上昇数で除する試算，②最高レベルを1点，最低レベル1/11点と変換した後に同様な手順で算出する試算などが想定され，前者では$1 - 1/6 = 5/6$ポイント，後者では$1/6 - 1/11 = 5/66$ポイントが求められる．これらの指標が競争型移動モデルを構築する指標になり得よう．しかし，この試算がまったくの徒労にすぎないほどに，コーチ・キャリアが現役時の競技成績によって決定される庇護型移動の典型を示すことになる．

「だからもし，祈るならば，健全なる身体に健全なる精神あれかしと祈るべきであろう」と揶揄したユベナーリス（水野，1974）の如く，「名選手にこそ，名監督・名コーチあれかしと祈るべきであろうか」（海老原，1995a）．

2．外来の能力主義が質す競技力万能主義

米人ディミュロ審判は審判養成学校から約30倍の関門をくぐってプロ審判に合格し，5年でマイナーリーグ3Aの審判となる．亡父も大リーグ審判で兄も3A審判である．1999年9月23日衛星放送第一「知られざる大リーグ審判・ゆれる名誉と権威」は，大リーグの審判にはプロ野球経験者が皆無であることを伝え，9割が元プロ野球選手であるという日本の審判のキャリアの違いを明らかとした．これはアメリカの審判が選手とは独立した職業的な領域を確立し，かつその

中で競争原理（contestあるいはtournament）という基準が通用していることを推察させる．

　プロボクシング・トレーナー，故エディ・タンゼントはその教え子をことごとく世界チャンピオンとした．彼には選手の潜在的能力を推し量る洞察力（スカウト力）と的確な指導体系（指導力）があったと理解するのが至当であろう．前者の能力は対戦相手の特徴をも把握したに違いない．適切な言葉であるかどうか判然としないが，スポーツの世界では，競技力，監督力，指導力，審判力，スカウト力などと，その専門的な能力を発揮する独自の領域があるように思える．このような能力を測定する客観的基準を用意できないから，指導の力量を問われる教員採用試験が学業成績や人格特性にて判定される方法に似て，競技力という「昔取った杵柄」が関連領域まで幅を利かせる庇護型移動の世界を構築する．あるいは，スポーツ界の階層構造の主幹は競技力であって，コーチ，審判，マネージャー，スカウトなどは付随する領域にすぎないのは，ひとえに競技力という「昔取った杵柄」の効力を生かしたいという力学が働いているからかもしれない．このような正当性と通用性を繰り返すことで競技力万能主義がつくりあげられていることを先のパス・ダイアグラムが実証する．

　しかし，このような競技力万能主義システムが問われている．1994年に開催されたW杯アメリカ大会の決勝戦に勝ち進んだブラジル・パレイラ，イタリア・サッキ両監督はともに，現役時はたいした選手ではなかったけれども，コーチ養成学校を卒業している専門家であった．2001年3月10日に9年目を迎えるJリーグが開幕したが，J1の16チームのうち，半数の8チームでは外国人が監督を務め，現役時代に名声を博した監督もいるが，そうでない監督もいる．彼らの共通点はコーチや監督の世界で勝ち抜いてきたキャリアの持ち主であることである．Jリーグ設立当初の日本人監督は競争原理によって淘汰され，コーチングや監督術を研鑽した専門家だけが勝ち抜くこととなった．「オリンピック代表」や「日本代表」の競技力ブランドがこの領域では無力であることを証明する．その頂点にサッカー日本代表監督フィリップ・トルシエをあげることができよう．

3．スポーツ労働市場～自由貿易と保護貿易～

　2000年4月のトルシエ解任騒動の背景に選手や監督の指向するグローバル・ス

タンダードとサッカー協会にある「体育会系ムラ社会」の乖離を川端（2000）は指摘する．グローバル・スタンダードの一人歩きを留意するとしても（朝日新聞，2001年3月9日），サッカー界と野球界を比較するとき，川端の指摘はやや辛辣すぎると判断したい．その理由は，サッカーが自由貿易による開放市場を，野球が保護貿易による閉鎖市場を指向する対称的なスポーツ労働市場に描けるからである．

　2001年1月全国社会人ラグビーで優勝した神戸製鋼のスタンドオフ，アンドリュー・ミラーを「司令塔」と表現する（朝日新聞，2001年1月22日）．それは攻撃を組み立てるだけにとどまらず，ゲーム全体をメイクする，試合を操作するという意味を含んでいる．Jリーグでも「司令塔」「中心」「精神的支柱」と表現される外国人選手を過去にも現在にも見い出せる．一方，多くの「ガイジン」選手が活躍したプロ野球にあって，このような敬称はなかなか耳にしない．そして，長いプロ野球の歴史に，彼らの中にあって「司令塔」となり得るポジションを獲得した選手が皆無である事実にたどり着く．それは比喩としてのポジションであるとともに，実権として第二の監督と呼称される捕手である．蓮見（1988）はフーコーをひき捕手をして「一望監視装置の看守みたいに，見られずしてすべてを見ている絶対的な権力者である」と看破する．千葉・海老原（1998）は日本に越境するスポーツ選手を操作的帰化なる造語をキーワードに理解しようと試論したが，この蓮見の指摘は操作的帰化の本質を突く．操作する日本と操作される外国人の関係性を捕手に体現される．

　サッカーやラグビーのフットボールでは「監督」と「司令塔」が能力主義に応じて開放されるが，野球ではこの地位は開放されていない．その庇護型人材リクルートは近年では千葉ロッテのボビー・バレンタインの解任に象徴される（朝日新聞，1995年10月27日）．彼の監督力は帰国後にニューヨーク・メッツに就任したことで及第点以上であると判断できよう．しかし，能力主義は否定された．そこには，プロ野球が抱える旧弊な労働システムと同根であるように思える（海老原，2000g；14章参照）．

　近年，日産社長のカルロス・ゴーンの改革が紙面を賑わせ，マツダ代表取締役社長はミラー，ウェレス，フィールズと三代続く．自動車業界では外国人経営者が立て直しを試み一応の成功を収めている．優勝劣敗が明らかとなる経済の領域

で外国人が持ち込む能力主義とグローバル・スタンダードが認められつつある．同じ競争原理に基づくスポーツの世界で有能な外国人監督が選手やチームを成功に導いている事例は列挙にいとまがない．しかし，その成果が正しく評価されないのは，捕手がもつ権力隠蔽に似る．
　スポーツにおける国際化の象徴に，サッカー外国人枠撤廃によって英国プレミア・リーグ，チェルシーの先発メンバーに英国人が1人もいなくなり，監督も外国人であった事例をひきたい．「国籍は重要なことではない」とイタリア人監督ジャンルカ・ビアリが言い放ち，国際化とか，多様化とは，こうしたことであって，さまざまな人種，国籍が入り乱れ，競い，活力が生み出され，そうして新しい「国」がはぐくまれる．ただし，Jリーグで先発メンバーも監督も外国人なら，観客はどう反応するであろうか（朝日新聞，2000年1月13日「天声人語」）と問題提議する．しかし，こんな事態はすでに身近で起きていた．大相撲では東西横綱として曙と武蔵丸が千秋楽結びの一番を取っていた．もし，大相撲が危険，汚い，キツイのいわゆる3K職場となって国内からの人材供給が不可能となる事態を迎えたならば，大相撲外国人力士場所という仮想はあながち空想ではなくなる．むしろ近未来のスポーツ界の姿を予見させる．
　山脇ら（2000）は，人口構成の変動とグローバリゼーションへの対応を余儀なくする経済的必要性のもと，移民国家としての日本の条件整備を試論する．この試論はスポーツの世界ですでに現実に生じている問題の解決策を提示する．オリンピックに際しての操作的帰化，プロ野球界の「ガイジン」，大相撲のハワイ系・モンゴル系力士，実業団や大学・高校スポーツ界での留学生の位置づけを，偏狭なナショナリズムの観点から検討している間に，現実の社会制度が立ち遅れようとしている．
　オレンジ，牛肉などの農産物の市場開放を迫るアメリカに対抗して国内の保護を目論む日本政府の構図は，グローバリゼーションとローカリゼーションの対立，競争型移動モデルと庇護型移動モデルの対峙，そして国内のフットボールとベースボールの比較に相似する．長野オリンピックでは，競技場は不法就労外国人の力抜きに建設は不可能であったといわれるが，開所直後に逮捕，国外追放処置した（相川，1998）．いわゆる3Kや4K，ホテル業界などの力仕事は安価な外国人労働者に占められつつある．近未来には農業就労が可能となり，安値の国内米が入手できるかもしれない．外国米に対抗できる国産米が登場する経済圏を思い浮

かべるとき，EU，北米，旧英国統治国に対抗するアジア経済圏が起こり得そうである．

とまれ，優秀な監督，コーチ，審判，スカウト，トレーナー，シューメイカーなどが外国人に占められることも決して夢物語ではない．文部省（現：文部科学省）「スポーツ振興基本計画」（2000）は，スポーツ振興がスポーツ産業の裾野を広げ雇用創出を促し，国民経済の発展に寄与すると期待する．外国の信頼できる資格を取得した優秀で安価なスポーツ指導者が流入する可能性は否定できない．そこにスポーツ指導に関連する職業が成立するとき，狭隘なナショナリズムに基づく許認可権が浮かび上がることになるのかもしれない（海老原，2000c）．現実の速度に制度が立ち遅れる事態が想定される．先の山脇らの試論をスポーツ労働市場にあてはめるとき，起こりうる事態とそれに対する制度と心持ちをシミュレートすることは決してマイナスとなるまい．2002年日韓W杯共催を終えたサッカー，大リーグ志向を鮮明とする有能選手が続出しそうなプロ野球は，今まさに国際化の波に晒されている．しばらくは注目に値する．

［海老原　修］

17章

ウォーキング・ブームを解明する
～人工と経済への疑義を起点として～

1. ウォーキング人口の動向

　総理府「体力・スポーツに関する世論調査」は，1991年10月調査において，従来の「歩け歩け運動（運動のための散歩を含む）」から「ウォーキング（歩け歩け運動・散歩などを含む）」へと名称を変更した．内実はなんら変わらなくともカタカナ文字への名称変更が世の中に広まるターニングポイントであることを，銭湯から一般家庭へ普及した体重計のヘルスメーターへの変身が教えてくれるとき，ウォーキングがブームを巻き起こすかもしれないと予感させた（海老原，1996a）．

　図2では，総理府「体力・スポーツに関する世論調査」より，1979年から1997年にかけてのウォーキング，ジョギング，スイミングの実施者と希望者の変動を追跡した．ここでは「あなたがこの1年間に行なった運動やスポーツがあれば全部あげてください」に回答したすべての者を実施者と判定したので，過去1年間に1回以上の頻度でそのスポーツを行なった者を指す．また，「現在行なっているものを含めて，今後行なってみたいと思う運動やスポーツがありますか」に回答した者を希望者と判定したので実施者と重複する可能性，つまり引き続き行ないたいと回答した実施者が相当な数にのぼる．

　図中6本の折れ線のうち，下方の2本はジョギングの変化である．果たして希望者が次回の調査時に実施者になってカウントされるかどうかは興味深い．中高年者のスポーツ参加のパターン分析では，加齢につれてスポーツから遠ざかる離脱説の可能性よりは，中高年になっても若い頃からの運動習慣を維持する連続説の有効性を支持してきた（海老原，1986b，1999）．この連続説に拠るならば，

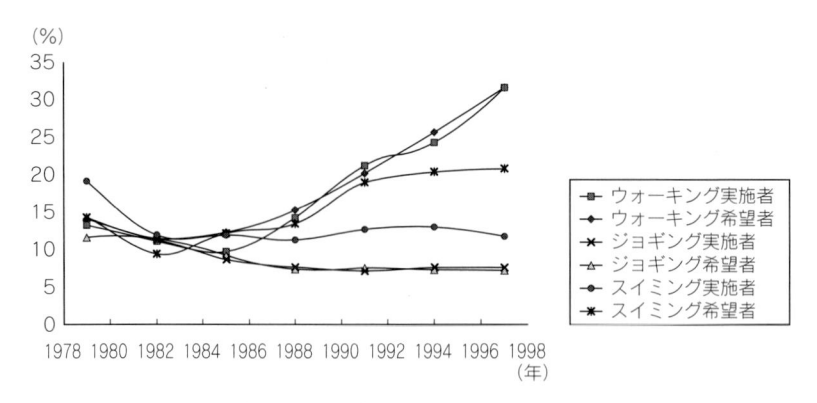

図2 ウォーキング，ジョギング，スイミングの実施者と希望者の経年変化
(総理府「体力・スポーツに関する世論調査」より作図)

ジョギングにおける実施者と希望者の一致は同一人物であると推察するのが妥当となる．

また，1988年に始まる中段のスイミングにおける実施者と希望者の分離もまた興味深い．すでに「運動やスポーツを行なう機会があれば行ないたいと回答するものの同時に運動するのは面倒である」と回答する擬似的なスポーツ参加希望者が少なからずいることを明らかにした（海老原，1996b；24章参照）．ここで連続説をスイミングの実施者にあてはめると，スイミングにみる希望者と実施者の分離をこの擬似的な希望者が占めると推論できる．絞り抜かれ引き締まったからだへの羨望ゆえにスイミングを行なってみたいとの希望とは裏腹に，醜悪な肢体と稚拙な所作の露出，また着替えや濡れた髪を乾かす面倒臭さや手間暇は，いざ泳がんと望んで意気消沈する言い訳としては，どちらもタテマエともホンネとも読みとれる．「行なってみたい」との一過性の回答は，どうやら見た目の美醜とまなざしの自覚の交錯に左右されそうである．実現可能な運動やスポーツであるジョギングや後述するウォーキングに，この擬似的な参加希望者が存在しない理由は，絞り抜かれ引き締まったからだへの羨望が持つ醜悪な肢体と稚拙な所作の露出への背反にかなりの魅力を感知する，つまり怖いもの見たさの感情に似ているように思える．このように考えると，ジョギングやウォーキングがスイミングに比べ，見た目のよしあしを判定する肢体の露出度の少なさによって擬似的な希望者の応答を鈍くさせる，と想像することが必ずしも間違いではなさそうである．

ところで，本題となるウォーキングの動向に着目すると，連続説や擬似的な希望者によっては十分に説明できないことに気づく．それでは，1985年に始まる実施者と希望者の両者揃っての激増はどのように理解できようか．

まず，連続説に拠るならば，当該調査年の希望者が次回の実施者へ継続すると解釈される．例えば，1988年の希望者15.2％は翌調査となる1991年の実施者21.4％の主流を占める．この実施者はこの調査年の希望者となり，1994年調査の実施者の主流をなすことになる．では，約5％前後の増加はどこから来るのであろうか．当該調査年に実施者でも希望者でもない，つまりはウォーキングを行ないもせず，また行なってみたいとも思わない者が，次回の調査時には実施者として参入しカウントされてるとの結論に達する．1988年1.9％，1991年6.2％，1994年4.0％，1997年6.0％とまったくウォーキングに関心のない者が参入することによって今日のウォーキングブームが加速されてきたことになる．

同時に，これをブームと呼ぶに相応しい数字上の根拠を紹介したい．定期的な運動・スポーツ実施を週1回以上の頻度と定義するとき，1997年の総理府調査で34.7％，1998年SSF笹川スポーツ財団調査で43.4％に上る．この内訳は，総理府調査で6割強が，SSF調査で8割強が，それぞれ習慣的なウォーキング実施者によって占められ，全体に換算すると総理府調査でもSSF調査でも驚くべきことに19.9％を示す．実査に1年のズレがあるものの，全国的な規模の調査でまったく同じ数値を算出する点，2種目以上の運動やスポーツを行なう人がかなりに上ることを考慮しても，成人の定期的な運動実践がウォーキングによって約半分占められている点，そして成人の2割が定期的にウォーキングを行なっている点が，三重の驚きとなる．

2. スポーツ・キャリアからみるウォーキング動向

では，ウォーキングを行なったこともなく，行ないたいとも希望しない者はどこから来るのであろうか．それを紐解くにはスポーツ・キャリア・パターンの分析が有効となる．1995年に実施された（社）日本歩け歩け協会JML調査（江橋，1997）の対象者のうち40～79歳1,835名を抽出し，彼らの過去11年間にわたるスポーツ・キャリアを，ウォーキング（図中ウォーキングは単一ウォーキングと重複ウォーキングの合計値），他のスポーツ（図中：ウォーキング以外のスポー

ツ），実施しない（図中：不参加）に分類した（図3）．スポーツ・キャリア・パターンに関する精確な分析では，図中の3カテゴリーもしくは5カテゴリー間の相互の総入れ替えの順列組合せが想定されるが，ここでは単純な頻度分布を折れ線で結んだ．また，この対象者がウォーキングイベントへの参加者であって総理府やSSF調査の対象者とは異なる，つまり多段抽出法の考え方に倣うならばウォーキングイベント参加という一段スクリーンを経ていること，を留意する必要がある．

　この2点を考慮した上でも，ウォーキングの増加が先の総理府調査の動きに一致することは注目できる．異なるスポーツと不参加がほぼ平行して下降する傾向にウォーキングの増加傾向がリバースする図式は，異なるスポーツからのウォーキングへの参入（スポーツ・トランスファーや重複参加）と不参加者からの新規実施によって構成される．このリバースの起点をどの時点に求めるかは，ウォーキングブームの背景を考える際の重要な視点であるが，残念ながらこの資料からはうかがい知れない．

　それでも，スポーツの減少傾向は不参加のそれよりも緩やかである点に着目すると，スポーツ・トランスファーに比べて新規実施者の急な減少によって，ウォーキングの増加が成し遂げられていると推察される．さらに，不参加の減少傾向を詳細に検討すると，1985年からの1988年の4年間の線分と1988年からの1991年までの4年間の線分が交差する1988年に変異点をみるとき，ここにウォーキン

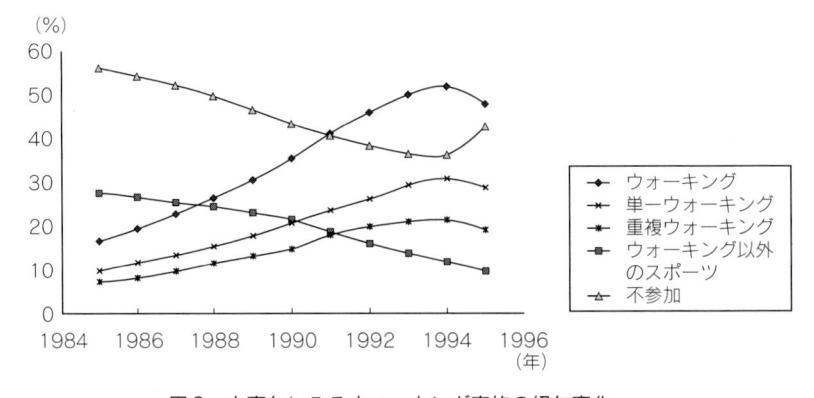

図3　中高年にみるウォーキング実施の経年変化
（(社)日本歩け歩け協会 JML調査（1995）より分析作図）

グブームの起点となる二つの事実にたどりつく．

3. なぜウォーキングなのか

　昭和から平成に年号が変わった1988年はソウルオリンピックにおける男子陸上100m優勝者ベン・ジョンソンが筋肉増強剤で金メダルを剥奪される事件があり，「ドーピング」なる言葉が広く世間に伝わり，以後頻発する同様の事件の端緒となった．

　養老（1996）は，身体を人工身体，自然身体，脳化身体に分類する中で，自然の身体が持つ不透明性やかけがえのなさを現代社会が嫌悪する理由に，人工の典型である経済の原則に自然の身体が乗りようがなく，運用上「例外」に止まらざるを得ないと看破する．同様に，脳化社会では多くの人々が透明性の高い身体を要求するゆえに，運動の場合，つまりオリンピック選手の場合，薬剤の不正使用にまで至ることになんら不自然さを感じないと表明する．オリンピック選手が脳化身体を経て人工身体に近づこうとするのは，経済の原則に乗り遅れまいとする決意表明と解釈するならば，フィットネス，ダイエット，体力づくりなど表現の違いこそあれ，コントロール可能な身体への働きかけも同じような経済原則が機能していた事実が確認される．

　さらに，人工と自然の対立とその対立から生まれる第三の脳化身体も経済の原則に乗る構図は，経済の破綻であった「バブルの崩壊」という事件を経て，本質的な対立項に引き寄せられてゆく構図に似る．バブルの崩壊は1990年の年初に始まるとされるが（村上，1999），投資した見返りが確保できたことがそれまで幻想であったと知り，経済的なるモノへの疑義を実感として手にしたのがこの事件であったと理解できる．

　しかし，その根底には，「経済成長」と「自然崩壊」なる二律背反が潜んでいること，その本質の自明視からの逃避が在ることを忘れてはなるまい（加藤，1985）．そこでは次のように事実を抉り出す．

　……日本を現在本質から拘束しているジレンマ，はっきりいえば，それは「経済成長」を至上命令とする国家方針と，そのことから不可避的に生じる「自然」崩壊のあいだのジレンマである．即ち，自己回復を実現するためには「経済成

長」の後退を求めなければならず，生存維持のためにはその「経済成長」の現存を求めなければならない二律背反である．言葉をかえれば，ぼく達の「自己同一性」の維持のためには，「自然」の現存が必要だが，ぼく達の「生存の維持」のためには，「自然」の後退を求めなければならない，ということにほかならない．
……この二律背反の淵源をなすのは，日本国の国是，基本方針そのもののうちにあるジレンマなのである．

つまり，1988年の「ドーピング」事件は人工なるモノへの疑義を生じせしめ，同時にそこに潜伏する経済への懐疑心をも刺激していた．その懐疑心を顕在化せしめ実感せしめたのが「バブルの崩壊」であった．経済への不信感は，その対立項である自然的なるモノ，見返りの実感を容易な身体的なるモノ，つまりは自然の身体への回帰を促したと理解される．逆説ながら「経済成長」の後退が自己回復を実現する方向性を指し示したとき，その自己回復に回帰し実感する手だてに，ヒトに特有な歩行つまりウォーキングを求めたことは，まさしく自然の身体を模索した合理的な選択であった．先に取り上げたスイミングにおける擬似的な希望者の躊躇が，絞り抜かれ引き締まったからだという人工への透視と懐疑に起因していたと推察するとき，ウォーキングがジョギングやスイミングに比べ，歩が走や泳に比べ，われわれが古来親しんできた自然なるモノ，大地に根を張った形態であると改めて実感する．

4. スポーツ・イベントに再現される二律背反

それでもなお，このウォーキングに経済の原則を再び持ち込もうとする力学は，そこに加藤（1985，1999a）が警告する二律背反への自明視がお座なりにされたままであるとの証左に他ならない．地域活性化や経済的な波及効果をスポーツ・イベントやウォーキング・イベントに求める構図は，先の加藤が指摘する経済成長と自然崩壊のジレンマを再現する．また，二律背反をなす対立項である経済成長についても，スポーツ・イベントのからくりに潜む経済的な効用性の危うさや活性化の幻想をすでに指摘した通りである（海老原，1986b）．1997年の横浜国際競技場や1998年の長野オリンピックはその経済成長が一過性で幻想であった

ことを知らしめるとともに，的はずれの土建オリンピックなる指摘はそこに潜伏する巨大な意図を抉り出し損なう．それは，一過性の経済成長の残したモノが自然崩壊だけであったと納得させ，隠蔽されるさらなる経済消費とそれに加速される自然崩壊への自明視を遠ざける方法論を見事に再現した．

　では，いかなる方向性をウォーキングに求めればいいのであろうか．否，ウォーキングではなく普遍的なスポーツに何を求めればいいのであろうか．例えば，「スポーツによって健康を取り戻そう」の標榜を源流とするノルウェー・スポーツ連盟（1967）から「フェアプレー：勝利への道」の倫理綱領を掲げる「ヨーロッパ・スポーツ憲章」（1992）までスポーツ・フォア・オールの系譜を俯瞰すると（笹川スポーツ財団，1996）スポーツの手段化の原点にあたる．しかし，なかにあって「ヨーロッパ・スポーツ・フォア・オール憲章」（1975）とユネスコ「体育・スポーツに関する国際憲章」（1978）が屹立する理由は，前者が「人はだれでもスポーツに参加する権利を持つ」を，後者が「体育・スポーツの実践は，すべての人にとっての基本的権利である」と，それぞれがスポーツの手段化からの脱出を図る「スポーツ権」を宣言するからである．つまり，スポーツとは，スポーツ特有の喜怒哀楽をそれ自体で実感することを宣言しているのである．

　その上で，この宣言に「消費」なる概念を付け加えたい．この消費は，ボードリアールの消費（consommation）ではなく，バタイユの消尽（consumation）である（見田，1996）．「商品の購買による消費」の対象ではなく，「充溢し燃焼しきる消尽」の対象にスポーツを据えることが，先の合目的性に正当性を与える．バタイユは消費の本質を「奢侈」に求めるが，スポーツをする，観戦する，読む，鑑賞するなどのスポーツの喜怒哀楽に，この「奢侈」の内在的な根拠が在るように思える．

　ウォーキングブームがわれわれに眩やいているのは，経済成長と自然崩壊の二律背反の自明視と，そこから脱出する方法論つまり古くて新しいスポーツ特有の本質と消費の更新であると，聴き入れてみたい．

〔海老原　修〕

6部

メディア・スポーツの戦略

[写真提供　共同通信社]

多くを所有する者と少ししか持ち得ぬ者．備蓄が不均衡を生んだ．それを繰り返すためにさまざまな象徴が考案された．「私」の徴収によって「公」が肥えるのである．始めに「公」ありきではなく「私」から「公」がビルト・アップしているにもかかわらず．この原理を不明とするには，恭順を示す者に「公」は「私」を多く分け与え，逆らう者にそれを削減する．「始めにありき」とおぼしき「公」のさじかげんによって「私」の所有領域が決定される．この錯誤を推し進めるメディアにスポーツは幻惑されてはならない．

18章

スポーツ空間を漂う
境界線上のヒーロー

1. 創られるヒーローとヒール
　　～テレビ中継の記号論的分析～

　1997年11月16日，マレーシア・ジョホールバルのラルキン・スタジアムで行なわれた「サッカー・W杯フランス大会予選・アジア地区第三代表決定戦日本対イラン」は，国営放送であるNHK衛星第一と民間放送フジテレビによって中継された．天然色や白黒の色彩そのものにすでに意味作用が伏在するが，一般家庭での白黒画面は今日非現実的である．通常のテレビ中継では，音声をオフにした時に現れるカラー画面が記号内容であり，オンに切り替えた時に耳に入るすべての音声が記号表現に置き換わる．本論では，同じシーンに対する違う表現が生み出す解釈可能性をいくつかの場面から取り出し，送り手と受け手の間に生成される意味作用，創る意味と創られる意味をまず検証する．その上で世論を左右するほどの影響力を持つようになったメディア・スポーツの戦略を取り上げ，その手法を成立させる社会的背景に言及することとした．

　それは時として確固たる作意による演出もあれば，意図せざる偶然の効果を生み出す場合もある．この演出や効果が創り出す意味作用は，記号表現と記号内容の間の相関関係を通じて成立するが，その成立そのものが新たな記号表現となり，それを取り巻く何らかの記号内容が対応する形で，次なるレベルの意味を創る．

　例えば，英語のroseという語は記号表現として〈ばら〉という記号内容に対応するが，ある種の用いられ方では〈愛〉を表す．前者の段階〈ばら〉と後者の段階〈愛〉では，後者が前者〈ばら〉の意味も生かしながら異なるレベルの意味作用が二重に生じている．植物学といった科学的テクストでroseの意味作用は

「表示義(デノテーション)」のレベルにあり，そこには〈愛〉というような共示義を感じ取る余地はない．しかし，詩的なテクストに託される〈愛〉は表示義を通じて誘発された〈ばら〉のイメージを介在して共示義(コノテーション)〈愛〉となる（池上，1984）．

このような階層的なルーチンが伝達された結果，比喩や隠喩といった共通理解が浸透する．その共通理解には歴史的な観念やイデオロギーが存在する．佐伯（1997b）はメディア・スポーツの概念化を試み，その機能と構造を分析し，その背後にいくつかのイデオロギーが潜伏していると指摘する．この試論を支える主たる方法論がメディア・スポーツの記号論的解釈に基づいている．メディア・スポーツのメッセージに組み込まれた戦略もまた，表示義よりむしろ共示義にしたがってより強く語りかける（渡部，1988）．画面や紙面からわれわれが吸収するのは，試合や結果の経過や説明ではなく，それらを介在して偶然にもしくは意図的に派生するさまざまなイデオロギーに他ならない．

ところで，スポーツの実況中継は，初期のアナウンサー1人の淡々とした語りに始まり，物知り顔の解説者が加わった後，ゲストやレポーターが参画する布陣に発展した．最近ではスタジオと現場が二元中継で結ばれたり，さらに数カ所のレポート地点が設けられたり，あらかじめ収録された関連情報が準備されたり，さながらバラエティ番組の様相を呈している．このように多くの関係者が参画すればするほど，その物語者の立場や経歴の違いなどさまざまなテクストが錯綜する．しかし，共示内容の基本的構造はそれほど複雑とはならない．

シーン1．【キックオフ　三浦知良のキックが直接タッチラインを割る】（図4）

NHK衛星第一の中継には，解説：松木安太郎，リポーター：栗田晴行，実況：山本浩が臨み，フジテレビは解説：清水秀彦，リポーター：野崎昌一，実況：長坂哲夫が担当した．なお，図や本文に転用した実況や解説は修正せず，話し言葉そのままをカギ括弧内に記した．

このシーンでは，NHK衛星第一三浦知良選手のキックを「立ち上がりの堅さ」によるミス・キックと共示するのに対し，フジテレビは「大きく蹴り出しました」と計算されたキックによってボールを蹴り出したと表現する．このことでコントロールされたキックを理解させる．前者の「ミス」と後者の「コントロール」は相反する解釈を生み出すとともに，前者は三浦の緊張を，後者は彼の余裕を伝達

```
                    ミス・キック    NHK:松木
                   /\              『まあ今のキックはあれです
                  /  \             ね．もう，立ち上がりの堅
                 /    \            さと言いますかね，‥‥の
                /      \           キックだと思いますよ．』
               /        \
       高度の緊張感        キング・カズ
         /\
        /  \
       /    \
      /      \
フランス・ワールドカップ予選    『‥‥のキックだと思いますよ．』
アジア地区第三代表決定戦
```

```
              コントロールされたキック    フジテレビ:長坂
                /\                    『大歓声の中，日本ボールのキ
               /  \                   ックオフ．まずは向こう側に
              /    \                  大きく蹴り出しました，日本．
             /      \                 イランボールからです．』
            /        \
       三浦の支配力        キング・カズ
         /\
        /  \
       /    \
      /      \
  余裕ある優越感    『日本．イランボールからです．』
```

図4　スポーツ中継の画像と解説にみる記号論的解釈：シーン1
【キック・オフ直後，三浦知良のキックが直接タッチラインを割る】

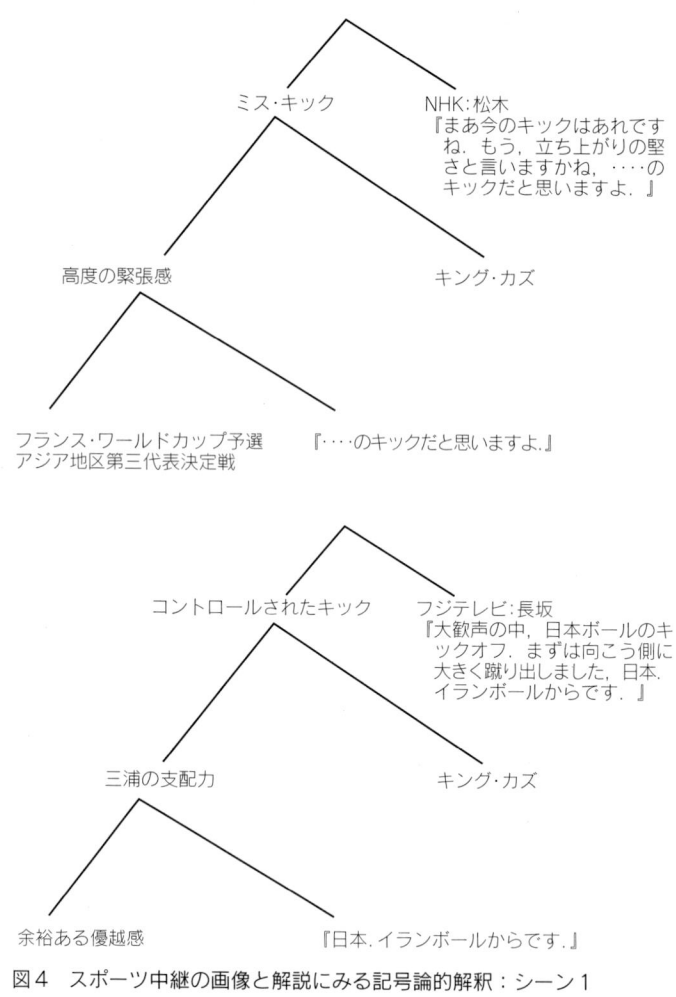

する．それぞれの共示は，当時視聴者の大多数が認識していた「あのカズ」「キング・カズ」を記号表現に組み込むことで，前者では「あのキング・カズ」でさえもミスを犯さざるを得ないほどの高度の緊張感へ亢進し，したがって試合の重大性，フランスワールドカップ予選・アジア地区第三代表決定戦であることを強調する．

一方，後者は，コントロールされたキックに「キング・カズ」を追認すること

で三浦の余裕を生み出す．格闘技の試合開始直後にしばしば見かけるグラブや拳を触合わせ合うしぐさを彷彿させ，試合開始直後の対戦相手への軽めの挨拶といった意味合いとなる．これは「キング・カズ」による自軍への支配のメッセージであるとともに，このゲームも支配するというメッセージに拡大する．したがって，「大きく蹴り出しました，日本．イランボールからです．」とは，まさしく敵に塩を送るという見下した優越感を生む．すぐさま日本とイランという国名を取り上げ，この優劣関係を追認させる．ここにも「キング・カズ」の手馴れたしぐさを誘発し，ゲームの支配者は「三浦」であることが共示される．

フジテレビ解説者清水がNHK衛星第一松木と同じように感じたかどうかはわからないが，キックオフ直後の盛り上がりを日本のプレーヤーのミスによって水を差すことをしなかったとも推察される．実況の長坂アナウンサーのサッカーに対する認識がいかなるまでかは別としても，解説者の清水氏がコメントしなかったことによって，このプレーが意識的に行なわれたと理解する視聴者を生むことになるのは前述のとおりである．

シーン2.【前半17分　イランディフェンスのボールを奪い，ゴールキーパーと1対1になろうとしていた中山が，前半13分・16分に続いてのファールを受ける】（図5）

ここでは，NHK衛星第一が危険な反則の事態を伝え，そこには激しい攻防が共示される．これに対して，フジテレビは受動態「倒される」を2回繰り返し，意図的なファウルを中山選手が受けているとの解釈を生み出す．この共示は新たな記号内容となり，それは「中山が狙われています」という記号表現を得て，汚い反則プレーを意図的に仕掛ける悪役イランを創り出す．その後も続くであろうイラン守備陣による中山選手を標的とした反則攻撃という，真偽が定かではない敵対チーム像が視聴者に創り出される．このことが真実かそうでないかはもちろん問題ではない．ここで注目すべきは，フジテレビの中継がイラン代表チームを，あの中山を狙ってファールするという凶悪な悪役に仕立て上げている点である．あからさまな言葉を避け慎重に言葉を選ぶこと，つまり表示より共示によって，われわれの日常の何気ない表現の中で，相手に烈しい刻印を刻んでいることを自覚しなければなるまい．

```
                    激しい攻防         NHK
                    ╱        ╲       山本『これはホイッスルがありまし
                   ╱          ╲           た．』
                  ╱            ╲     松木『イエローカードでしょう．』
                 ╱              ╲    山本『カードに手がいった．イエ
                ╱                ╲        ーカードが出ました．』
         高度の緊張感と重大性    第三代表決定戦


                    意図的なファウル    フジテレビ：長坂
                    ╱        ╲         『倒された！倒された！ホイッスルか？
                   ╱          ╲          日本のフリーキック，そしてイエ
                  ╱            ╲         ローカードが出されます．中山が
                 ╱              ╲        狙われています．』
                ╱                ╲
           汚いプレー          『中山が狙われています．』
          （悪役仕立て）
```

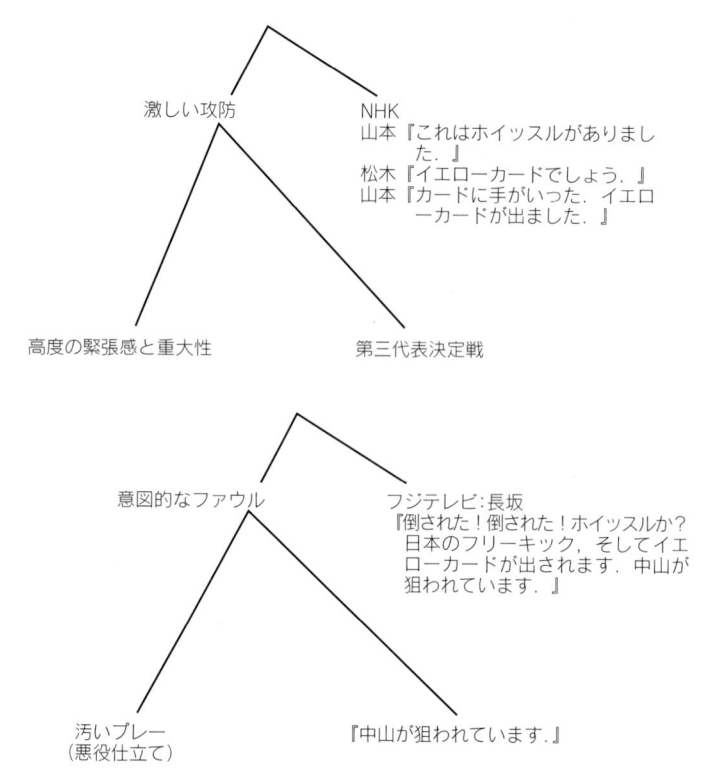

図5　スポーツ中継の画像と解説にみる記号論的解釈：シーン2
【前半17分イランディフェンスのボールを奪い，ゴールキーパーと1対1になろ
うとしていた中山が前半13分・16分に続いてのファールを受ける】

2. 偶発する正義に背反する共示

　ところで，このフジテレビの中継では，イランチームをヒールに仕立て上げるという基本方針が垣間見られる．明らかな悪者と断言しないが，頻出する共示義によって悪役を仕立てる．したがって，イラン選手による歴然としたフェアプレーは偶発的な出来事となる．日本代表の名波・秋田選手が負傷したため，日本チームはキープしていたボールをタッチラインの外に出してアウト・オブ・プレーにした．前・後半に1回ずつあったこの場面で，イランチームはともにスローインでボールを日本チームに返している．後半35分，イランのこのプレーを次の

ように表現する．

NHK衛星第一：松木
『ま，こういった厳しい戦いの中でも今のようにですね，イランの選手が，えー，ま，自らですね，相手ボールに返したと．こういったシーンも，いいですね．』
フジテレビ：長坂
『この治療のためにボールは日本ボールに変わります．』

　このフェアなプレーを讃える松木に比べ，フジテレビ長坂アナウンサーは悪役のフェアプレーという都合の悪さに戸惑い，プレーに対する論評は避け，結果のみを伝える．その結果はもちろん原因と一致せず支離滅裂の様相となる．
　また，延長戦前半にイラン代表のゴールキーパー，アベ・ドザデ選手が岡野選手のシュートを胸もしくは腹で受けて倒れ，治療を自ら要請していた場面での長坂アナウンサーの実況は次のようである．

『あー！ゴールキーパーが倒れています．今のシーンで胸を打ちました．これはしかし，遅延行為としてとってもいいんじゃないでしょうか．自分からこうやって要請するゴールキーパーも珍しい！痛いならそんなこと言えないはず！』

　実況の第一義的役割が客観的事実を伝達することであるならば，間違いなく逸脱している．あらかじめ設定された悪役イランを中継する基本姿勢は，実況アナウンサーによる主観的評価によって，このように伝えられる情報の内容を偏らせることが容易となる．

3．中心と周辺の逆転〜表示義を超える共示義の戦術〜

　後半38分，得点が2—2に追いついた後，城選手がペナルティーエリアの中で，スライディングで倒される．

NHK衛星第一：山本
『おーっと これはとりません！とりません！とりません！とらない．もし痛みが少ないんだったら早く立ってほしい！』

フジテレビ：長坂
『城，ペナルティーエリアの中……倒された！ ホイッスルはどうか！ ホイッスルはない！ なぜだ？ なぜだ？ ホイッスルがない！ 城が倒されました！ 完全に倒されました！（リプレー）これです．しかしホイッスルがない．』

このシーンではリピートされる言葉の主語に注目してみたい．NHK衛星第一山本アナウンサーが『とりません』を連呼するが，この主語は「主審」であり「審判はこのプレーをファウルと判断しなかった」を強調している．したがって，ファウルと判断されない攻防だからこそ，次の言葉は城選手には『早く立ってほしい』という願いを込める．

一方，フジテレビでは長坂アナウンサーが繰り返し発するのは『倒された』『倒されました』であり『ホイッスルがない』である．『倒され（まし）た』の主語は城選手であるから，強調されるメッセージは，「城選手が倒されたのに，ファウルをとってもらえなかったこと」になる．これによって不幸な日本代表チームが共示される．

このような相対的地位関係を共示する，いわゆるお涙頂戴風物語はスポーツに限らず頻出する．記号論的には表示義を共示義が超えることになる．主観的な物語りが客観的事実を超えるような仕組みが必要となる．すなわち，その選手や場面に視聴者が感情移入しやすい記号表現である物語りを加えることで共示義にリアリティを増す．その効果を増すための常套手段として，中心となっている客観的事実プラス2を報じる前に，それに関わる周辺にあるマイナス情報を事前に一つ二つ紹介する．直後にプラス2を報じると結果的にプラス3または4に増幅して，幻想としてのリアリティが理解される．この手法は，不幸な出来事をともなって典型的な増幅機能を発揮する．

フジテレビでは，試合中の実況の合間に，次のように呂比須・ワグナー選手を紹介する．

後半19分に，長坂『背番号30番，日本の救世主ここで登場！呂比須です！39度の発熱で戦線を離脱，こういったこともありました．そして…』

後半21分，呂比須がヘディングシュートを打つもクロスバー上に外れるが，ここで，再び長坂『39度の発熱で体調を崩しました．3キロ体重も減りました．そこに飛び込んできた最愛の母，この，ブラジルでいたお母さんの訃報．これを乗り越えて呂比須はピッチに帰ってきています．代表イレブンは呂比須のためにも，お母さんの夢でもあったワールドカップ出場，これをみんなで果たそうじゃないか，そういうことで一致しています．呂比須のためにも，そして自分たちのためにも1点のビハインドを跳ね返せ！日本！』と，この典型を披露することになる．

　このような病気や家族の不幸は，万人に共有される普遍的な出来事である．玉木（1999）は，する人とみる人が分離した現代のスポーツではみる人が欲求不満状態で応援していると前提する．応援をするためには，その選手への何らかの感情移入が必要になる．今まで見向きもしなかったスポーツの，名前も聞いたことのない選手に手っ取り早く，感情移入し，共感し，感動するために，周辺にある普遍的なかつマイナスの出来事を視聴者に送ることで，みる人として完成するのである．

4. 公私混同を狙うスポーツ報道の盲点突き

　スポーツそのものは元来私的領域に属する．したがって，複数の人々によって成立する競技会では自己抑制を強いられる．私的領域のいくばくかを拠出することが公的領域を生む必須条件となるからである．ほぼ100％の私的領域を拠出することで成立する公的領域が軍隊や行刑機関であると解釈するならば，オリンピックであろうが運動会であろうが，自己規制つまり私的空間の拠出によって成立し，この拠出に対してそれなりの合意を前提としている．したがって，その公的領域で繰り広げられるパフォーマンスに対する賞賛，喝采，羨望や妬み，嫉妬，侮蔑といった個人的な感情が，公的空間と私的空間の相対的関係によっては，抑制されることがあってもなんら不思議とはならない．高校野球でガッツポーズやハイタッチが非難の的となり，相撲界では悔しさのあまり土俵を叩く仕草やガッツポーズもその俎上にのぼった．

　この公私空間の相対関係の曖昧さに先に例示したメディア・スポーツがつけ込むのである．金メダルや世界記録樹立といった高いパフォーマンスは希有の出来

事であるとともに，きわめて個人的な専有物であり万人が共有する可能性はまったくない．しかし，その成果を成し遂げた人物でも，視聴者と同じように，万人誰にでも起こる普遍的な出来事を共有する．その共有物として，幸福も準備できるが先の事情によって不幸が相対的プラスを生み出すので選択される．金メダルは万人が持ち得ないが，不幸は誰もが持ち得るのである．

　ところで，金メダル授与という認定作業は前述したように競技会という公的領域の中に成立した公的パフォーマンスと解釈されるので，そこに私的空間が入り込むことは公共性を侵害するとともに破壊する可能性も秘めている．2000年のシドニーオリンピック大会男子柔道100kg級井上康生選手が表彰台で亡き母親の遺影を掲げた姿はこの問題を考える好材料となる．

　大澤（1999）は，新幹線車中の携帯電話禁止を事例に，公的空間に私的空間が潜入するとなぜ感情が波立つかを説明する．車中でアンノン族OGの笑い声や小学生の歓声が気にならず，音量の点ではるかに劣る携帯電話のヒソヒソ声に苛立つ理由は，いくばくかの我慢を強いることで成立している車中という公的空間の中に，他者と共有し得ない私物である携帯電話が潜入するからに他ならない．井上選手の行為はこの解釈と筋書きを同一にするように思える．自己抑制の強度の高い図書館や授業中での携帯電話ほどではないが，車中の携帯電話を筆頭に，ところかまわずのペットボトル吸飲や化粧姿を思い起こさせた．表彰台に映し出された彼の姿こそ，私的領域と公的領域の曖昧さの上に立つ日本人そのものであった．

　加藤（1997，1999a，1999b）は公共性と私的なものを手がかりに日本人の成立を論考しつづけ，菊（2001）の視点はスポーツ空間における公共性を指向している．この加藤の論考や菊の指向をスポーツ空間に呈示したのが井上選手の姿であった．すなわち，私的領域を未成熟なままに，したがって拠出によって成立する公的領域を構築しないままに，公的領域が成立し共有しているという錯覚がスポーツ空間に出現したのであった．

　この曖昧さと混同の境界線を自在に往来するのがメディア・スポーツの戦略の根幹をなしている．逆説的にはこの往来を自在にするためには公私混同が必然となる．井上選手の行為を授業中の携帯電話に等しいとする著者の解釈こそ聾瞽かもしれない．しかし，車中の携帯電話が聾瞽であることに頷くならば，著者の指摘を聾瞽とするのは的外れである．

想像してみればいい．彼の行為が金メダリストであったから感動と賞賛を浴びたのであって，彼が銀メダリストや銅メダリストの表彰台で同じ行為を行なったときの戸惑いやそれ以下の順位であったときの嘲りや中傷を．あるいは，同じ事情を抱えた外国の銀メダリストや銅メダリストが類似する行為を行なったとしたら，そこには賛否両論，公私混同といった中間的な見解，ネガティブな非難や侮蔑が巻き起こることは想像に難くない．そして，金メダルだから許された行為という見解にも同意できない．競技成績の優劣に応じて公的空間の中に許容される私的空間量が左右される，競技力万能主義のような恣意的基準が見え隠れするからである．さらに日本選手権で行なわずにオリンピックで行なった理由も言及することを忘れてはなるまい．

ところで，男子柔道81kg級瀧本誠選手が優勝直後に相手選手への挨拶も忘れ制止するコーチを抱えた歓喜の姿や，2000年春場所平幕貴闘力が優勝直後に流した感涙は，公的空間での私的感情の表出であった．この行為はエドウィン・モーゼスの爆走（海老原，2001a；8章参照）に通底し，スポーツの心性がもたらした行為と理解できる．井上選手の行為と瀧本選手や貴闘力の公的領域への関与時間は同じ程度であろう．しかし，前者が私的な侵犯行為の危険を孕んでいるのに対して，後者はスポーツの本質そのものであった．前者に割かれたメディア・スポーツのエネルギーは後者に格段の差を示していた．かくして，メディア・スポーツは私的空間と公的空間の境界線上の盲点を虎視眈々と突き狙っているのである．

この盲点突きの手法を推し進めると，中心と周辺の逆転現象ができる．客観的事実は葬り去られ，物語りだけが記憶される．この手法を理解する上で，ゴッフマンのフレーム理論が有効となりそうである．

フレーム理論とは，状況の意味解釈を支えているものをフレームとしてとらえるという考え方で「基礎フレーム」と「変形」に分けられる．喧嘩という基礎フレームにルールが備わりボクシングなどの格闘技となる．喧嘩に「変形」がなされたこと，つまり格闘という技であって喧嘩でないことを参加者全員が認めた場合の変形を「転形」と呼び，変形が一部の人のみに認められた場合は「偽造」になる．しかし，この「偽造」が一部の者のみが知り，多くの者に悟られないために，「フレームの弱点」を突き「フレーム崩し」が行なわれ，「陰謀の裏づけ」「証拠の偽造」が準備される．スポーツ報道を事例とすると，試合経過の記述が

基礎フレームになり，関連する情報呈示はその転形であると考えられる．客観的記述に終始した初期のスポーツ中継が，解説者やレポーターをともなって今日のメディア・スポーツに転形された．それはいくつかの周辺情報を通してお涙頂戴物語，出世物語や偉人伝風などのフレームに再転形される．

ところが，ヤラセや八百長のように一部の人だけが認め得る形で変形された「偽造」が暴かれた場合，われわれはまったく白けてしまう．それはゴフマンのいう「フレームの弱点突き」や「フレーム崩し」がその方向性を誤った場合である．現役スポーツ選手が芸能人然としてテレビ画面に現れた場合や，スポーツ選手が犯罪者として逮捕された場合がその典型となる．スポーツ選手の周辺にちりばめられた苦労話や家族愛もややもするとこの危険を孕んでいる．多くのスポーツ選手がスポーツのフレームの中にあり，スポーツ以外のフレームに突然出現すると，それが「フレーム崩し」であり「偽造」であることが暴かれることになる．元来スポーツというフレームの中にあるスポーツ選手自体，メディアによって創られた虚像でしかない．しかし，この「フレーム崩し」を繰り返すうちに中心と周辺の逆転現象が生じる．この逆転の支点にあり，かつその支点を操作するのがメディア・スポーツの手法となっているのである．

もしかすると井上選手は，メディア・スポーツの公私混同の盲点突きを暴くことを目論み，意図的にきわめて私的な空間を公的空間にもちこんだのでないか．家族の内に秘めた悲哀がメディア・スポーツによって後日譚に捏造される前に，「亡き母に捧ぐ」といった見出しが紙面に踊る前に，先手を取って，はしたないほどあからさまに露出したのかもしれない．それならば，まさしく盲点突きの盲点を突く行為と理解される．同時にスポーツにおける公的空間の構築の起点が私的空間の復権にあることを突きつけた行為であった，と理解したい．

まとめ

われわれの眼がみているシーンはカメラやカメラマンという器械を操作するディレクターの眼の映像であり，耳に聴こえる音声もまた集音マイクとアナウンサーや解説者の発言を操作するディレクターの耳である（海老原，1998）．

「原田，立て，立て，立ってくれ．立った！立った！」という絶叫アナウンスに記憶される1998年長野オリンピック原田雅彦選手の大ジャンプでは，現場に居合わせた幾人かの観衆は後続のジャンパーの姿を記憶していないという．計測

不能と思われる大ジャンプの余韻に浸っていたのである．まさに中空から墜落するような特有のジャンプの軌跡を，ジャンプ台を離れる瞬間の音，ジャンプ・スーツの風切る音，着地の瞬間の響きに絡めて記憶に留めようとしていた．その記憶作業と電光掲示板の表示に夢中であったという．しかし，全国また全世界のテレビ視聴者にその経験は想像だにできない．後続のライバル達の飛行と着地が次々と映し出され，着地時の拍手も原田選手と同じくらいの音量でテレビから流れた．後日，この観衆の個人的体験と視聴者の疑似体験に横たわるギャップがメディア・スポーツの仕業であると気づく．

　メディア・スポーツはどのように頑張ってみたところでライブ・スポーツに追いつけないことを知っている．メディアに中継されるスポーツが，ライブで観る観客によって捏造されたドラマであると暴かれることを恐れるからこそ，ライブ中継やライブ盤なる矛盾する造語を造り上げる．だからこそ，現場に足を運んで生のシーンを観戦するべきである．メディア・スポーツに対峙するライブ・スポーツの中にこそ，スポーツの心性が在ると信じている．

[海老原　修]

19章
スポーツによる
ダブル・スタンダードの生成と追認
～長野冬季五輪大会と
M.マグワイア選手を手がかりとして～

　社会的資源の分配状況の不均衡（富永，1979），地価上昇や純金融資産を背景とする購買力の差つまり消費行動における階層文化の形成（小沢，1985），高学歴者同士の婚姻や経済的資産の相続継承による階層格差拡大（鹿又，1990）にもかかわらず，今日でも「一億総中流化」とか「見えにくくなった階層構造」と現代の社会がしばしば形容される（藤田ら，1992）．ここに，職業的アスピレーションや社会的地位向上への野心を労働市場の中で冷やす「クーリングアウト」（Clark，1960）に比して，「ほどほどの野心」を育成する学校に内部化された職業選抜構造が，わが国の階層文化の希薄さに少なからず関係しているという指摘（苅谷，1991）がある．教育の呪術性，すなわち，現実への知覚を麻痺させるあるいは無意識化を促進する装置・操作が社会の中に内在化しているとの推論を導きだせる．とりわけ，学校に委ねられた職業選抜基準が主たる学業成績とそれに追随する人格特性の両者の関連性（レリバレンス）が，つまりは教師による成績と生活面の評価の巧みな使い分けが，生徒たちに職業選抜のリアリティを認識せしめているとの指摘は，二重の選抜基準（ダブル・スタンダード）の存在とその選抜基準の恣意的な操作がすでに学校内部に組み込まれていることを示唆する．学校の中ですでに正当性を備えた学業成績という評価基準を用いるたびにその通用性が保証され，その行為自身が選抜の正当性の基盤を再生産するとの解釈は，主たる基準である学業成績の通用性や正当性の確立に，従属する人格特性に関する巧みな評価操作が少なからず関与することを示唆する．

　ところで，スポーツの成立する背後には階級・階層格差が所与の基盤として厳然と存在することを，Edwards（1973），Gruneau（1975，1984），エリアスとダニング（1995）が指摘するにもかかわらず，この不均衡の趨勢を認識しずらい事情は，教育の呪術性に類似する知覚麻痺・無意識化のメカニズムがスポーツやス

ポーツを取り巻く社会環境に周到に用意されると推論できる．言語に自立した意味作用などというものはなく，意味作用はつねに社会的実践とは不可分なものであるというブルデューの言語観の紐解きは，言語がコミュニケーションの手段でも，知識の手段でもなく，権力の一手段であり，この力の関係は，話者相互間の社会的位置関係の中で，つねに働いているが，しかしほとんど意識されず，しかもそのコミュニケーションを可能とする隠された条件をなしていることを知らしめる（宮島, 1994）．つまり，力関係の中に織りこまれているコミュニケーションは，明示的な意味と暗示的な意味，とりわけ，後者にメタ的なメッセージを伝達する．本論では，社会問題にまで発展したドーピングと対抗手段としてのアンチ・ドーピングを手がかりとして，このドーピング問題が伝達するメタ的なメッセージとしてのダブル・スタンダードの生成と追認ならびにその無意識化を検討してみたい．

1. スポーツ・ルールのメタ的なメッセージ
  〜ダブル・スタンダードの生成〜

スポーツによるダブル・スタンダードの生成，つまりここにあるスポーツ・ルールの特異性を知る手始めには，1998年2月に開催された長野オリンピックに参加したオーストリア・スキージャンプのゴルトベルガー選手に係る入国問題が適切である．コカイン不法所持・使用で刑事罰をオーストリアで受けたゴルトベルガー選手には，当初，出入国管理および難民認定法第五条「上陸の拒否」「麻薬などの取り締まりに関する日本国または日本国以外の法令に違反して刑に処せられたことのある者」に拠り入国を認めない方針であった．しかし，同法の「法務大臣が特別に上陸を許可すべき事情があると認めるとき」を適用する特別措置へと転じた．

この転換措置を図6に示すスポーツと一般社会の関係に照らすと，スポーツへの参加資格にわが国の法律が先行する左列の関係から，特別措置によって法律上には何ら問題がないもののオリンピックへの参加を法律に優先させる右列の関係に転じた事例となる．この左列の関係を，1998年1月に相次いで起きたプロ野球選手の脱税事件による一定期間の出場停止処分，日本体育大学スケート部無期限活動停止や帝京大学ラグビー部の対外試合無期限辞退，さらにこの大学運動部の

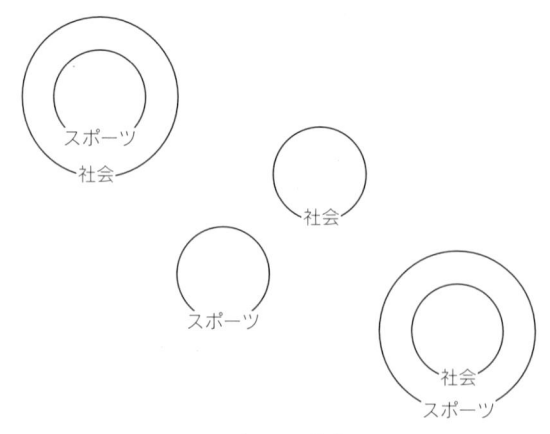

図6　スポーツと社会の関係

不祥事に連動した日体大女子アイスホッケー部選手の長野オリンピック出場の可否や，帝京大学OB・現役選手によるラグビー日本代表候補合宿参加辞退にあてはめる．ここでは，スポーツ選手は競技者である前に社会規範さらには法治社会に適合した社会人でなければならない，つまり，一般社会の違反行為とそれに伴う罰則規定の適用範囲はスポーツに係る参加資格の可否まで波及すると理解される．

一方で，大学運動部にみる連帯責任の不可思議は中央に示す関係の例示によって増幅されよう．スポーツでの接触行為にともなう傷害や死に至る事件，例えばチャンピオン，ホリフィールドの耳にタイソンが故意に噛みついたとされる1997年世界ヘビー級タイトル戦であっても，また同年秋東京6大学野球明治―立教戦での乱闘，明治選手の足蹴によって立教選手が全治2週間の診断を受けた事件であっても，傷害事件として扱われなかった．この中央の関係では，スポーツの持つ非日常性によって，スポーツ・ルールと社会ルールの間の相互不可侵な関係を構築する．したがって，左列の関係を例示した先の事件でも，経済的不利益を主張できるプロ野球選手はもちろん，スケート部員やラグビー部員は，刑事法にのっとり懲役刑を受けつつも，当該スポーツを行なうことに何ら支障はないとの解釈が成立する．

さらに，スポーツ・ルールが社会ルールに優先する，あるいはスポーツでの規範が社会規範に優先する右列の関係に，まず，長野オリンピックで大麻取締法の

適用疑惑を取り沙汰されたカナダ・スノーボードのレバグリアティ選手の事例をあげる．ここでは，スポーツ仲裁裁判所の判決が，大麻取締法第三条「目的外使用の禁止」や同法第四条「禁止行為」に基づく出入国管理および難民認定法，第二四条「退去強制」の適用に優先する結果となった．失格処分の取り消し後の慌ただしい帰国は，行刑機関で受刑中のスポーツ選手が競技場に舞い降りて金メダルを獲得してしまう構図を想起させるほど刺激的であった．

また，1996年筋肉増強剤が検出され国際陸連から4年間の資格停止という罰則を受けた陸上短距離の伊藤喜剛選手は，麻薬，向精神薬，大麻，覚醒剤などの薬物取締法による刑事罰なる法的制裁は受けていない．1988年ソウルオリンピックでのカナダ陸上百メートルベン・ジョンソン選手や1994年広島アジア大会での中国選手についても，彼の国の法律違反として処罰されているとは思えない．しかし，その事件に関する報道はスポーツでのルール違反によって，その社会生活は著しく侵害されたと十分想像できるほど苛烈であった．ここで留意すべきは，新聞やテレビを中心とするメディアによって，スポーツでの違反行為が社会規範における抵触行為や社会的制裁に変換する事実である．

もちろん，スポーツでの罰則が一般社会のそれに敷衍する事例とともに，スポーツでの善行も同じ実効性を持ち続けてきた．それは身体教育が拠って立つ「健全なる身体に健全なる精神が宿る」という言説に端的に結実している．元来「あれかしと祈る」ユベナーリスの揶揄を「宿る」と解釈するロックの教育論を選択した（水野，1974）理由は，運動能力という中身より形態というかたちを重視した体力テスト（木下，1995）のそれに通底し，わが国の身体教育には，心身二元論を前提として身の心への優位性をあらかじめ準備していたと推察される．このようにスポーツと社会の関連性を図式化すると，さまざまな状況に応じて恣意的な操作がなされていたと推論される．そして，この操作の背後には一貫した思想や観念が脈打っているように思える．それこそがスポーツやスポーツ・ルールが持ち続けてきたメタ的なメッセージである．

まず第一に「法の下の平等」をあげねばなるまい．スポーツを行なう際にはそのルールに従うことは自明であるが，このルールの受け入れが「スポーツ・ルールの前では何人も平等である」という言説へ発展する．スポーツ・ルールの機能を法的安定性の確保，正義の実現，面白さの保障に求めるとき（守能，1984），その平等とは平等を前提に考案されたから平等であることに気づく．選手達が共

通して感じる面白さの合意に基づき制定されたやり方であるから，そのやり方に対して選手は等距離に位置するという当たり前のこととなる．しかしながら，先の言説は所与なる基盤として存在し，その基盤を遵守することによって第二のメッセージ「遵法精神の醸成」へと展開する．ルールに従うことが平等であり，その平等に忠実に従うことが遵法であるという関係のメッセージは相互補完である．そして，この関連性は次なる第三のメタ的なメッセージである「従順さの称揚と異議申し立ての抑止」を準備する．先に紹介したゴルトベルガー事件での法務大臣の食言的な判定の背景にある権威と意志の存在に関する実感は，法律を疑いスポーツ・ルールを疑うことを容易にする．つまり，所与なる制度への疑義や異議の申告とそれに係る討論と合意に基づく制度の再形成こそが民主主義の根幹となるはずであるが，スポーツ・ルールのメタ的なメッセージはこの根幹からの乖離をむしろ促進してきた．

　スポーツが「法の下の平等」や「遵法精神」によって容易に修飾される理由は，スポーツ自体が倫理的に無色であるからに他ならない．選手の善行を誉め，悪行を糾弾する世論の強調を思えば，相反する評価を同時に生み出すところにスポーツの倫理的な無価値性が如実に示される（守能，1984）．その倫理的無色性や無価値性に容易に潜入した図6の事例こそがスポーツ・ルールの意味作用を創造し，このスポーツ・ルールの恣意的な操作によって社会規範が自在にコントロールされる．倫理観・道徳観の粉飾を加えた「スポーツはクリーンでなければならない」という増幅器を経て「平等と遵法を堅持する従順な態度」という社会規範が浸透され続けているように思える．

　では，なぜ，スポーツはクリーンでフェアでなければならないのであろうか．その根本には社会経済的不均衡の存在を指摘できよう．平等の観念が形式的な平等から実質的な平等をも重視する方向へ推移する現代社会において，絶対的な不平等にとどまらざるを得ない身体的不平等はもちろん，自明視されない社会・経済的不平等とそれに起因する不平等を顕在化し増幅するスポーツにこそ，とりわけフェアやクリーンなる言葉を以て美化されねばならないのである．オリンピックが平等性を称揚するほどにこれらの階層格差や不平等が顕在化するというジレンマにあるからこそ，それを隠蔽するスポーツの理念に平等，遵法，従順が求められると理解される．

2. アンチ・ドーピング運動によるダブル・スタンダードの追認

「腕力　分析力61発」の大見出しに「直球読み大リーグタイ」「あと1スイング」を続け，米大リーグ，カージナルスのマーク・マグワイア一塁手が年間61本塁打の大リーグタイ記録をマークしたことを伝える（朝日新聞，1998年9月9日）．野球評論家の「長年の努力　常識はずれの打法を開発」なる解説が読者の新記録への期待を膨らませた後，大リーグ新記録62号ホームランに「待ち望んだ神話の誕生」で歓迎する（毎日新聞，1998年9月16日）．しかし，一方では，マグワイア選手が国際オリンピック連盟（IOC），全米バスケットボール連盟（NBA），全米ホッケーリーグ（NHL）でドーピングに指定する筋肉増強作用剤アンドロステジオンを服用していることは周知のことで，米大リーグではこの薬物を禁止薬物にリストアップしていないのでルールに抵触しない．ここに至って，改めてスポーツ・ルールにおけるダブル・スタンダードを確認する結果となる．

ところで，先に引用した朝日新聞の同じ紙面上に「称賛の渦に沈んだ薬物批判」とのコラムが掲載されている．この記者が新記録への秒読み段階にあることを伝える記事を執筆した同一記者であるという点は注目される．片方で新記録を称賛しながらも，一方で薬物批判にペンを走らせる．その姿勢こそがダブル・スタンダードそのものである．記者の姿勢にみるダブル・スタンダードを取り沙汰するよりは，むしろ記事の構成が発信するメタ的なメッセージこそダブル・スタンダードという基準を顕在化し，無意識化する仕組みのように思われる．ここでは，神話にまで昇華せしめる大記録，不断の努力と分析力というスタンダードをより大きく取り扱うが，同時に薬物批判というスタンダードを小さめなコラムで記す．より優位なスタンダードの意識化は，劣位なスタンダードの散見によってむしろ増幅され，結果的には前者の実効性が増す．図6左右列の関係では，内側にある異例なルールを特別措置として喧伝することで外側のルールの定着を目論む．左右の関係をさらに際だたせる戦略に中央の関係を散見させる全体の構図が浮かび上がる．

その上で，このダブル・スタンダードを，学業成績と人格特性の操作と同様に，状況に応じて図6に示したより効力のある関係図式を選択・操作しながら頻用する．スポーツにおけるダブル・スタンダードによって説明がなされるたびに，そ

の適用性が保証され，その正当性の基盤が再生産される．この繰り返しの中で，ダブル・スタンダードなる文化の無意識化が促進されてきた．ドーピング問題やアンチ・ドーピングを取り上げるときに，その意味作用はダブル・スタンダードの無意識化にあると指摘しておきたい．その点で，ドーピングからアンチ・ドーピングなる反義語の使用には，検査機関や手続きに実質的な変化がないものの，メタ的メッセージとしてより高圧的な拘束が伝達される．これによって，新たな名称の規則に対する平等性の確認と遵守，そして殊更な強調によってダブル・スタンダードが隠蔽されるとともに，ルールの成立に関する疑義や異議を再び抑止する機能を有すると解釈される．その上で，このアンチ・ドーピング運動が所与の存在として再び文化的に無意識化される事態を招来する．宮島（1994）が警鐘する文化の自明視された意味の中に浸り「なぜに」という問いを発しないレベルにアンチ・ドーピングが常軌を一にするように思える．

　故に，アンチ・ドーピングの適応範囲を拡張するとパラリンピックが成立しないという問題を提示しておく．生まれつき右足に障害のあるケーシー・マーティンが「カート利用の出場禁止」を打ち出していた米ゴルフ協会（PGA）との裁判に勝利したというニュース（朝日新聞，1998年4月8日）はその解釈に役立つ．マーティンは生来の右足筋肉萎縮の難病を抱え長い距離を歩けないためカートに乗って移動するが，そこをPGAは「歩くということはプロゴルフ競技の重要な要素」と主張し，ツアー参加を禁止していた．マーティンはオレゴン州連邦地裁に訴え，裁判所は1998年2月11日，カート使用を認める裁定を下した．この裁判の論点は，スポーツ団体のルール遵守と職業選択の自由擁護にあると判断される．ゴルフが職業として成立しているので，職業選択の自由を擁護する判決と解釈されるが，この裁定は果たして，優秀なパラリンピック選手がオリンピックに出場できうるかという問題へと進展できる．テクノロジーの発展は，一方でドーピングに係るいたちごっこも含めた科学的トレーニングを推進してきたが，他方では障害者の可能性を拡大しながらその限界を実感せしめる矛盾を用意したことになる．この矛盾が矛盾たりえる事由にスポーツ・ルールのダブル・スタンダードがあることに気づく．金属製のバネを靴底に備える行為と空気を注入する行為の違いにスポーツ・ルールはいかなる線引きをするのであろうか．とまれ，その線引きにこそ行為者と観戦者の面白さの保障が最優先されるべきであると主張したい．

まとめ

　本論では，ドーピングやアンチ・ドーピング問題の背後に存在する，スポーツと社会の関連性にみるダブル・スタンダード，そこからのメタ的メッセージの発信，その過剰な意識化，そして通用性と正当性の再生産のメカニズムに係る試論を行なった．図6のスポーツを教育に置換する試行によって，消化されない問題を意識できる．図6中央の関係の事例に紹介した東京6大学野球の事件，全治2週間の診断を受傷するほどの事態は，一般社会であるならば傷害罪に，スポーツ・ルールに拠れば「退場」に匹敵する．しかし，伝統なる教育的配慮がこの両者の罰則規定を超越した．苅谷（1991）は，教育の相対的な自律性の獲得によって，教育的な権力の行使は，その背後にあるさまざまな力関係を隠蔽してしまうというブルデュー・パスロン（1991）を援用し，政治や経済などの他の領域＝審級での判断から離れて行なわれる事態に，教育の審判の正当性は，その独自の自律的な論理として，人々に疑われないほどに自明性を得ていると指摘する．ここに教育の呪術性，神話性があるとの森（1987）の解釈に至る．つまり，ドーピングやアンチ・ドーピング問題は，スポーツの増幅機能を操作しながら，スポーツの教育的な言説「平等と遵法を堅持する従順な態度」を志向しているように思えてならない．

　　　　　　　　　　　　　　　　　　　　　　　　　　　　［海老原　修］

20章

スポーツ漫画にみる
努力と才能の葛藤
～『キャプテン翼』考～

　1964年東京オリンピックの翌年に始まるプロ野球・読売ジャイアンツのV9は1974年の中日ドラゴンズの優勝によって一時代を画する．東海道新幹線，首都高速道路，名神・東名高速道路に始まり石油ショックで休息する高度経済成長時代にこの快進撃は符合する．「巨人・大鵬・たまごやき」というフレーズが懐かしい．この間，1968年メキシコオリンピックでは黒人選手たちが表彰台で人種差別に対して黒い手袋で拳をふりあげ抗議をあらわにし，1972年札幌オリンピックでは表彰台を独占した日の丸飛行隊，ミュンヘンオリンピック・男子バレーボール奇跡の大逆転など，いくつかのスポーツシーンが想い起こされる．それでもなお，そして以後も，記憶されるスポーツシーンは野球を中心に回転している．急逝したノンフィクション作家・山際淳司による「スローカーブを，もう一球」「八月のカクテル光線」「江夏の21球」は高校野球やプロ野球を題材としている．現場に居合わせなくとも野球への想像力に支えられて感激を実感できるし，ましてやテレビやラジオに中継された試合を視聴した者には当時こみ上げた思いを読むたびに反芻できるし，いわんや現場で観戦していた者のみに許された感情を思いめぐらせると羨ましさを超えて嫉妬すら覚える．

　2001年夏，カナダ・エドモントンの世界陸上や夏恒例の高校野球に耳目が集まり，オリンピックや世界選手権はもちろん，衛星放送で中継されるXゲームやワールドゲームズが注目される．それでもそれらは一時的であってやはり野球であろうか．しかし，このような野球中心のスポーツシーンもやや揺らいでいる．1993年に設立したJリーグは，同年のドーハの悲劇，1997年の百年構想，1998年W杯フランス大会出場を経て，売れ行きの好・不調はともかく注目され続けるスポーツ振興くじ（toto）にむすびつく．2002年W杯日韓共催を成功させ，サッカーはすでにブームを超えている．将来，サッカーが野球の対抗馬になるな

らば，この転換点となる出来事としてスポーツ漫画『キャプテン翼』に注目してみたい．

　この漫画は，1980年より「週刊少年ジャンプ」（高橋陽一原作）に10年間にわたって連載され，1983年にはアニメ化され人気沸騰した．そのファン層は厚く，男の子だけでなく，女の子からも熱狂的に支持された．現在のサッカー人気の基礎をつくったといわれる作品である．詳しい内容は知らなくても名前ぐらいは聞いたことがあるだろう．本論ではスポーツ漫画によって伝達される努力の称揚を相対化される才能との関係から検討することとした．

1．作品の概要～努力は才能を超えられるか～

　主役・大空翼はサッカーの天才である．彼の夢は将来日本をワールドカップで優勝させることである．病気のために選手生命を絶たれた元ブラジル・プロ選手ロベルト本郷の指導のもとに成長し，将来ブラジルに渡ることを決意する．南葛小のMFとしてチームを引っ張り，小学校の全国大会を制し，中学校大会では東邦学園との死闘の末V3を達成する．その後のヨーロッパ遠征編では全国大会で対戦したライバルたちとともに世界ジュニア・ユース大会に臨み奇跡の優勝を果たす．そして，中学校卒業後世界のMFとなるべくブラジルへ旅立っていく．
　日本のスポーツ漫画は『巨人の星』『アタックNo．1』『エースをねらえ』に代表される努力と忍耐を押し出す『スポーツ根性物語』，通称『スポ根もの』が主流をなしてきた．これらは，主人公が特訓を積み重ね，血と汗と涙で勝利をつかんでいく話である．
　その艱難辛苦を強調するために，ろくすっぽ練習もしなくとも，主人公をいとも簡単に打ちのめす脇役が必須となる．この構図に貧富の生活環境を添加することで，敵討ち仕立ての物語は一層現実味を帯び共感を呼び起こす．『巨人の星』の主人公・星飛雄馬においては，元プロ野球選手父親星一徹は肉体労働で家計を支え長屋住まいで姉・明子が母親代わりの父子家庭であるのに対して，ライバル花形満は敷地内のテニスコートで「おぼっちゃま」と呼ぶプロテニス選手のラケットにバットで対抗し打ち勝つ．スポーツカーを運転し颯爽と飛雄馬の前から立ち去る姿は往時の上流階級の雰囲気を漂わせていた．この『キャプテン翼』も御多分に濡れずその流れをくむものなのだろうか．

1) 努力する脇役

　これまでのスポーツ漫画の筋立ては，天才脇役に対して主役が努力して挑むという設定がほとんどであった．しかし，この『キャプテン翼』では主人公が血のにじむような猛特訓をする姿はない．そのようなシーンがないわけではないが，天性のサッカーセンスの持ち主であるから，難易度の高い技でもあっさりとマスターしてしまい，「特訓」という雰囲気はない．反対に努力する姿が目立つのはむしろ脇役陣である．東邦学園の日向小次郎，北海道・ふらの中学の松山光などがその代表だろう．彼らは努力を重ねて打倒翼に燃えるのである．

　脇役陣の中で最も典型的な努力の男は松山光である．朝練の始まる前よりひとりでロングシュートの練習に終始するシーンがある．ここでは，天性のサッカーセンスのない松山がライバル翼や日向に追いつくには練習という努力しかないことを，開始時刻6時やマネジャーが伝える5時半という時刻と汗びっしょりという姿を通じて読者に伝える．また，打倒翼の一念に燃え，台風で荒れ狂う沖縄の海で必殺シュートの完成を目指す日向小次郎も努力を前面に押し出す．先の松山光と同じく，「今日だけでなく」「夜中まで」特訓に明け暮れる様子を，時間軸を効果的に示すことで長時間に及ぶ忍耐と努力を伝える．ここでは，台風による激しい風雨は吉良監督のしごきに同調する．このような努力とそれを支えるであろう精神力，つまり忍耐や根性をもちあわせる脇役・ライバルのありさまは，これまでの『スポ根もの』とは逆の構図となる．つまり『キャプテン翼』は才能のある主役が努力する脇役とたたかう話なのである．

2) 才能と努力の対決

　主役・大空翼の国内で最大のライバルは東邦学園の日向小次郎である．しかし，彼が翼に勝てたのは1度だけ，小学校編で初めて対戦した時だけであった．どんどん伸びていく翼に追いすがるが，中学1・2年の大会では翼に優勝を持っていかれてしまう．日向はまさに血のにじむような特訓を行ない，最後の大会に臨む．決勝戦で東邦学園は南葛中と対戦するが，この時，翼は腕と肩に傷を負っていて，日向はベストの状態であった．客観的に見れば絶対的に日向有利であった．しかし彼は翼に勝てなかった．「翼は主役だから勝つのは当たり前」ということはおくとしても，なぜ翼は勝ったのだろうか．いや，なぜ日向は翼に勝てなかったの

だろう．

　それは，この作品全編を通した作者・高橋陽一の基本姿勢に理由が求められよう．作者は翼にサッカーを「楽しむこと」を重視させていた．はやった言葉「サッカーは自由で，ボールは友達，そして何よりプレーを楽しむこと」から作者のモットーが推察される．「勝つこと」を追求する場合，選手に過度の精神的・肉体的圧力をかける努力はそれを歪めるものでしかない．翼に勝つことだけを考えて，ひたすら努力する日向は楽しむことを忘れていた．作者はそんな彼を勝たせるわけにはいかなかったのである．しかし，それだけではない．決勝戦において，試合終了1分前，日向のオーバーヘッドタイガーショットが決まり東邦は同点に追いつく．これは日向がサッカーの楽しさに目覚めたためであるような描かれ方をしている．実際作者もそれを意図して書いたと思われる（図7）．

　それでも，彼が翼を越えられない理由が「楽しむ」「楽しまない」という問題であったとしたら，「楽しさ」に気づいた時点で翼を抜けたはずである．彼は翼の何倍も「努力」していたのだから．だが，同点どまりであった．なぜだろう．作者には「努力は才能を超えられない」という意識があったのではないか．おそらく，日向は一昔前の『スポ根もの』でなら勝利をつかむことができただろう．しかし，作者は「努力」をある程度評価し，彼に対して土壇場で同点に追いつかせるという主役級の扱いをしながら，逆転はさせなかった．やはり「才能」を優位に置いていたのであろうか．

2．和することと努力・勤勉の関係

　努力と才能の問題もそうだが，それ以外にも問題が提示されている箇所がある．ヨーロッパ遠征編において，翼はなかなか出場できなかった．その理由は，全国大会の時に負ったケガを治すために，合宿に参加しなかったからであった．チームが連敗しても全日本のメンバーの一部は翼の参加を頑なに拒み続ける．これはプロ野球界で問題になる実力よりもチームの「和」を重んじる風潮と似ている．

　作者高橋陽一は大の野球ファンである．しかし，おそらくプロ野球を楽しみながらもその閉鎖性にさまざまな思いを抱いていたのではないだろうか．チームの和を最優先に考えるプロ野球界に疑問を持ち，そういった風潮に対する批判を込めて『キャプテン翼』において，翼の参加を認めない全日本のメンバーに向かっ

© 高橋陽一『キャプテン翼』／集英社ジャンプコミックス

図7　土壇場で同点ゴールをきめた日向（コミックス25巻より）

て西ドイツでプレーした経験をもつ，つまり世界の実力主義を知る若林に一喝させる葛藤シーンを用意する．すでに，競争型移動モデル（contest mobility）と庇護型移動モデル（sponsored mobility）を監督やコーチの領域に導入し，プロ野球とサッカーにその違いを検証したが（海老原，2001b，16章参照），このシーンで展開する作者の意図は，今日のサッカーにおける競争原理（contestあるいはtournament）の導入を予見していたと思えるほど鮮明である．したがって，翼が出ていない間の全日本に1勝もさせていない．だから，チーム全員が実力主義に納得して翼を受け入れたとき，初めて快進撃をさせることとなる．

　栗田（1990）は，日米の野球の練習方法を手がかりに，"熱心のあまり"が免罪符となる風潮を批判し，努力や勤勉の称揚と素質や才能との位置づけを冷静に腑分けする．熱意，勤勉，努力，忍耐などが称揚される背景を「和」との関係で

紐解き，和社会では勤勉の哲学をもち，和していること，すなわち集団に対して忠実である象徴的行為として「できるかぎり集団とともにある」ことが求められる．したがって，松山光の早朝練習も日向小次郎の沖縄の練習も，汗びっしょりであること，ロングシュートの練習，荒れ狂う風雨に向けたシュート練習といった内容を注目させながらも，「5時半」「6時」，「今日だけじゃないぜ」「夜中まで」というように時間軸を明らかにすることで，より長時間練習する，つまりチームとともにあることを知らしめていたのである．

3．スポーツ漫画のメタ的メッセージ

努力よりも才能を重んじた『キャプテン翼』が人気を博したからといって，これで日本人の思考が変わってきたとはいえない．なぜならば，登場人物・キャラクターの人気投票において主役の翼は常に「5位と友達」状態であったからだ．上位は日向小次郎，若島津健，若林源三など努力の人が占めていた．コミックス巻末の読者の声欄には努力を積む彼らの姿が好きという感想が少なくなかった．昨今でも「努力」「根性」が人気グループSMAPの歌詞に取り入れられる．

この価値への専心が報われそうにないギリギリの状況下では，必ず『巨人の星』大リーグボール，『あしたのジョー』トリプルクロスカウンター，『キャプテン翼』日向によるオーバーヘッドタイガーショットに代表される土壇場の奇跡が起こることになる．それこそ物語に過ぎないと斜に構えながらも，この呪縛から離脱することはなまなかではない．

大塚とササキバラ（2001）は，『巨人の星』の星飛雄馬が父離れできない呪縛との葛藤や『あしたのジョー』の矢吹ジョーがライバル力石徹の死んだバンタム級にとどまる命運にこだわる姿をビルドゥングスロマンつまり成長物語の観点から，「大人になれない子ども」「成長しない人工身体＝ロボット」である「鉄腕アトムの命題」を共有する構図と解説する．さらにいずれもが悲惨な結末が待ち受けることを明らかにしている．星飛雄馬は左腕を破壊し姿を消し，矢吹ジョーはあの有名なラストシーンで真っ白に燃え尽きてしまう．プロレスを題材とした『タイガーマスク』の主人公伊達直人もまた世界チャンピオンに挑戦する直前に交通事故で人知れず死んでゆく．ここには，ビルドゥングスロマンは未完のままであり，達成されてはならない理由があるに違いない．それこそが，称揚される

努力であり，忍耐であり，勤勉であるのかもしれない．

　アトムの命題「大人になれない子ども」にとって，その目標となる大人のありさまとは漠然であり曖昧であり，ややもすると幻想かもしれない．それに比べると，スポーツが掲げる目標は見事なまでに明瞭となる．世界チャンピオンを目指すこと，ライバルを打ち倒すこととは，まさに単純明快な目標でありつづける．とともに，これもまた達成されずに未完でなければならない．決してヒットしないと言われたバスケットボールを題材とした『SLAM DUNK』もまた，呆気ない幕切れであった．スポーツ漫画の結末が決してハッピーエンドとならない理由はこのあたりにあるのかもしれない．

　本論は1996年東京大学教育学部応用スポーツ社会学受講生藤原尚子（教育学部）によるレポートをモチーフとした．

［海老原　修］

7部

逸脱の世界より

[写真提供　共同通信社]

恐怖は想像によって増幅し，目の当たりとするときに消失する．その存在を望まない人々は，異なもの，理解できないものとして，恐怖を煽る．既成と新奇のせめぎあいと言い換えれば，既成は新奇を否定せんがために恐怖をつくりあげる．発見や更新は既得権益を堅持したい人々には凶とうつる．スポーツ・ドロップアウトもフットボール・フーリガンもまた，その仕組みのもとのラベリングである．2002年日韓共催FIFAワールドカップにフットボール・フーリガンは拍子抜けであった．

21章

実体なき"燃え尽き症候群"：ガンバリズムとの共演
~有森裕子選手を手がかりとして~

　1996年アトランタオリンピック女子マラソンで，日本の有森裕子選手が3位に入賞し銅メダルを獲得した．レース終了直後の有森選手のコメント「はじめて自分で自分をほめたいと思いました」は，日本中に報道され，多くの人に感動を呼び起こした．2位争いに終盤で競り負けての銅メダルは，1992年バルセロナオリンピックの銀メダルに劣るにもかかわらず，この言葉が注目されたのは，それなりの背景がある．翌日の新聞の見出しは，"復活「自分をほめたい」~両足手術と「燃え尽き症候群」克服"であった（朝日新聞，1996年7月29日）．そのキーワードは「燃え尽き症候群」と「復活」である．バルセロナオリンピックで銀メダルを獲得した有森選手は，目標を達成したことで新たな目標を確立できず，いわゆる燃え尽き症候群に陥ったとされる．さらに，両足の手術も重なって心身ともに消耗し切った状態が続いた．それを克服することによって勝ち得た「復活の銅メダル」であった．このような物語化された筋立てがあったからこそ起こり得た感動と考えた．

　ところで有森選手は，2000年1月30日に行なわれたシドニーオリンピック日本代表選考レースのひとつである大阪国際女子マラソンに出場した．結果，3大会連続のオリンピック出場は果たせなかったが，レース終了後のインタビューで，プロのランナーとして次のレースに出場する意志を示した．有森選手は本当に燃え尽きていたのだろうか，との疑問を感じざるを得ないが，その真偽はさておき，ここでは「燃え尽き症候群」という言葉がなぜ広く受け入れられていったのか，その社会状況を考えてみたい．

1. 燃え尽き症候群とは

　バーンアウト（燃え尽き）とは，1960年代のアメリカのヘルスケア領域においては，まったく手の施しようもなくなった麻薬中毒者の状態を指す言葉であった（稲岡，1988）．それを精神科医Freudenberger（1974）が，医療スタッフにしばしば認められる「長い間の目標への献身が十分に認められなかったときに生じる情緒的・身体的消耗」にその状態を適用し，それを契機に，教師，看護婦，ソーシャルワーカーといった対人サービスを行なう職種を対象に研究が進められた．この現象をスポーツ選手に適用し議論されるようになったのは，1980年代後半のことである．そもそもバーンアウトは，症状や一疾患単位を示す言葉ではなく，燃え尽きるといった過程やそのメカニズムを示す概念である．したがって，従来のバーンアウトという概念をスポーツ選手に適用する場合には，その概念的曖昧さを排除するとともに，心理学的ないしは精神分析学的概念と区別することが不可欠であると指摘している（吉田・松尾，1992）．

　一方で，対人専門職を対象とした研究において報告されている情熱的，仕事熱心，理想主義，完全主義，几帳面，他者志向，強迫傾向といった病前性格や，情緒的消耗，個人的成就感，離人症などの症状はスポーツ選手についても共通することから，その応用例が臨床的に報告されている（武藤，1985，1989）．心理学的側面からは，中込・岸（1991）が「競技での成功経験→競技への熱中→競技成績の停滞・低下→競技への固執・執着→精神的・肉体的消耗→バーンアウト」といったバーンアウトの発症機序を示し，吉田・松尾（1992）は，社会学的視点から，これを競技開始初期の成功経験により形成されたスポーツ的自我と，競技成績の停滞・低下に伴う実力相応の役割期待の対立（パーソン・ロール・コンフリクト）であると解釈した．また，「燃え尽き」「完全燃焼」よりもむしろ「くすぶり」あるいは「不完全燃焼」といった背景を考慮した方が適切であるという指摘もある（中込，1988）．その他，うつ病，へばり，オーバートレーニングとの関係などさまざまな角度からのアプローチがなされたが，バーンアウトをどうとらえるかという立場は研究者によってさまざまであり，混乱している様子すらうかがえる．また，統一の定義がないことによって，この用語を恣意的に使用している研究も認められる（岸・中込，1989）．つまり，その概念について統一の見解

が得られないままに，燃え尽き症候群（バーンアウト・シンドローム）という言葉が一人歩きし，恣意的，意図的に用いられている可能性が危惧される．

2. 実体なき"燃え尽き症候群"

　概念として確立していない，いわば実体なき"燃え尽き症候群"が広く用いられる背景とその意図は何であろうか．日本は，戦前から体育・スポーツを国家戦略の中に位置づけ，その継続を促してきた歴史を持つ．1926年に即位した昭和天皇は，その皇太子時代から，英国皇太子とゴルフをするなどのパフォーマンスを展開し，スポーツを媒介とすることで皇室と国民の新たな関係を創出しながら，皇室の権威を再構築していこうと試みた．1928年の三・一五事件以後，スポーツは「思想善導」の手段として国家政策の中に明確に位置づけられ，健全な肉体づくりによる不健全な思想の撲滅のみならず，不平や鬱憤から人々を逃避させ忘却させる「安全弁」としての役割を期待されてきた．さらに，1932年のロサンゼルスオリンピックと1936年のベルリンオリンピックにおいては，外交政策および国威発揚の観点から国策に近い取り組みがなされた（坂上，1998）．そして，その役割や機能は微妙に形を変えながらも，スポーツの継続を促す風潮は現代社会においても存続し，途中でやめた者に対しては「落ちこぼれ」のラベリングがなされる（海老原，1994，1995b）．

　スポーツそのものを楽しむことのみを前提とせず，スポーツを何らかの意図を持った装置として機能させ，その維持を図るためには，その意図を隠蔽するような別の装置が必要となる．国家からの押しつけに対して明確な抵抗線を形づくってそれに立ち向かったり，国家の論理によって組み立てられたスポーツ観を正面から論破したりすることは，当時の国民大衆には容易なことではなかったが（坂上，1998），複雑化した現代の成熟社会においてスポーツの継続を促すには，より複雑な隠蔽装置が必要なことは言うまでもない．

　ところで，現代社会におけるスポーツの社会病理について，松尾（1998）はアノミー化の進行を指摘する．つまり，「勝利」という価値の一元化にともない，「勝利」という平等に与えられた目標と，資質や環境など手段の不平等配分という矛盾の中で敗者が再生産し続けられるという．また，大村（1994）は，学校制度の病理についてダブル・バインド（二重拘束）が制度内のいたるところに仕組

まれているとし,「頑張れ」と煽っておいて頑張っても無駄な者をクールに選別,排除し,その後ろめたさを隠蔽するためにメッセージはいよいよ綺麗ごととなると指摘しているが,スポーツにおいても同様の仕組みが存在することは明白である.澤井（2000）は,スポーツにおいて,励ましと選別を同時に受ける競技者の中にはニヒリズムが生成されているとし,本来その帰結を自らの責任に帰して試行錯誤されるべきスポーツへの参加／不参加,スポーツの継続／中止の選択権が,「励まし」という同調圧力の中で実質的に奪われることで継続が促され,競技者の中にはシステムへの不信とニヒリズムが形成されると指摘する.「継続はニヒリズム」という澤井の指摘はスポーツの社会病理,とりわけ学校スポーツの社会病理を端的に示していると言えよう.

　しかしながら,敗者が次々と再生産され,また競技者みずからがダブル・バインドの渦中にあることに気づき,ニヒリズムが形成されたとしても,すべてのスポーツ参加者がスポーツから離脱するわけではない.なおもその継続に駆り立てられるのは,それらを隠蔽する装置が存在するからであり,松尾（1998）はそれを「継続は力なり」といった格言に代表される社会的規範やガンバリズムであると指摘する.つまり前述したようなスポーツの社会病理は,勝敗にかかわりなく何かひとつのことをやり通すこと,継続することを美徳とする社会的規範や,「頑張る」こと自体を目的とするガンバリズムによって周到に隠蔽されているのである.このガンバリズムこそスポーツの継続を促す最大のメッセージである.

　天沼（1987）は,日本人の「頑張り」について「本来,孤立的・個人的行為である『頑張る』が,同調的・集団的行為にまで敷衍（ふえん）して用いられるようになったとき,日本風土の中でこの語は盤石（ばんじゃく）の地位を確立したと言えよう.それは,同調性や集団主義といった日本人の行動の規範に『頑張る』の語が見事に適合したことを意味するからである.かくして『頑張る』で日本国中が満ち満ちることになるのである」と述べている.「頑張る」が同調的,集団的行為であるということは,頑張れない者には集団からの逸脱者として「落ちこぼれ」のラベリングがなされるということである.天沼は同時に,「いかんせんこの『頑張り』という語には明確な方向性がない.可変的である.したがって,ただただ頑張っているうちに,いつの間にか主体的志向はなくなってしまっていて,他の何者かの思うがままになっているという事態を招来しやすい」と述べているが,これは継続を促すメッセージとしてのガンバリズムの役割を考えるに際して,実に興味深い考察

である．その曖昧さゆえに方向性や主体性，目的を奪うことになりかねないガンバリズムは，社会病理を隠蔽しスポーツの継続を促すにはうってつけの規範であるといえる．

　以上のような観点をふまえると"燃え尽き症候群を克服し，見事銅メダルを獲得した有森選手"というメッセージは，スポーツを続けることの素晴らしさ，頑張り続けることの素晴らしさを訴えているようにも聞こえる．元来，医療スタッフに認められた情緒的・身体的消耗として報告された燃え尽き症候群は，むしろガンバリズムに対する警告となりうる可能性を持つ概念であった．しかし実体なき曖昧さゆえに，その姿を変え意図的に利用することが可能となってしまった．もし，有森選手がバルセロナオリンピックを最後に現役を退いたとしたら，それは「完全燃焼」として，やはり目標に向かって頑張り続ける素晴らしさをメッセージとして発信したことであろう．このようにして，燃え尽き症候群は，美談とされることでガンバリズムと共演し，スポーツの継続を促すメッセージとして用いられたと考えることができる．

　ちなみに有森裕子選手は，自伝『アニモ』の中で「よく言われるのが，目的を達成したあとの虚脱感や燃え尽き症候群．でもそれがあって，私は立ち止まったわけではない」と述べているが．

［横田　匡俊］

22章

スポーツ選手のパフォーマンスを規定する社会的要因について
〜日本的文脈とイメージの逸脱者「中田英寿」〜

　スポーツ選手のパフォーマンスが，選手の物理的・生理的な身体能力だけでなく，心理的な要因にも影響されていることを，私たちは経験的に知っている．例えば，メダル候補と期待された選手が本番のオリンピックでまったく自分の力を発揮できずに敗れ，その原因が個人の心理的な側面に求められることがよくある．こうした問題については，さまざまな心理学的アプローチが試みられているが，本論では少し趣向を変えて社会学的な視点からアプローチし，社会構造的な問題として把握してみようと思う．なぜ社会学的アプローチなのか．まずは人間の行動を把握する科学的な観察視点についての論考からはじめよう．

1. 人間の行動を規定するメカニズム

　人間の行動を規定するメカニズムについては，さまざまな科学的枠組みによる把握が行なわれている．一方では，生理学的，生物学的な機能性や合目的性によって人間のあらゆる行動を説明しようという考え方がある．生理学的な観察によれば，私たちの行動は，反射や歩行動作，あるいは，「糖分の摂取量を制限すると攻撃的行動が減少する」といったオートマティックな生理的メカニズムによって把握されるだろう．また，生物学的な観察によれば，摂食や睡眠，生殖のように，生物的な合目的性，すなわち「本能」によって私たちの行動は規定されていると把握されるだろう．心理学的なアプローチも，こうした生物学的な行動原理をベースにする場合が多い．
　しかし，人間の行動はこうした生理学的・生物学的な（あるいは心理学的な）メカニズムとその機能性や合目的性だけで説明しきることはできない．それは，私たち人間が「社会」を形成していることと深く関係している．ある行動がその

人間にとって機能的か否か，あるいは合目的的か否かということは，「社会」に言及せずには説明できないからである．

例えば，私たちはご飯を食べるとき，吉野屋の牛丼か，マクドナルドのハンバーガーか，あるいはセブンイレブンのおにぎりかというように，多様な選択肢のなかから行動を選択している．あるいは「減量中だから食べない」という選択もありえる．このとき，私たちの行動は「おなかが空いた」という生理的欲求とはさしあたり無関係の多様な「選択可能性」に開かれており，その行動は血糖値の低下やダイエットだけで説明することはできない．このような選択行動は，私たちが形成している「社会」の水準で説明されなければならない問題なのである．

2. スポーツのパフォーマンスを規定するメカニズム

とはいえ，スポーツにおける選手のパフォーマンスは，本当に「社会的要因」にも規定されていると言えるのだろうか．

一般には，スポーツのパフォーマンスは，物理学的，生理学的な変数によって規定されていると考えられている．例えば，「マラソンの記録は最大酸素摂取量に比例する」とか「最大筋力は筋断面積に比例する」といったようにである．身体の物理的・生理的な出力を極限まで競うスポーツでは，こうした視点は確かに重要であり，あるいはスポーツのパフォーマンスは，人間の身体の物理学的，生理学的要素に徹底的に還元し尽くされるかのように思われるかもしれない．

しかし，実際には，身体の物理学的・生理学的変数は一定であってもスポーツにおける選手のパフォーマンスは常に一定ではない．それは，人間が随意に発揮する物理的出力が，中枢神経系を媒介し，その際，人間の意識的ないし無意識的な心理プロセスの影響を少なからず受けることに由来する．例えば，起床直後に握力や肘屈曲筋力を測定すると，本人は最大のつもりでもその筋力は通常覚醒時から10〜40％低下する．このときの最大筋力のゆらぎは，脳の活動（脳波）や主観的な感覚と相関していることが示唆されている（澤井，1997）．もちろん通常覚醒時はこれよりも安定しているであろうが，例えばスポーツのように極限のパフォーマンスが求められる場合には，私たちの「心理プロセスのゆらぎ」は，決して無視できないと予想される．

さらに，Ikai・Steinhaus（1961）は，人の最大筋力が「催眠」によって影響

を受けることを実験的に示している．彼らはその研究の中で，子どもの頃からおとなしくしつけられた女性では催眠による最大筋力の増加率が大きく，普段から大きな力を発揮することに慣れているスポーツ選手はその影響が小さいというように，心理プロセスと，それに作用する個人の育ってきた「社会的」な背景が，最大筋力発揮の重要な要因であることを示している．

　一方，社会心理学では，集団内の関係に応じて個人の行動が影響を受けるということが，実験的に検証されている．例えば，一般に他者が存在することによって，単純作業では仕事の能率が上昇し，複雑作業では低下すること（社会的促進）や，他者の数が多くなるほど1人のときと比べて作業量が少なくなること（社会的手抜き；例えば「綱引き」では，1人で引くときよりも大勢で引くときの方が1人当たりが発揮する力が減少する）といったことが実験的に検証されている．

　以上のように，心理的・社会的な要因が人間の物理的出力（パフォーマンス）に無視できない影響を与えているということが，生理学的，社会心理学的に検証されている．しかし，こうした実験的・実証的なアプローチには限界がある．実際のスポーツにおけるパフォーマンスはさらに複雑であり，単純な2, 3の変数で説明することはできない．また，説明変数となる社会的要因は，実際にはほぼ無制限に想定することができるし，それらを定量化する方法や精度が問題となる場合が多い．したがって，スポーツのパフォーマンスを規定する社会的要因について，実証的，定量的にアプローチすることには限界がある．

　ここでは，さしあたりスポーツのパフォーマンスには社会的な要因によって左右される可能性が十分あるということを確認しておけばよいだろう．そして，ここからは社会理論の枠組みを用いて，論理的にこの問題にアプローチしてみよう．

3．人間の「行為」は「イメージ」に規定される

　述べたように，私たちの行動は「社会」に言及せずに説明することはできない．このように「（行為の）社会的文脈」を考慮して人間の行動を理解しようとするとき，社会学では「行為」という概念を用いる．すなわち，私たち人間の「行為」は，生理学的・生物学的な規定からかなり自由であり，はるかに多様な行為の「選択可能性」に開かれているという点で，動物の行動とは決定的に区別されるのである．

このように，社会的水準において把握される私たちの「行為選択」を規定しているのが「イメージ（表象）」である．すなわち，私たちは本能から自由であるがゆえに，原理的には無限に開かれた行為の選択可能性を前に，「行為の帰結を予期（イメージ）すること」によって行為を選択していると考えるのである（宮台，1991）．

4．「イメージ」は「文脈」に規定される

次に，私たちの行為がイメージによって規定されるためには，まず，ある行為が「その行為である」と同定（イメージ）されなければならない．このとき，「行為の同一性」は，「（行為の）物理的形式」が同じであるというだけでは十分ではない．人間の「行為」の同一性は，単なる「モノ」の同一性とは異なる次元にある．例えば，同じ殴り合いであっても，それが路上で行なわれればケンカになり，リングの上で行なわれればスポーツになるというように，物理レベルでは同じ動作形式であっても，それがおかれる「社会的文脈」によって異なる行為としてイメージされるのである．

こうした文脈には，「行為に関わっている人（行為者，行為相手，第三者）の役割」「時間」「場所」「物財」等が関係する．さらには，同じ物理的形式と文脈における行為であっても，それを理解する側の理解の仕方によって異なるイメージを喚起することがありうる．こうした「（行為の）理解の形式」は，社会ごと文化的に定められ方向づけられており，行為選択の前提となるイメージは，この理解の形式にも強く規定される（宮台，1991）．

5．行為とイメージを連関するループ（システム）

また，行為はイメージを媒介にして再帰的に行為にフィードバックされるというループを形成している．これを「システム」と呼ぶ（宮台，1991）．私たちはこのシステムのループの中で，行為の帰結を「体験」し，その体験を再びイメージに組み込み，参照している（図8）．

しかし，この行為とイメージのループが作動するためには，そもそも最初に行為にふみだすために，ある程度あてにできる「イメージのリソース」が必要とな

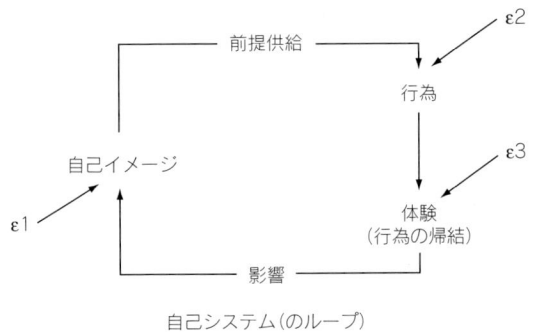

図8 「システム」(宮台, 1991)

る．また，行為の結果がイメージと異なったとき（期待はずれ），ループの安定した作動を維持するためには，一定のイメージのリソースがあらかじめ存在していることが重要となる．私たちはこうしたイメージのリソースを，制度や組織，役割，規範，あるいは文化といった「社会的環境」に求めることができる．あるいは，私たちが社会を形成するということは，行為選択の前提となるイメージを共有することだと言ってもいい．

6. スポーツにおける行為の同一性のずれ

　以上のような社会学の理論的枠組みを用いたとき，スポーツのパフォーマンスを規定する社会的要因とは，どのような問題として把握することができるだろうか．

　例えば，スポーツにおいても対戦相手や観戦者といった「行為に関わっている人」が社会的文脈として重要な意味を持つ．述べたような行為の同一性の条件に鑑みれば，壁に向かってボールを投げることと，友達とキャッチボールをすること，あるいは試合でバッターに向かって投げることとは，「投げる」というおなじ身体動作の形式を持ちながら，まったく異なるイメージに基づく「異なる行為」であることが理解できよう．同様に，同じスポーツであっても，観客のいない場所でプレーすることと，何千人，何万人の観客の前でプレーすることとは，やはり「まったく違う行為」ということになる．

　こうした社会学的な観点からすれば，例えば日本人選手がオリンピックで力を

発揮できないという現象を，社会的に構造化された問題としてとらえることも可能である．普段は注目されることなく，観客のほとんどいない場所でプレーしてきたアマチュア選手が，オリンピックの何千，何万という観客とメディアの前で，普段どおりのパフォーマンスを発揮できないのは当然といえば当然かもしれない．彼／彼女たちは，普段とは「全く違うこと（行為）」をしているのだから．

7. スポーツの日本的文脈とイメージの構造

　学校体育や企業スポーツを基盤とする日本のスポーツには，教育や福利厚生，あるいはそれぞれの組織共同体の維持といった文脈が付与されている．そこでは，しばしばスポーツが体育と混同され，ゲームより練習が重視され，競争よりも健康に価値がおかれるというように，スポーツの「社会的文脈」よりも「身体運動の物理的形式」にイメージが偏る傾向があると言えるかもしれない．また，競技においても，観客はお金を払って観にくる「他者」ではなく，「甲子園」や「都市対抗野球」を思い浮かべればわかるように同じ学校，同じ企業の「身内」であることが前提となっている場合が多い．
　そもそも，日本のスポーツ・インフラの大半を占める学校や企業の体育館やグラウンドにはほとんど観客席がない．一方，アメリカではハイスクールの体育館やグラウンドにも観客席がある．スポーツが「他者に観られること」あるいは「他者とのコミュニケーション」を想定したものなのか，しないものなのか．こうした文脈の違いがイメージに与える影響は小さくないように思われる．
　こうしたスポーツの日本的文脈とイメージの社会学的な把握によれば，オリンピックなどの国際大会に出場する（特にマイナー競技の）選手たちについて，文脈の違いによる「行為の同一性（イメージ）のずれ」が，行為選択においてアノミーを引き起こしがちであるという「社会構造的な問題」を指摘することも可能かもしれない．
　もちろん，一方ではオリンピックのような大きな舞台で，逆に普段以上のパフォーマンスを見せる選手もいる．陸上競技では，世界選手権やオリンピックといった大舞台で世界記録が続出することも珍しくない．「イメージ」は，それを行為前提とする個々人のシステムの作動，およびその作動を条件づける社会構造や，それらの相互関係のいかんによって複雑な作用を見せる．

とはいえ,「イメージが行為を規定する」というのは,決して「強く願えば思いは適う」というようなことを意味するのではない.重要なのは,述べてきたような社会学的な把握によれば,スポーツ選手のパフォーマンスを規定するメカニズムを,(イメージを規定する)社会構造的な問題としてもとらえることができるということである.

8. 日本的文脈からの逸脱者「中田英寿」

1993年にサッカーのJリーグが発足した背景にも,上記のような問題意識があったといわれる.Jリーグによって選手のプレーする環境は世界のスタンダードに近づき,近年の代表チームのパフォーマンスには一定の成果が現れているようにみえる.

そうした中でも,「中田英寿」は特異な存在にみえる.それは,彼の発言とパフォーマンス,あるいは彼に関するエピソードが示すように,彼が日本の文化的な「理解の形式」に属さない,異なるイメージを十全に描く能力の持ち主のようにみえるからである.

「ワールドカップも国際大会のひとつ」(初のA代表入りが決まって;(金子,1997,p207)
「そんなに喜ばないでくれ,俺のところに抱きつきに来ないでくれって思ってましたよ」(28年ぶり,アトランタオリンピック出場を決めたサウジアラビア戦後に;(金子,1998,p181)
「別に普段と変わらないですよ.重圧なんて毛頭感じない.オリンピック選手になるために,サッカーやってきたわけじゃないですしね」(アトランタオリンピックを前に;(小松,2001,p10)
「負ける気がしなかったのは確かですね.ぜんぜん怖くなかったです.日本には中東勢に対する苦手意識もあると思いますけど,僕にはあまり関係なかった.」(フランスワールドカップ出場を決めたジョホーバルでのイラン戦について;(小松,2001,p33)
「攻めるチャンスは,確かに少ないかもしれない.でもスピードの差もたいしたことないよ.アルゼンチンだから勝てるわけがない,と思っていること自体

おかしいんだよね.」((小松, 2001, p99)

 こうした発言には,既存の与えられたイメージには従わないという強い意思を読み取ることができる.彼にとっては,高校選手権もJリーグもセリエAも,あるいは相手が国見高校でも鹿島アントラーズでもユベントスでも,常に「サッカー」は「サッカー」としての同一性を維持しているように思われる.セリエAのデビュー戦でも,強豪ユベントスを相手に,彼は「いつものように」その能力を発揮してみせた.そうした彼のパフォーマンスは,所与のイメージのリソースに依存することなく,諸文脈の変化に翻弄されずに,安定したシステムのループを作動させているようにみえる.そうした彼自身のイメージは,はたしてどこからくるのだろうか.

 人間は,基本的にはドメスティックな所与のイメージのリソースに依存して生活している.しかし,現代社会におけるグローバル化や複雑性の増大は,所与のイメージをいとも簡単に相対化し,無力化してしまう.所与のイメージのリソースに依存しているだけでは,文脈の変化にともなう「行為の同一性のずれ」に翻弄され,アノミーに陥りがちになる.このとき,行為前提となるイメージを速やかに調達／修正できることが,「システムのループ」の安定した作動にとって必要不可欠と考えられる.そして,そうした「イメージの調達／修正能力」は,当初は所与のイメージをベースにしつつも,そのうえで「試行錯誤」を繰り返して成功体験を積み重ねることによりみずから獲得していくしかない(宮台, 1998).

 Jリーグによってサッカーにおけるイメージの構造が一変し,さらに中田英寿によって,これまで私たちがイメージしようのなかった世界が,かなりリアルにイメージできるようになってきた.彼のあとに続いて世界に出て行く日本人選手は,さしあたり彼の築いたイメージのリソースを当てにすることができる.しかし,最初に日本的なイメージの構造から「逸脱」した中田英寿自身のイメージは,突然変異なのか,それとも日本の社会構造に,その契機が含まれていたのか.

 これからの日本のスポーツ選手が,所与のイメージのリソースに過剰に依存することなく,試行錯誤によって獲得したイメージにより,それぞれが環境に適応した(行為の)システムのループを確立することができるかどうか,あるいはそうした試行錯誤を促す条件を,わが国のスポーツのシステムが構造的に備えうるか否かが問題となるように思われる.そういう意味では,中田英寿以後の日本の

スポーツ選手の世界での活躍（振る舞い）が，日本におけるスポーツのシステム自体の，環境に対する適応度を測定する尺度になるのかもしれない．

［澤井　和彦］

23章

フットボール・フーリガン考
~アメリカ化とアイルランド化の間で~

　市販される英和辞典のいくつかで「hooligan」を引くと「ちんぴら，ごろつき，与太者，不良少年，公共の場で暴れる若者」が見い出せる．近年では耳にすることのない，モノトーンのことばである．白髪のやくざや老いた組員はドラマや小説に登場するが，中年のちんぴらや爺さんのごろつきはついぞ耳にしない．そんな姿を想像すると背中に寂しさが漂うからには，この種のことばは若い男に向けた，それもやや蔑んだ呼称と相場が決まっている．フーリガンもまた若者の逸脱行為・不良行為を指したのであろうか．井野瀬（1992）によれば，イギリスにおける若者の集団不良行為は1870年代ごろからロンドンをはじめイギリス全土の都市で急増し，徒党をなし，街をうろつき，非行をはたらく浮浪者，ごろつき，乱暴者たちを，street-Arab, ruffian, roughなどいくつかのことばで呼ばれていた．それでは，サッカー場で引き起こされる若者の集団的暴力を，いつの頃から「フットボール・フーリガン」とみなすようになったのであろうか．本稿では，このフーリガンの発生起源を井野瀬（1992）の議論に求め，2002年日韓W杯共同開催に際して盤石の警備体制で臨んだフーリガンに関する現代的な諸相を解釈することとした．

1. フーリガンの起源

　フーリガンは元々アイルランド語であり語源は定かではない．ただし，諸説に共通するのは，1870年代当時のロンドン市中のある特定地域に縄張りをもつ不良集団のリーダー，あるいは悪党として名を知られたアイルランド人の名前に発するという点である．井野瀬（1992）は，同じ類の不良集団にもかかわらず，イギリス人つまり大英帝国国民に対してではなく，アイルランド人の名前に由来す

る点に着目し，フーリガンというネーミングが問題の本質を解く鍵であると指摘する．つまり，19世紀末のイギリスの人々が当時の若者達がしでかす日常茶飯事の不良行為にフーリガンというアイルランド語を意図的に用いたのである．「外来のもの」「非イギリス・非大英帝国のもの」にこの不良行為を重ね合わせることで，劣悪なイメージを拡大・定着しようとラベリングしたことになる．

　アンダーソン（1997）が用いるロング・ディスタンス・ナショナリズム（遠隔地ナショナリズム）は，グローバリゼーションの拡大もまた想像の産物である可能性を臭わせる．人種の坩堝（るつぼ）といわれるアメリカでは○○系アメリカ人，例えばアイルランド系アメリカ人，イタリア系アメリカ人，アフリカ系アメリカ人などとその出自が確認される．それによってナショナリズムやアイデンティティが想起され，原理主義や民族主義的な「ナショナリズムの季節はずれの嵐」（大澤，1999）を巻き起こすこととなった．

　映画「ウエスト・サイド物語」に描かれる悲恋の源は，アイルランド系移民とイタリア系移民の若者集団の敵対であったが，その色分けはことばの示すとおり出身国に拠っていた．また，1994年W杯アメリカ本大会予選E組の初戦はアイルランド対イタリアであった．スタンドを埋め尽くした観客の熱狂もまた「ウエスト・サイド物語」と同じ構造に因ったのであろうし，熱い戦いが繰り広げられたスタジアムもまたニューヨークであったことを思い起こすと，映画を意識した心憎い演出があったのではないか，と穿った見方も許されよう．

　英国の正式名称はthe United Kingdom of Great Britain and Northern Irelandである．これを国別対抗形式の枠組みにたどると，オリンピックや世界選手権では英国となるが，サッカーやラグビーではイングランド，ウェールズ，スコットランド，北アイルランドの四つに区分される．サッカーが人々を惹きつけてやまない社会史的な謎解きがスコットランドやアイルランドでも明らかとなるが（クーパー，2001），フーリガンということばが英国を構成する四つの地域の支配―被支配関係に関するロング・ディスタンス・ナショナリズムをふたたび思い起こさせる可能性は決して否定できない．加えて，フーリガンの語源をオーストラリアやアメリカに求める説もあるがイギリス・大英帝国にはないという指摘もまた（井野瀬，1992），イングランドのウェールズ，スコットランド，北アイルランドに対する優位な立場を仮定することになる．

2. フーリガンの近代的変遷

　19世紀末，大英帝国国民が若者の不良行為に「アイルランド的なもの」というイメージを重ね焼きすることで出現した呼称フーリガンは，ロンドンの一部地域の一時的な現象にとどまらず，20世紀初頭にはイギリス全土に拡大していった．その背景にはいかなる事情があったのか．それを解き明かすためには大英帝国のドラスティックな社会変容の諸相を概観する必要がある．

　まず経済的発展を指摘しなければならない．1873年のドイツに始まる世界恐慌の影響はイギリスの工業製品輸出にも及び，20年あまり続く慢性的な不況をもたらした．しかし，人々の生活，特に労働者の消費生活は正反対の様相を呈した．大不況による物価の下落は労働者の実質賃金を相対的に上昇させ，1875年から20年間に労働者の購買力は40％増に達した．これと並行して経済構造の転換が起こった．すなわち「工場生産」から「サービス」へのシフト変換である．これによって「少年労働」という新しい労働カテゴリーが生まれ，労働時間の短縮による余暇時間の増大がもたらされた．この経済構造変化によって，子どもたちでもいとも簡単に現金を手にすることができるようになり，その金を自由に使える時代を迎える．民衆娯楽隆盛の時代，いわゆる大衆消費時代の幕を切り開くことになる．

　次に教育政策の発展をあげることができる．井野瀬（1992）は，19世紀末から20世紀初頭のイギリス全土に広がった「学校ストライキ」現象を取り上げ，S・ハンフリーズ（1981）による『大英帝国の子どもたち〜聞き取りによる非行と抵抗の社会史』を参照しつつ，当時の「学校教育の質的問題」を整理する．そこでは民衆教育制度の歴史を概観した後，その延長線上にあった義務教育の制度的文化的欠陥をあぶりだす．すなわち，①授業料免除の規定がないこと，②キリスト教モラルを基盤とする著しい宗教的な偏在，③生徒の「出来高」（学校への出席率と「読み書きそろばん」成績）によって政府が学校への国庫補助金額を決める「出来高払い制」の導入，④教師の賃金上昇の手段として普及した「鞭打ち教育」などである．このような状況を踏まえた上で，フーリガンの大半が義務教育を終えたばかりの，あるいは終えたはずの若者たちであったという事実が，当時の教育制度の欠陥と教育荒廃の現実を映し出していた，とまとめている．ここ

から，中産階級が教育という名の下に彼らを「囲い込もう」とすれば，子どもたちは自分たちが属する労働者階級の文化の中にその抵抗を求めたという推察が導かれる．彼らの文化，とりわけ中産階級から批判された労働者階級の少年や若者のシンボルとは，新しい三つの娯楽「フットボール」「ミュージック・ホール」「自転車」であった．現在のフーリガンが19世紀末からの直系とみなされるのは，ここに「フットボール」が含まれたという事実関係に拠るのかもしれない．

さらに考慮すべき背景はボーア戦争（1899〜1902）であろう．当時の大英帝国は「ジンゴイズム（戦闘的愛国主義）」の絶頂期でもあり，イギリス各地から，またあらゆる階層から多くの若者が南アフリカ行きを志願した．国民皆兵制度を採用しなくとも余りあるほどであった．ところが，そのうち約6割の者が身体的な欠陥のため兵士として不適格者と判定された．「身体的弱体化」と「道徳的低下」に苛まれる大英帝国の苦悩は1904年「身体的堕落防止委員会」を設立するに至る．その委員会報告書には，「何千人もの少年や若者たちが，顔色が青白く，胸も薄く，背中を丸めたみじめな見本である．絶え間なく煙草をすい，賭け事をし，近くに住むものたちと声をあわせ，パニック状態になって叫び声や歓声をあげるとき，全員がヒステリックである．なかでも最悪の音は，ちょっとした言い間違いやフットボール選手が転倒した時に発するヒステリックで叫ぶような笑い声だ．」（井野瀬，1992）と記される．

19世紀半ば以降，筋肉的キリスト教主義に基づく理念がパブリックスクールや大学を中心に急速に浸透し（阿部，1997），同時にダーウィンの進化論を社会や民族に適用した「社会進化論」が一世を風靡する．そのような社会風潮の中で，当時の中産階級が抱いたであろう強い危機感や不安感が労働者階級への嫌悪感に転化することは容易に想像できる．「都市に住み，街頭に集団でたむろする労働者階級の不良若者集団フーリガンは，国民の退化の典型と見なされるようになった」（井野瀬，1992）のである．

ところで，フーリガン誕生の社会背景の中で重要な視点のひとつは，フーリガンが単に若者の問題にとどまらず，世紀末のイギリス社会に山積していた労働者階級をとりまく諸問題と関わって理解された歴史をもつことである．そこでは，大英帝国国内の恥ずべき問題として理解するのではなく，外来の現象として労働者階級の若者が行なった反社会的行為であり，中産階級的なイギリスの伝統からして理解できないもの，したがって廃棄すべきものを，フーリガンとして一括し

て処理しようとした．この企てに対して若者たちは社会が与えた呼称を積極的に名のりはじめるという対抗手段に訴えたのである．この相乗作用によってフーリガンがまたたく間にイギリス全土に広がっていったのである．

このようにフーリガンの出発点に立ち戻るとき，スポーツファンによる暴力の代名詞となったフットボール・フーリガニズムを，近代スポーツの存立構造と深く関わり連動しているとの見解（菊，1997）が，スポーツと暴力の系譜を相関的にたどりすぎると危惧される．したがって，公共の場における若者による暴力全般に対して，19世紀末の大英帝国中産階級が，イギリスの伝統や文化を脅かす労働者階級からの挑戦と位置づける中で，フットボール・フーリガンとは暴れる若者・不良少年の一形態であったフットボール場での乱闘に貼られた1枚のラベルとしてとらえなおされる可能性は捨てきれない．

3. フットボール・フーリガンの諸相

それでは，このように出現したフーリガンがなぜラグビーやクリケットには現存せず，また一世紀以上にもわたり存続したのか．またそれはなぜフットボール場であるのか．一括された不良行動であるフーリガンが時を経て消え去ったにもかかわらず，なぜフットボール・フーリガンのみが残ったのか．この事実がもつ意味を検討しなければなるまい．

メイソン（1991）やダニングら（1995）は，フーリガンの発生件数の量的変化を経年的に検討し，両大戦中には下降し，その後1950年代の比較的低い状態を経て1960年代に入って急速に上昇するU字曲線を描くことを明らかにし，両者は揃ってマスメディアの影響力に言及している．菊（1997）もまた特に1960年代以降の急増傾向にはマスメディアが深く介在していると考えている．しかし，量的変化に疑問の余地はないものの，「フーリガンの量的変化にマスメディアが強く影響した」という言い回しには首肯しかねる．

ダニングら（1995）が分析するフーリガン報道の典型では，報道の受け取られ方を分析の対象としていない．メディアの影響を分析する際には，エンコーディング過程（送り手のテキスト構造）とデコーディング過程（受け手の読みとり方，意味の作られ方）の双方を検討する必要があり，その必要性は英国発祥のオーディエンス研究を考慮するならば自明である（山口，2001）．ダニングら（1995）

による「このこと（フーリガンに関するセンセーショナルな報道）が労働者階級の「乱暴な」層の若い男たちを，おそらく以前よりももっと多く吸収することになった」という見解は，エンコーディング過程のみの分析から導き出される推測となる．このように解釈するには，当時の識字率や新聞・テレビ・雑誌の普及率といった前提条件をふまえた上で，受け手側が羨望のまなざしでメディアに登場するフーリガンを見つめていたといったデコーディング過程との対応するデータが要求されよう．

　1990年代初期より増加したわが国のギャング系チーマーに対する，理解不可能な暴力を描くマンガやキャラクターグッズのサブカルチャーの影響を分析した宮台（2000）は，自身のフィールドワークからギャング系チーマーにマンガを読まないタイプが圧倒的に多いことを示し，その増加にメディアが影響を及ぼしていないと断言する．その一方で，「目立つ」ことが重要な価値をもつ1980年代の暴走族においては，メディアへの登場を切望する若者の姿が確認できる（佐藤，1984）．このようにメディアによる暴力的行為への影響に定説はなく，それを社会科学的に把握しようとするならば，まずは送り手と受け手の相互作用の視点から分析されるべきである．初期段階ではとるに足らなかったフーリガンをマスメディアがセンセーショナルに報じ，その報道が発生件数や過激な振る舞いを助長させたようにみえたとしても，そこに第一義的な因果関係的図式を持ち込むことが適切かどうかは慎重に判断されるべきであり，それへの対応も慎重になされるべきであろう．

　次に質的な諸相を，「暴力」「参加者」「社会からのまなざし」という三つのフレームを設定し重層的にとらえてみる．

1）暴力

　ダニング（1995）は下層労働者階級の「攻撃的な男性性」に関する考察の中で，「肉体的な衝突」を「アイデンティティ，地位，意味，楽しい興奮の源」と結論づける．また，メイソン（1991）はサッカー暴動の文化人類学的説明として「儀礼的性質」を例示する．それによると「乱暴な行為の機能は，個人の自己確認意識を形成する上で重要な，…中略…，小さなグループの一員であることを示すもの」である．そこでの乱暴は「限度とルールがはっきりしている儀礼的な争い」であり，「けが人はほとんど」存在せず，むしろ「楽しみと興奮を求めて起きる」

という．ここには重要な二つの示唆がある．

　まず「暴力」をある文化に固有の「コミュニケーション・コード」としてとらえる見解である．これは同じ時代に労働者階級の反体制的な生徒＝＜野郎ども＞の反抗文化を克明に記述したウィリス（1985）の見解と一致する．ウィリスは「＜野郎ども＞の集団内部の栄誉は暴力に基づいて配分される」が，「集団を率いるリーダーたちの細かい格づけをしかるべきところに落ち着かせるのは，上手に争うことのできる能力である．喧嘩早い凄腕が影響力をもつ場合はむしろ少ない」と指摘し，暴力だけがすべてを決するという判断を明確に否定する．ここでは集団内部の格づけがトピックであるため，集団外部との抗争にまで敷衍して議論をするにはしかるべき留意が必要だろう．しかし，少なくともウィリスが述べるように，「外部の集団と一戦を交える場合でさえ，暴力を揮うそのこと自体よりも，＜野郎ども＞自身の文化に内面化されている，暴力の社会的意味こそが重要」であろう．

　次なる示唆はより重要な視点を提供する．ビュフォード（1994）によるルポルタージュ『フーリガン戦記』に描き出された暴力は，明らかな自己目的性すなわち楽しみと興奮を求めて暴力を揮うという見解を導き出す．「それはクラック，泥酔，ヘロイン注射のようだ」と暴力を記述し，さらにフーリガンとのやりとりを次のように紹介する．

「もしもおれたちが，そいつを，ここ，サッカーの試合でやらなかったら，どっか別のとこでやるだけだ．しまいにゃ，土曜の晩，パブでやるだろう．」
「そいつとはいったいなんだ？」とぼくは尋ねた．
「暴力だ」

　イギリスのフーリガンにおいて特筆すべきは，このような暴力の自己目的的性格である．したがって，フーリガンの暴力から①社会的コミュニケーションの一形態と②動機説明を必要としない自己目的性という二つの位相を抽出できる．特に後者は社会的コミュニケーションに回収できない点において，前者の視点からは解釈できない興味深い位相であり，それゆえに深刻な社会問題として位置づけられるのである．

2）参加者

「参加者」に関するビュフォードの記述はダニングら（1995）の調査の限界をあぶりだす．ここに描かれた1980年代後半から1990年代初期のフーリガンの姿は，もはや貧困や失業がこの現象の源にならないことを物語るからである．「職に就いていて，比較的裕福な労働者階級の若者たち」（メイソン，1991）が，無思想・無思考の群集を暴動へと駆り立てる，まさにその瞬間が間近で展開されているかのような錯覚に陥る．命がけで取材したビュフォードに畏敬の念を抱きながら，これを踏まえてフーリガンを分析するとき，フーリガンの核イコール下層労働者の乱暴な層の若者達であり，彼らをつくる共同体が攻撃的な男性性によって支配されるというダニングら（1995）の枠組みはその限界を露呈する．

3）社会からのまなざし

最後に，フーリガンをとらえる社会からのまなざしについて検証しよう．第一次大戦後の1920年代になると，フーリガンが標榜した三つのシンボルの一つ，ミュージック・ホールがアメリカのハリウッド映画にその座を取って代わられる．この時代にはフーリガンも含む不良少年たちに「ハリウッド・ギャングスター」という新しい名前が与えられた．イギリス流フーリガンからハリウッド・ギャングスターへの変身は，イギリスの伝統文化がアメリカによって外から侵略されている文化的典型となる．さらに下って第二次大戦後，1950年代に現れた「テディ・ボーイ」，60年代半ばの「モッズ」，60年代末の「スキンヘッド」と，それは次々と名前を変えた．その間に残る二つのシンボルもまた，ミュージック・ホールは映画やロックに，自転車はバイクに代わったのであった．

しかしながら，変わらなかったことによって代わらなかったのはフットボール場での乱闘とそれへのまなざしである．1989年4月15日，一躍フーリガンの名を世間に広めたヒルズバラの悲劇，FAカップの準決勝ノッティンガム・フォレスト対リヴァプール戦で起きた死者95名，負傷者200名を数えた大惨事を伝える報道はフーリガンを「イギリス文化の外」とみなそうとする姿勢を貫く．それは1870年代となんら変わらない態度である．

「リヴァプールという町は，奇妙なところである．そこはイギリスのなかで唯

一，真の外国であり，このユニークさを誇りに思っているところである．それが，リヴァプールをイギリスの他の地域から孤立させてしまっている」(The Times, 1989年4月17日, 24面).

フーリガンはイギリスには存在しないはずの劣悪な文化的象徴であり，リヴァプールはイギリス国内に位置するものの異国の地として排除する．フーリガンの発生当初より今日にいたるまで終始一貫したこの姿勢こそ英国の伝統文化なのかもしれない．

4. フットボール・フーリガンのとらえ方
〜排除されるフーリガンと包摂されるサムライ〜

現在イギリスでは，ハリウッド映画やテレビドラマをはじめ，アメリカの娯楽文化の影響による「若者のアメリカ化」に強い懸念が寄せられる．イギリスの伝統文化はアメリカという文化帝国に侵略されていると解釈される．その一方で，相変わらず若者はそこここで暴れている．

ここでようやく，前項冒頭にあげた疑問，大枠の「フーリガン」は時を経て，なぜフットボール場にのみ残ったのか，に答える準備が整う．経済構造格差に起因する「少年の暴力」は続いており，同時に文化的アメリカ化への危機感もある．しかし，フーリガンに限っては，若者の不良行動の一形態でありかつ1870年代から今日に至る直系とみなすために，「若者のアメリカ化」にカテゴライズ（ラベリング）できないのではないか．イギリス国内における「少年の暴力」を含む文化的危機の中で，不良少年たちの逸脱行為全般を指した元祖「フーリガン」のシンボル三つのうちふたつ，「ミュージック・ホール」と「自転車」が「ハリウッド映画・ロック」と「バイク」へ移り，そして大枠の「フーリガン」もまた「モッズ」や「スキンヘッズ」に張り替えられる中で，「フットボール・フーリガン」だけが伝統を守り独立した形で存続する"ように見える"．

英国やイギリスから思い浮かぶキーワードは，エリザベス女王・チャールズ皇太子・故ダイアナ妃からなる英国皇室，ビートルズ，倫敦塔，IRA（アイルランド共和国軍），そしてフットボール・フーリガンを連ねる．それらの文化的意味をさぐるとき，アメリカ化という文化侵略に対して大英帝国が頼る抵抗手段が，

1870年代から今日に至るまで排除すべくラベリングしてきたアイルランド化＝フーリガンであると仮説すると，包摂と排斥のダブル・スタンダードを自在に操るナショナリズムの言説をたぐりよせることとなる．

　2002年1月22日，アフガニスタン復興支援国際会議が閉幕した．アフガニスタン暫定行政機構・カルザイ議長は，約1時間に及ぶ記者会見で終始日本を引き合いに出し，ホスト国・日本に気配りを見せ，援助資金の活用に触れた部分で「汚職や腐敗に対してはサムライのように厳しく臨む」「サムライのように汚職と戦います」と発言する（読売新聞・毎日新聞，2002年1月23日）．ラモス瑠偉と呂比須ワグナーに対する「日本人以上に日本人らしい」（千葉・守能，2000；9章参照），力道山やラシュワンに対するカタカナ文字「サムライ」が内包する意味作用を分析した（海老原，2000h，1章参照）．優劣が覆らない関係，裏切りや下克上は決して望まないことを前提に優位から劣位へのラベリングと解釈した「サムライ」を，支援される側であるカルザイ議長が支援する側のホスト国・日本に向かって自称する．恭順という意味を感じるメディアは「気配り」に置き換え，その関係を曖昧にする．このように包摂された「サムライ」を目のあたりとするとき，排除すべき「フーリガン」がアメリカ化の文化侵略に染まらない英国の若者文化となっている姿が際立ってあらわれてくる．

5. フットボール・フーリガン研究の方向性

　本論では「フーリガン」現象をスポーツの周辺に限定せず，全体社会との関係性からとらえることによって，①フットボール・フーリガンの暴力が社会的コミュニケーションの一形態および動機説明を必要としない自己目的性という二つの位相から共存すること，②発生当初より今日に至るまで英国伝統文化からは若者のアイルランド化として排斥するが，③近年の若者のアメリカ化という文化的危機においてフットボール・フーリガンの暴力がそのラベリングの歴史によって侵略されない独自の文化形態を装うと解釈した．その上で，今後「フーリガン」や「暴力」の研究がどのような方向性を持ちうるかを展望してみたい．

　フットボール・フーリガンの暴力における自己目的的性格を注視したが，これは宮台（2000）が述べる「ギャング系チーマー」の特徴に驚くほどに一致する．その特徴は「市民社会で生きられない弱者だから小集団を形成して戦うというよ

りも，市民社会のルールで十分生きていける連中が，あえて暴力に接近するために群れ集い，互いに抗争している．その暴力は「暴力のための暴力」という理不尽な様相を強めて」いる．

　この奇妙な一致は，必ずしも過去30年にわたるヨーロッパ・サッカーの発展を社会学的視点より批判的な検討を加えたムーアハウス（2001）が指摘する「少数の若者グループが暴動を起こすのは暴動が好きだからだというトートロジー」の強調や，その強調が論理的過ちであるという主張を導き出すものではない．むしろ「暴力のための暴力」とそれを欲する人々の存在を認めた上で，それを望まない人々との関係を社会的にどう調整しうるか，を問うことこそが肝要であると指摘したい．フーリガンは暴力の相手が敵チームであり，味方の範囲も明確で，行なわれる場所はサッカー場やその近辺，しかも立見席に多く，時間は土曜の晩と決まっている．これらの特性は，フーリガンが暴力のための暴力を望まない人々との社会的な関係を巧みに調整していることを示唆している．

　ムーアハウス（2001）はまた，フーリガニズム研究の方法論的な問題点をいいかげんなエスノグラフィーに基づいていると指摘する．しかし，エスノグラフィックな記述は，現象把握のステップとしてその重要性を減じられるべきではないように思える．むしろ，そこから浮かび上がるテクストがコンテクストの中でのみ成立し得ることを自覚し，その両方にフォーカスし，またその双方を往復することで，フーリガン現象をより深く洞察できるものと思われる．背景にある経済状況や暴力のための暴力をめぐる社会的な関係性を論じることはその一翼を担うと確信している．

　　　　　　　　　　　　　　　　　　　［束原　文郎・海老原　修］

8部
コミュニティ・スポーツの限界

[中国新聞社刊『V1記念　広島東洋カープ球団史』から]

オックスフォード英語辞典にsportを求めると「突然変異」にあたる．その語源が「spore」芽胞・胚種にあるという見解に与する．種が芽を出し，芽が伸び枝葉に蕾みが生まれ，蕾みが花となり，ついには果実へとなる．その一つひとつの変身は自然界の畸形である．過剰なエネルギーが費やされ，予測できない爆発を生む．それがスポーツの本質である．「気晴らし」もまた語源とされるが，気晴らしは次への活力を示唆する．ともに苦役からの解放を動因とするが，突然変異には無目的・無価値が，気晴らしには手段的価値が匂う．スポーツに人格があれば，この百数十年，手段として用いられた歴史に業を煮やしているに違いない．

24章

地域社会における スポーツ・イベントのからくり

~まちおこしは，まち興し， それとも，まちお越し~

　1994年10月の総理府「体力・スポーツに関する世論調査」では，前回調査（1991年10月）に引き続き，今後行ないたい運動・スポーツの第1位に「ウォーキング」がランクされた．両年ともに第1位を連続して獲得した結果よりも，ムーヴメントなのかエクササイズなのか判然としない「歩け歩け運動」なる用語が，1991年から「ウォーキング」に変化した事態の方が注目される．

　振り返ってみれば，身体検査や銭湯でしか見なかった体重計が，一般家庭の風呂場に進出する際には，ヘルスメーターなる改名を用いた事例が典型的に示すように，特権的な立場から一般社会に舞い降り市民権を獲得する戦略として，外来語をそのままカタカナで，あるいは外来のようなカタカナを利用してきた史的事実に気づく．体重の計量がすなわち健康状態を診断するという，ヘルスメーターなるネーミングの妙に頷かざるを得ない．

　それは，あたかも新しいコンセプトの如く振る舞うが，実はすでに市民生活に慣れ親しんでいる概念であったりする．とりわけ，健康・体力づくりやスポーツ科学の世界に，このような事例を数多くみることになる．余暇をレジャー，健康をヘルス，野外をアウトドア，運動力学をバイオメカニクスなどに改名した．また，エクササイズ，フィットネス，エアロビクスから，健康・体力づくりを連想しても不自然ではあるまい．その一方で，「五輪」と記して「オリンピック」を思い浮かべる人はどれくらいであろうか．

　翻（ひるがえ）って，著者が大学院生当時に作成した運動・スポーツ実施に関する質問項目には，「マラソン」とあるが，これは今日の「ジョギング」に他ならない．「長距離走」は「マラソン」を経て「ジョギング」へと改名し，ようやく市民権を得たが内実はなんら変化していない．そぞろ歩く逍遥やブラブラと歩く散歩を明確に区別しようと，あえて「運動のための散歩を含む」と脚注を付けるほどに，「歩

け歩け運動」には逍遥や散歩が含まれていた．これに対して，今般の「ウォーキング」なる外来語の導入には，逍遥や散歩の包含を認めない，まさに運動・エクササイズのための積極的な歩行を意味した宣言として，これまで例示した健康・体力づくりやスポーツ科学の知見が一般化するために苦心してきた改名戦略のうちでも，一線を画するネーミングのように思われる．

　このようなウォーキングを先進的に取り入れ，全国各地で歩く大会を開催してきた組織に社団法人日本ウォーキング協会がある．同協会によると，1994年のイベント参加総数は55万6,000人で，この10年間に10倍に増えたという．冒頭の総理府調査に立ち戻るならば，今後行ないたいスポーツとしてウォーキングを25.8％があげている．つまり，4人に1人が歩くことをスポーツとして意識していることになる．本論では，ウォーキング大会参加者に対する追跡調査に基づく実態から，地域社会におけるスポーツイベントのからくりを分析し，そのからくりの中に見え隠れしてきた意義について考察することとしたい．

1. スポーツイベントを支えるリピーターと疑似的リピーターの存在

　最大のスポーツイベントがオリンピックや世界選手権であるならば，最小単位のスポーツイベントは自治会やこども会が開催する運動会であろう．幼稚園，保育園や小学校の運動会はかなりの規模になる．このようなイベントは基本的に，参加者，地域住民，行政的な機関，専門的な機関から構成されよう．例えば，オリンピックや世界選手権では，一流競技選手，開催国の国民や地域住民，開催国家や地方自治体とNOC（各国のオリンピック委員会），IOC（世界オリンピック委員会）が参画する．運動会は，児童・生徒，学校，親きょうだいを中心とする地域住民が参画し，ここでの専門的役割は通常，保健体育の先生や運動・スポーツ好きの先生があたる．したがって，開催・運営する行政的な機関と専門的な機関の両者が独立しているほどイベントの規模は大きくなり，また，スポーツイベントの大会の規模が大きくなるほど，競技場に足を運ぶ観衆やメディアを通じての視聴者が数多く参画する．これに従えば，ウォーキング大会は，参加者，地域住民，当該市町村の行政機関（教育委員会や観光課など），そして（社）日本歩け歩け協会が関わることになる．

　ここでは，まず，スポーツイベント大会の大きさの指標となっている参加者の

動向に着目した．図9に毎年7月上旬に開催されてきた富士河口湖ラベンダーマーチの追跡調査から再参加者（リピーター）の動向を示した．スポーツイベントで提供されるサービスは可視的ではなく（無形性），イベント参加によって初めてそのサービスが受けられ（共同性），その提供されたサービスがすぐさま消費される（同時性）ので，スポーツイベント参加の満足度を消費者行動のそれに適用できるとする試論によれば，その満足水準の高低とリピーター率は高い相関性を示すという（Yokoyama, 1991；高峰，1994）．お得意さんの確保は商いの基本であり，これをスポーツイベントへの再参加者（リピーター）の確保にも適応できるか否か，という問題となる．つまり，リピーターは，スポーツイベントでの有形無形のサービスを結果的に評価することになる．

　1994年7月の第3回大会でのリピーターは，第1回大会のみに参加したリピーター4.6％，第2回大会からのリピーター17.2％，第1回大会と第2回大会ともに参加したリピーター8.9％を合計して30.7％となる．この第3回大会のリピーターを第4回大会まで追跡すると52.1％と半減し，第3回大会に換算すると15.9％に減少する．一方，第3回大会に初めて参加した69.1％の者のうち，第4回大会のリピーターとなった者は27.1％，全体に換算すると18.7％となる．つまり，リピーターによる再々参加15.9％と初参加者の再参加18.7％の合計34.7％が，第4

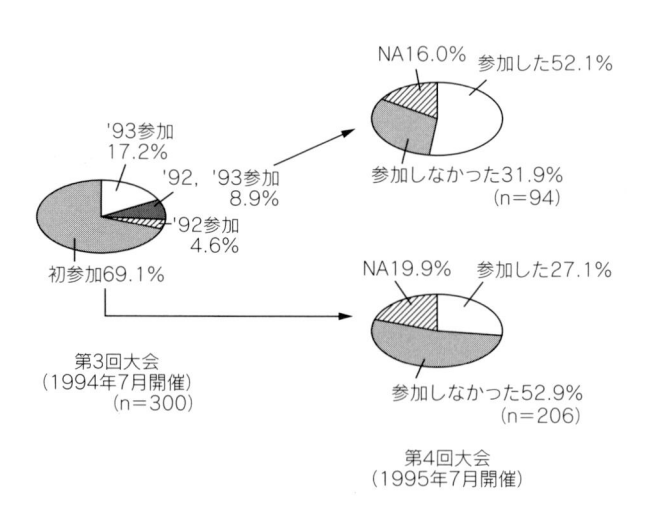

図9　富士河口湖ラベンダーマーチ大会にみる再参加者（リピーター）の動向

回大会を支えていることになる．

　ここで，リピーターの減衰状況に着目すると，前回大会からのリピーターは30％前後に減少し，さらに1年を経ると再々参加者は半減することになる．つまり，第3回大会の初参加者は第4回大会のリピーター27.1％を経て，1996年7月に開催される第5回大会には15％前後になると推算できる．また，第3回大会の3大会連続参加者の8.9％に注目すると，このグループは第2回大会には15％前後であり，さらに半減したとの減衰状況の推論を導き出す．

　図10では，第3回大会開催直後の1994年8月に実施した第4回大会への参加意向追跡調査を第4回大会の参加状況に組み合わせた．第3回大会直後には，リピーターと初参加者の次回大会への参加意向は70.0％と65.3％と大差ない．この参加意向と第4回大会の参加の組み合わせのうち，「参加したい」と答えた者の結果を右列第1段と第3段に，また，「参加しない」と「どちらともいえない」と答えた者を第2段と第4段に，それぞれ示した．参加意向を表明し実際に参加した

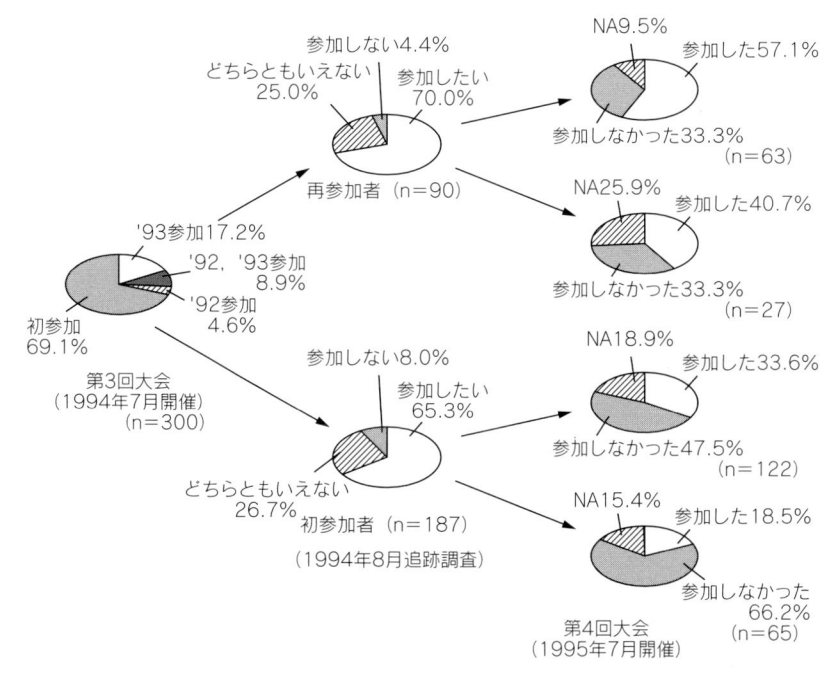

図10　第3回富士河口湖ラベンダーマーチ参加者にみる参加意向と参加実態のズレ
　～疑似的参加者の動向～

者は，リピーターの57.1％に対して初参加者では33.6％と減少する．また，参加意向を明示しなかった者では，リピーターの40.7％が実際に参加し，初参加者では18.5％にとどまる．

　このようなリピーターや初参加者の動向を理解するには，疑似的スポーツ参与者が手がかりとなろう．図11に，運動・スポーツ参加頻度，スポーツへの取り組み，スポーツ参加阻害因子である「運動するのが面倒である」の3指標の組み合わせから出現するスポーツ参与形態を示した（海老原，1996b）．

　まず，上段の運動・スポーツへの参加では，下欄の表に示す参加頻度に基づくレベルを設定した．その上で，週1回以上の参加頻度となる年間52回を基準とすると，定期的なスポーツ実施者（レベル1B～レベル4）は23.7％（388人），非定期的なスポーツ実施者は76.3％（1,231人）を示した．この定期的なスポーツ実施者の数値は，定期的な運動・スポーツ実施者26～27％とほぼ一致する．また，中段のスポーツへの態度では，自分は運動やスポーツを行なっていると自認している実施者が29.5％（477人），参加する機会があったら行ないたいと思っている実施希望者が47.6％（771人），特に運動やスポーツに関心はない無関心者は22.9％（371人）を示す．この無関心者の割合は，無関心者の数値にほぼ一致する．さらに，下段にスポーツ参加阻害因子である「運動するのが面倒である」を示した．「運動するのが面倒である」23.3％（372人），「どちらともいえない」27.5％（440人），「運動するのは面倒ではない」49.2％（787人）の出現率をそれぞれ示した．

　前2項目より，週1回以上スポーツを実施しかつ自分自身をスポーツ実施者と自認している者を"スポーツ実施者"（n=298），週1回未満にもかかわらず実施者と自認している者を"疑似的スポーツ実施者"（n=179），また，後2項目より，運動する機会があれば参加したいと希望する者のうち，「運動することが面倒であると感じる」"疑似的スポーツ参加希望者"（n=155），「運動することが面倒であると感じていない」"スポーツ参加希望者"（n=348）を，それぞれ類型化した．このような類型化したグループを調査対象者全体に換算すると，"疑似的スポーツ実施者"は約11％，"疑似的スポーツ参加希望者"は約9％，さらに"無関心者"は約21％となる．

　このような疑似的スポーツ参与者の視点から，図10の動向を第3回大会に換算するならば，第2回大会から第4回大会の3大会連続参加者15.9％（図9右列上段）

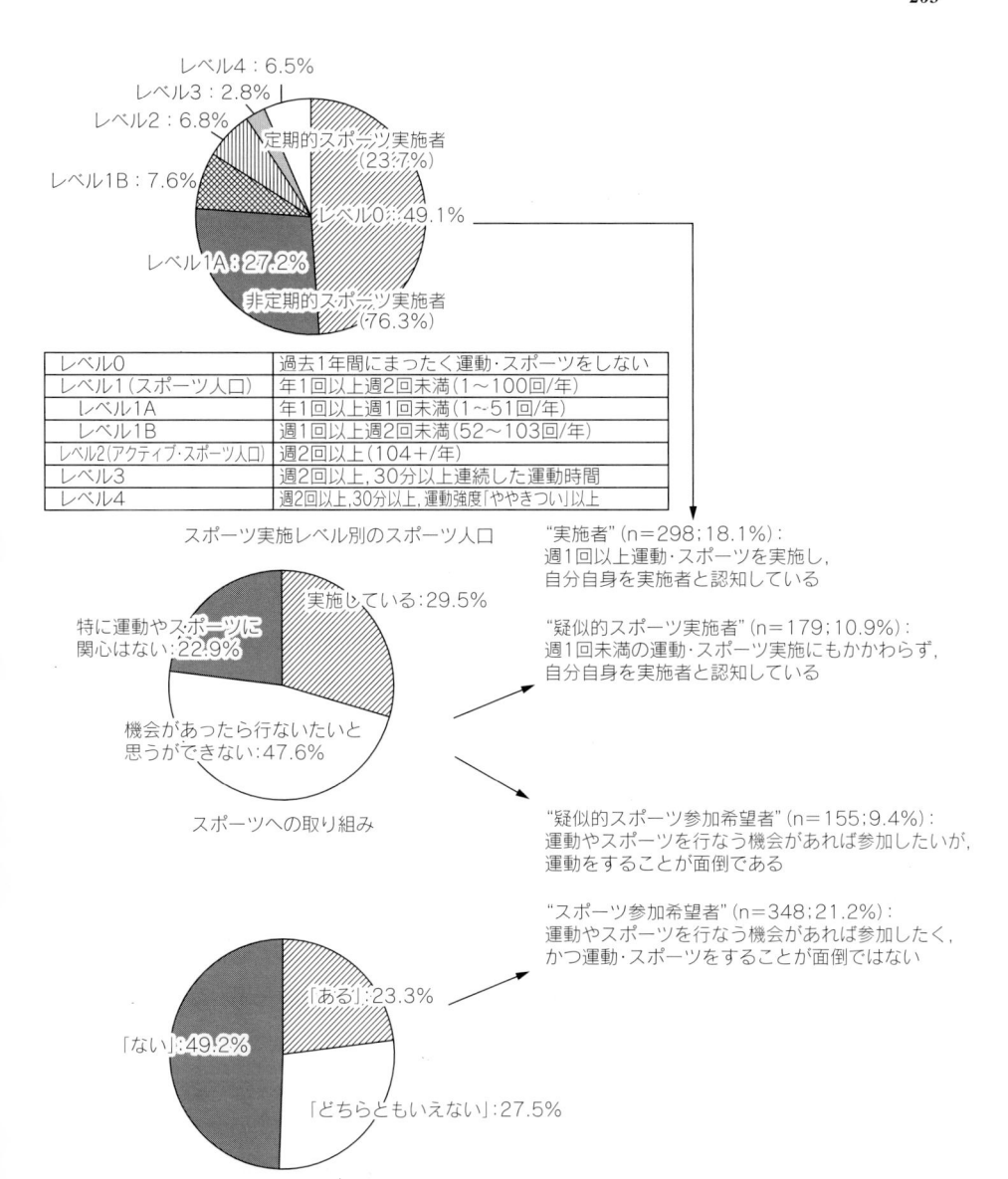

レベル0	過去1年間にまったく運動・スポーツをしない
レベル1(スポーツ人口)	年1回以上週2回未満(1〜100回/年)
レベル1A	年1回以上週1回未満(1〜51回/年)
レベル1B	週1回以上週2回未満(52〜103回/年)
レベル2(アクティブ・スポーツ人口)	週2回以上(104+/年)
レベル3	週2回以上,30分以上連続した運動時間
レベル4	週2回以上,30分以上,運動強度「ややきつい」以上

スポーツ実施レベル別のスポーツ人口

- レベル4：6.5%
- レベル3：2.8%
- レベル2：6.8%
- レベル1B：7.6%
- レベル1A：27.2%
- レベル0：49.1%
- 定期的スポーツ実施者(23.7%)
- 非定期的スポーツ実施者(76.3%)

スポーツへの取り組み
- 実施している：29.5%
- 特に運動やスポーツに関心はない：22.9%
- 機会があったら行ないたいと思うができない：47.6%

スポーツ参加阻害因子：運動するのが面倒である
- 「ある」：23.3%
- 「ない」：49.2%
- 「どちらともいえない」：27.5%

"実施者" (n=298；18.1%)：
週1回以上運動・スポーツを実施し，自分自身を実施者と認知している

"疑似的スポーツ実施者" (n=179；10.9%)：
週1回未満の運動・スポーツ実施にもかかわらず，自分自身を実施者と認知している

"疑似的スポーツ参加希望者" (n=155；9.4%)：
運動やスポーツを行なう機会があれば参加したいが，運動をすることが面倒である

"スポーツ参加希望者" (n=348；21.2%)：
運動やスポーツを行なう機会があれば参加したく，かつ運動・スポーツをすることが面倒ではない

図11 スポーツ参加頻度，スポーツへの取り組み，スポーツ参加阻害因子からみる疑似的スポーツ参与者 (海老原，1996)

は，リピーターの中で，参加意向を示し実際に参加した12.2％と，参加意向は明示しなかったが実際には参加した3.6％から構成される．また，初参加者のリピーター18.7％（図9右列下段）は，初参加者で再参加を希望し実際に参加した15.1％と，参加意向は明示しなかったにもかかわらず実際には参加した4.4％に分割できる．一方，参加意向調査で参加意向を示しながら実際には参加しなかった疑似的な再参加希望者は，リピーターで7.1％，初参加者で21.4％の合計28.5％を数える．

図12に，1995年に開催された日本マーチングリーグ大会におけるリピーターと初参加者別にみる再参加意向を示した．「ぜひ参加したい」と「参加したい」を参加意向を表明していると判断すると，リピーターでは約80％の者が，初参加者では約60％の者がそれにあたる．しかしながら，疑似的な再参加希望者の存在を考慮するならば，その数値を鵜呑みにはできまい．大会参加者の人数をもってイベント成功の指標とするならば，リピーターの確保は重要な課題であり，4分の1以上を数える疑似的スポーツ参加希望者に対してどのようなアプローチをすればリピーターとなるのかは，初参加者にどのような期待をどれだけ抱かせることができるかと，同様に重大な関心事となる．

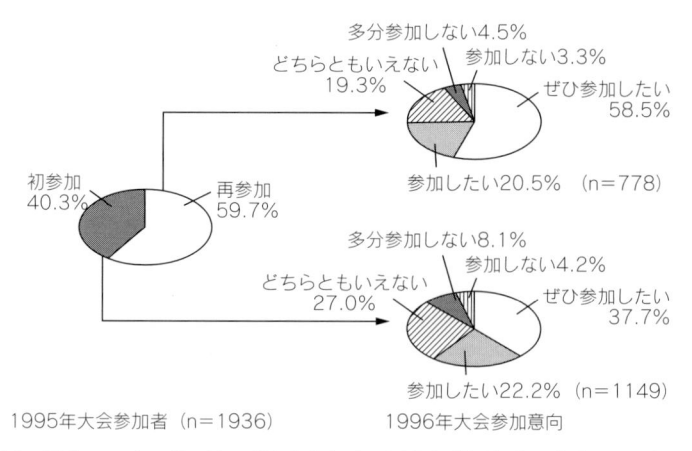

図12 日本マーチング・リーグ大会参加者の再参加状況と次回大会への参加意向

2. スポーツイベントへのプログラム・ライフサイクル理論の適用

　図13に運動プログラム参加者の減率状況を示した．心筋梗塞患者148名の運動プログラム参加の継続率（Sanneら，1973；→）と12週間ウォーキング教室参加者108人にみる1年間の運動実施率（海老原，1993b；→）を組み合わせた．図中●は上段の自主的な運動実施者と下段の病院でのトレーニングという2本の折れ線グラフを描くが，上段の折れ線グラフは累積度数を示す．運動プログラムを継続した者は，30ヵ月後には，自主的な運動プログラム群28％と病院でのトレーニング群10％の合計値38％にまで減少する．また，■印では，12ヵ月後には，週2回以上の運動実施レベルを示す上段の折れ線は36％に，週3回以上の下段の折れ線は25％に，それぞれ減少する．

　このような減少傾向をスポーツイベントとの関連で理解するには，ライフサイクル理論をレクリエーション・プログラム経営に導入したHoward & Crompton (1980) に触発された原田と世戸（1987）による運動プログラム経営へのプログラム・ライフサイクル理論の適用が有効と思われる．プログラム・ライフサイクル理論の段階は，導入期，成長期，成熟期，飽和期を経て，衰退期に向かう．図13に示した運動プログラムが描く軌跡とプログラム・ライフサイクル理論の違いは，前者には導入期，成長期，成熟期が欠落する点である．したがって，最初から飽和期にある図13のような運動プログラム参加者には，以後，衰退期を構成する延長，化石化，死亡のいずれかをたどることになる．

　この飽和期から開始するサイクルを，スポーツイベントに適用した概念モデルを図14に示す．横軸を時間的推移とし，縦軸に設定する指標は，参加人数，参加者の満足度や達成感，経済的効果，そして地域活性化などを設定できるが，スポーツイベントの参加者，開催地で生活する地域住民，開催する行政的な機関，スポーツイベントの企画運営を指導する機関の立場によって異なる．図14の上図のt1，t2の期間は，便宜的に下図のt3の半分とする．矢印はイベントの開催を示す．上図では，縦軸の水準を常に一定のレベルに維持するために，飽和期から衰退期に移る時期に次のイベントを開催する．一方，下図では衰退期の後半にイベントを開催することで，縦軸の水準はサインカーブのような増減を繰り返すモデルとなる．

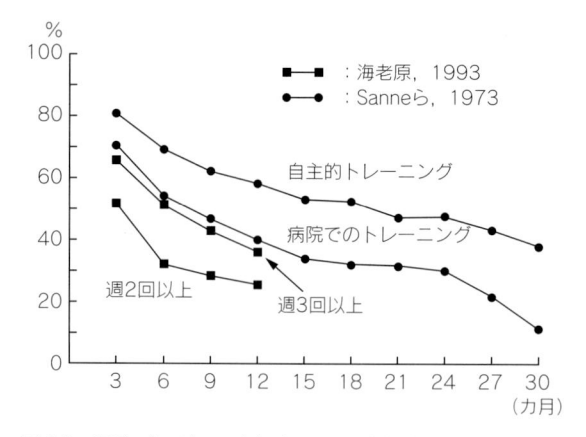

図13 運動プログラム参加者にみる減率状況

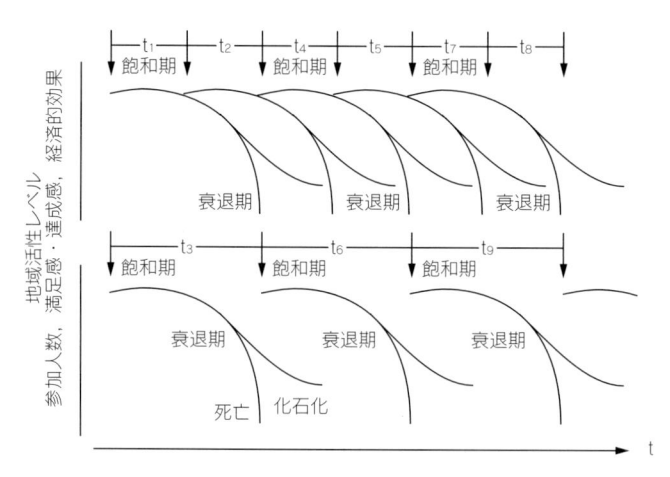

図14 スポーツ・イベント大会の開催周期に対するプログラム・ライフサイクル理論の適応

　例えば，オリンピックは，4年ごとに夏季オリンピックと冬季オリンピックが同年に開催されていた（図14下）が，4年ごとに交互に開催されることで夏季オリンピックと冬季オリンピックが隔年開催になった（図14上）．また，消費者の購買意欲を駆り立てるために，春夏秋冬それぞれの季節にバーゲンセールが催されるが，果たして，消費者の購買意欲はどちらのパターンを描くのであろうか．

3. 地域社会におけるスポーツイベントとは
～まちおこしは，まちを興す，それとも，まちにお越し～

　1996年1月26日付け朝日小学生新聞の第1面には，「過疎になやむ町や村」，「活気ある町づくり，魅力的なイベントで」，「地域の特色生かす」などの小見出しが並んだ．「21世紀に向けて，各地でさまざまなイベントが開かれます」のキャプションの付いた漫画には，8種類のイベントが描かれるが，そのうち，犬ぞり大会，ジョギング大会，バレーボール大会，イノブタレースは，スポーツイベントとなろう．文中では，毎年1月に開催される北海道・歌志内市のスキー大会，和歌山県・すさみ町では5月のイノブタレースなどが紹介され，イベントによる人を集める効果を報じている．
　ここには，地域社会以外からの来訪者の多寡がその活性化に結びつくとの前提がある．投資効果と消費効果に分類した上で，スポーツイベントの社会経済的効果が検討される（山口，1991；野川，1993）が，その効果の影響を受けるのは，当面は，開催者である行政的な機関と専門的な機関に他ならない．もちろん，間接的な効果はその地域社会に徐々に浸透するのかも知れない．しかし，スポーツイベントの経済的効果の指標を，開催者の会場設営費や機材費などの投資費用と，参加者の交通費，宿泊費，土産代などの消費費用から特定する限りは，皮相的な地域活性化としか思われない．これらの経済指標を，当該地域ブロック圏の景気動向や傾向変動，周期変動に関連させた上で，前月比や前年比として標準化しなければなるまい．つまり，開催主体である行政的な機関や専門的な機関にとって，実効力のある経済的効果をお座なりとして，多くの人々が参集したシーンを地域住民に見せつけることで，その地域が活性化しているとの幻想を提示しているように思える．
　一方，スポーツイベントの参加者は，縦軸に何を設定するのであろうか．写真1はウォーキング大会の出発前に慣例的に行なわれる「檄」のポーズである．大会運営者が設定した異なる距離からなるコースを，参加者は自分の能力に応じて選択する．出発直前に完歩を目指して，大会運営者の音頭で参加者全員が，このような気勢をあげる．当初，この前近代的な儀礼をおぞましい慣習と見ていたが，この儀式には，自己実現への願望があると解釈するようになってきた．他者に押

写真1　ウォーキング大会出陣の風景

しつけられることなく，自らが選択したコースを完歩するという，達成感，征服感，爽快感，そして，成功感は参加者に自己を確認させる．ウォーキングに克服的な要素を取り入れることで，自己実現型スポーツまでに昇華せしめたのである．

最後に，欠落し続けるのが，スポーツイベントを受け入れる地域住民の反応である．どのような指標が地域活性化を示すのか，また，その指標がどのように変化したから活性化したと判断するのか，などの論議は，まったく見あたらない．

「誕生日は1年に一度きり，なんでもない日は1年に364日，なんでもない日，おめでとう」と「不思議の国のアリス」で，いかれ帽子屋と3月ウサギが唱うのにならえば，「スポーツイベントのウォーキングは1年に一度きりだけど，なんでもない日のウォーキング毎日だ」と，地域住民の姿勢が変われば，それは素晴らしいことではないだろうか．

まちおこしという冠を付ける地域社会におけるスポーツイベントが，まちお越しである限りは，まち興しとはなるまい．

［海老原　修］

25章

企業メセナの限界と
市民パトロンの誕生
～日本のプロスポーツを支える新しい担い手～

1. フリューゲルスとマリノスの合併

　1998年秋のプロスポーツ・シーンの主役は，"横浜"の名を冠する二つのチームにあった．38年ぶりのリーグ優勝，さらに日本シリーズをも制覇したプロ野球・横浜ベイスターズと，サッカーＪリーグ加盟チームとして初めて姿を消しつつあった横浜フリューゲルスである．

　1993年のＪリーグ創設以来，横浜フリューゲルスは，全日本空輸とゼネコン企業の佐藤工業との共同出資による全日空スポーツ株式会社（以下「全日空スポーツ」）のチームとして活動してきた．しかし，日本社会を襲ったバブル経済の崩壊とその後も引き続く不況の影響を受け，1998年に佐藤工業はフリューゲルスからの撤退を決断した．その後，全日空スポーツは佐藤工業の代わりとなる出資企業を探したと言われるが，最終的には"横浜市"というホームタウンを共有し，やはり経営が傾きつつあった日産フットボールクラブ株式会社との合併を選択した．この打開策は，1998年10月29日に全日空スポーツ，日産フットボールクラブ株式会社，そしてＪリーグの代表者によって正式に公表され，同年12月2日には関係者による契約書調印が行なわれた．ここに新しい法人，横浜マリノス株式会社（チーム名：横浜Ｆ・マリノス）が誕生し，横浜フリューゲルスは事実上，消滅した．

　この一連の出来事におけるサポーターやマスメディアの批判は，企業がその論理のみを拠り所としてサッカーチームの行く末を決定した，という点に集中した．行政と企業，そして市民の三位一体体制を築きあげ，そこに地域との繋がりを見い出すというＪリーグの理念にもかかわらず，件の問題解決において企業側は彼

らの論理のみを判断基準としたことになる．しかし，企業の論理によってサッカーチームの運命が左右されたのは，今回が始めてのことではなかった．

2. 横浜サッカークラブの消滅

　1986年3月22日，Jリーグが発足する約7年前のことである．その年の日本サッカーリーグ1部の最終戦，対三菱重工の試合を全日空横浜サッカークラブの選手6人がボイコットするという事件が起きた．ボイコットの理由は「親会社の全日空が若返りを理由に突然，（クラブ育ちの：著者加筆）中心選手の来期からの解雇を言ってきた．…（そうした）会社のやり方ががまんできなかった」（毎日新聞，1986年3月23日朝刊）というものである．
　そもそも全日空横浜クラブの前身は，神奈川県社会人リーグに登録していた横浜サッカークラブにある．このクラブは1964年に発足した横浜市中区スポーツ少年団が発展拡大したものであり，小学生から成人まで各年代のチームがピラミッド構造をもつ，地域の中から生まれた，まさに現在のJリーグが理想とするクラブ型チームであった．その成人チームは1970年に神奈川県社会人リーグ3部に登録し，1972年には1部リーグ，1982年には関東リーグへと昇格していく．そしてこの頃から全日空による遠征費などの援助が始まった．チームの名称は1979年に"横浜トライスターサッカークラブ"，日本リーグ2部に昇格した1984年には"全日空横浜サッカークラブ"へと変更されたが，特に後者の名称変更の際には，前身である横浜サッカークラブの会則に基づく総会決議などを経ていないという（木口ら，1987）．
　日本リーグ1部昇格と同時に"全日空スポーツ株式会社"が設立され，クラブ員17人は嘱託社員となるが，「若返りによるチーム強化」を理由にクラブ出身の選手が解雇されていく．対三菱重工戦をボイコットした6選手の多くも解雇通告を受けていた．彼らはこうした一連の出来事を全日空によるクラブの「乗っ取り」（木口ら，1987）と受け止めており，試合のボイコットは残された唯一の告発の手段だったという．こうしたとらえ方には賛否両論あろうが，このボイコット事件に対して日本サッカー協会が下した判断はチームに3カ月の公式戦出場停止処分，ボイコットをした選手6人に無期限登録停止処分であった（毎日新聞，1986年4月18日朝刊）．

このような協会の処分は，ボイコットを手段とする選手達の訴えが一方的に却下されたことを意味する．協会側はもちろん意図していなかっただろうが，生粋のクラブ育ちの，ボイコットをした選手に対する無期限登録停止処分は，結果的には彼らの解雇を後押しし，全日空横浜クラブから横浜サッカークラブ色を一掃するのに荷担することになった．1988年にはクラブ名から"横浜"の地域名が削除され"全日空サッカークラブ"となり，中区スポーツ少年団の時代から20年以上の歴史を持つ横浜サッカークラブは実質的に消滅した．地域密着を理念とするJリーグ開幕の，わずか5年前のことである．

3. 企業メセナの限界

　本稿では，全日空あるいは全日空スポーツという特定の企業を非難の俎上に載せるためにこうした事例を取り上げたわけではない．しかし，同一企業の事例，それもプロリーグの発足という大きな契機を挟んだ事例を並べることによって，リーグ発足前後における企業の意識が変化したか否かをうかがい取ることができるのである．

　戦後の日本スポーツ界において，競技力向上のために企業が多大な貢献をしてきたことは否定できない事実であり，サッカー界に関しても，Jリーグの前身である日本リーグ時代に「日本の企業慣行と折り合いをつけながら運営していくために，多くの努力がなされていたこと」（中島，1998）がJリーグの成功の背景にあるという．そうした状況下において，企業経営という立場に立てば，既存のサッカークラブを企業が経営上利用することは倫理的に反しているとは言い切れない．

　しかし，Jリーグは例えそれが政治的なキャッチフレーズであったにせよ，市民・行政・企業の三位一体体制による地域に根ざしたスポーツクラブづくりを高らかに掲げ，こうした理念は人々に広く受け入れられている．したがってプロリーグ発足前後では，リーグあるいはチームと企業の関わりは大きく異なっており，また企業側もその点を認識しているべきであろう．

　ところで，Jリーグ発足時には企業に対して"メセナ"としての活動が期待された（高橋，1994）と言われる．これに対して加藤（1997）は，メセナの要件として企業側の"署名"行為と"長期的な経営戦略"を挙げ，Jリーグが企業に求

めている行為をメセナと呼ぶのはふさわしくないと指摘している．そもそもメセナの対象とされてきた文化領域とスポーツ，特にJリーグとの間には，サポーターという市民の存在において大きな違いがある．企業色を極力廃し，市民を巻き込みながらスポーツ文化を振興していこうとするJリーグの戦略に企業によるメセナという行為は馴染まず，言い換えるならば，企業にメセナ行為を期待すること自体に矛盾が含まれている．Jリーグが企業に対して求めているのは"無償"を前提とした"パトロナージュ"なのであり，Jリーグから撤退した全日空の感覚は「"パトロン役"に疲れた」（読売新聞，1998年12月9日朝刊）というものに近いのだろう．この新聞記事はいみじくも「企業には，パトロンとして応援してほしい」という川淵・Jリーグチェアマンのコメントを伝えている．しかし，パトロンという役割を日本史に鑑み，時の権力者が「芸術や文化を庇護した」ということだけではなく「彼ら自身が能の美や『幽玄』を讃え，あるいは茶の湯を愛した」（吉本，1991）ことを考えるならば，所与の企業はパトロンにすらなっていなかったということになろう．

4. 市民パトロンの誕生

　ところで，フリューゲルスは最終的に横浜マリノスに吸収合併され，選手の何人かはF・マリノスに，残りの選手もそれぞれ別のチームへと移籍したが，この一連の出来事においてフリューゲルス・サポーターは興味深い活動を展開している．まずは"横浜フリューゲルスを存続させる会（「存続させる会」）"の発足である．「存続させる会」はいくつかのサポーター集団の集合体として組織され，フリューゲルスとマリノスの合併回避，"フリューゲルス"の意匠獲得などを目的とする交渉，署名，嘆願活動を行なった．フリューゲルスの消滅が不可避となると，代表者らは新会社"株式会社横浜フリエ・スポーツクラブ（「フリエ・スポーツクラブ」）"を設立し，新たなチーム"横浜FC"を結成する．それと並行して，存続させる会は"ソシオ・フリエスタ"と称する組織へと発展していった．
　"ソシオ"とは，クラブの経営を資金面で支える"個人・市民"ととらえることができる．ソシオ・フリエスタのソシオ達は年間数万円の資金援助をすることによって，クラブ経営についての直接・間接的な発言権を得て，自らが主体となってチーム経営に関わろうとしている．市民・行政・企業の三位一体という理念

の中で，これまで市民は，観客あるいはサポーターとしてチームに関わることしかできなかった．しかし彼らは，資金援助，経営主体という形でのチームとの関わりを模索し始めている．言い換えるならば，現在，大衆消費社会を背景として，不特定多数の個人的なパトロンが誕生しつつある．

　元来，パトロン（patron）とは芸術作品の愛好家・享受者であり，同時に芸術制作活動を支える社会的・経済的担い手という意味も持つ．芸術界におけるパトロナージュ（patronage）は，王侯貴族や少数の富裕な上流市民によって経済的に丸抱えされた芸術家が，そのパトロンの注文に応じて制作活動をするというものであった．こうしたパトロナージュは18世紀後半を境として，不特定多数の顧客を対象に展覧会や演奏会を催し，そこで入場料を徴収するというものに変化していった．つまり，パトロナージュの形態は個人的・直接的なものから不特定多数による間接的なものへと変化したのであり，高階（1982）はこうした変化に近代芸術の誕生をみている．またパトロナージュにおけるこの様な変化にともない，芸術家とパトロンとの距離は離れていく．美術界においてはサロンと呼ばれる展覧会にて作品が売買されたが，そこには芸術家とパトロンの仲介役である"画商"が現れた．音楽界においては，舞台と客席とが空間として分離された大規模なコンサートホールが出現し，演奏者と聴衆が直接関わることはなくなった．こうして「芸術家とパトロンのあいだの距離は，実際にも，比喩的にも遠くなっていった」（高階，1982）のである．さらにこうした変化は，音楽や芸術を消費する大勢の市民の存在，つまり大衆消費社会を背景として生じている．

5．ソシオとクラブの距離

　スポーツにおける入場料の徴収は「ゲームを混乱無く遂行するためのスペクテーター・コントロールの方法」として，19世紀中頃に米国で始まったという（佐伯，1999）．つまり，スポーツにおいても"観客"というパトロンはこれまでに存在してきた．こうした入場料徴収は，入場料収入という経営的な意味合いを深めつつ現在まで続いているが，入場料の支払いという行為に見い出される大衆によるスポーツへの関わりは，観客あるいはサポーターという立場に制限されており，プレーヤーと観客はフェンスによって競技場と観客席という別々の空間に引き離されている．

ところですでに述べたように，フリューゲルス・サポーターによって結成されたソシオ達は，入場料のみならずクラブの運営費を援助することによってクラブの経営にも関わっていこうとしている．こうした動きは，日本において，従来の観客やサポーターという立場を越えた市民とスポーツとの距離を近づける新たな関わり方，新たなパトロナージュの形態を創り出しているようにみえる．また，こうした関わり方が成立して初めて，Ｊリーグが掲げる"市民・行政・企業の三位一体"体制は現実のものになるのかもしれない．資金援助をするという義務とクラブ経営に関する発言権という権利が，企業や行政だけではなく市民にも与えられた時に，三者は対等な立場となり，三位一体体制が機能するであろう．

6. 市民パトロンの将来

"ソシオ"にみられるような個々人がチーム経営に関わるシステムは，Ｊリーグが理念とともに提示すべきものだったのかもしれない．しかし今では，こうしたシステムがＪリーグからのトップダウンではなく，市民の中からボトムアップ的に生まれつつあるところに，将来的な発展の可能性を感じる．

しかし，フリエ・スポーツクラブとソシオ・フリエスタはその後，良好な関係にはない．横浜FCは2000年度JFLにて年間総合優勝を飾り，2001年度からはJ2リーグに昇格した．その際にはＪリーグ入会の審査が行なわれたが，その審査ではリーグ側より，クラブの経営にソシオ・フリエスタが関わることの法的根拠が問われ，またクラブ予算のおよそ5分の1を占めるソシオ会費の管理についてクラブ側がイニシアチブを取るように求められた．こうした点を改善するために，フリエ・スポーツクラブは新たに"横浜FCクラブメンバー"という制度を作り，従来のソシオ会員とクラブとの直接的な契約関係を結ぶ．このような動きにソシオ・フリエスタは反発し，クラブに対してソシオ会員名簿の引き渡しおよび使用禁止などを求める仮処分命令の申立てをしたが，この申立ては最終的に裁判所から却下された．フリエ・スポーツクラブはソシオ・フリエスタとの関係を断ち，クラブメンバーという制度にソシオ会員との将来的な発展を目指している．

新たに作られた横浜FCクラブメンバーの規約によると，クラブメンバー（従来のソシオ会員）の位置づけは，サッカーを楽しむアマチュアプレーヤーとして，あるいはイベントその他におけるボランティアとしてある．その姿はソシオ・フ

リエスタが目指していたような経営主体としての関わりからは離れてしまったように感じられ，ややもするとクラブ公認のファンクラブと何ら変わりのない団体になるとも考えられる．横浜FCがファンクラブを持つこと自体には何ら問題はなく，あるいはソシオ会員の多くは，そうしたファンとしてのチームとの関わりを求めているのかもしれない．しかし，フリューゲルス消滅をきっかけに再スタートし，市民の手によって創り出されたフリエ・スポーツクラブの存在意義は，市民によるクラブ経営への関与，つまり新たなパトロナージュの形態を模索することにあるだろう．フリエ・スポーツクラブでは，現行のクラブメンバーによる株式保有の可能性について検討を続けている．そこではクラブメンバー保有の株式は総株式の3分の1とされ，これによって株主総会においてクラブメンバーの意に添わない決議案（総株式の3分の2以上で議決）を否決することができる．つまり，市民株主制度によってクラブメンバーという市民は，クラブ経営における法的発言権を獲得することになる．こうした制度の実現までには，法的な問題，既存団体との摩擦など多くの障害があるだろう．しかし市民株主制度の実現，つまり市民・行政・企業がともに義務と権利を獲得すること無くしてはその三位一体性の実現は困難だと思われる．フリューゲルスの消滅という歴史から誕生したフリエ・スポーツクラブには，そうした制度の実現に向けてJリーグ各クラブのイニシアチブを取ることが期待されるだろう．

7．もう一つの"三位一体"

ところで，わが国の江戸時代後期から幕末にかけては江戸という都市に特有の大衆文化が開花したが，その担い手は読書き算盤ができ，武士をもしのぐ経済力をつけた町民たちであった（西山，1987）．中にはブルジョア的な階級意識を持つ層もあらわれ始め（上野，1995），文化に対するパトロナージュも行なわれていた．その多くは芝居を鑑賞したり，茶の湯や踊りの稽古事に通ったりというものであったが，経営困難に陥った座（劇団）の興行主になる者もいたという．江戸の町民は，彼ら特有の文化の「創造者であり，かつパトロンであり，観客であるという三位一体の様相を実現」（藝能史研究会，1986）していたのであり，また彼らがそうした多様な姿を持つことによって，江戸の大衆文化は繁栄したとも言える．

さて，現代の市民はサッカーの創造者（プレーヤー），観客（サポーター），パトロンの三役をうまく演じることができるのだろうか．市民・行政・企業の三位一体と同時に，創造者・観客・パトロンの三位一体も成立するのか，このあたりに,サッカーをはじめとする日本のプロスポーツの将来がかかっていそうである．

［高峰　修］

26章
市民球団「広島カープ」スピリットの意味するもの
〜「個」としての純粋な「私人」を生んだタル募金〜

1. 独り歩きする「市民」

　そもそも「市民球団」とは何か．ひらたく言えば，「一都市に球団のフランチャイズを置いて，球団名にその都市名を冠すること」で一応の説明がつく．フランチャイズとは，直接には本拠地での独占的興行権を意味するが，一方で，一都市にフランチャイズを置くことが，球団の「市民球団」たり得る担保になって，都市のスポーツ振興に一役を担う主体として，その意義を持ち合わせることにもなる．なるというより，その意義を発動せねばならない使命をもつことが「市民球団」の目指すべき理念として球団運営に内実化されていくのである．ここではプロスポーツをイメージした「市民球団」を狭義に解釈しているに過ぎないし，もちろん，多様に「市民球団」のとらえ方があるには違いない．

　その上ではたして「市民球団」と言った場合の「市民」とは，一体何を意味するのであろうか．「『市民』という言葉には，多くの場合，あるプラスのイメージがついており，『市民』は常に正義の側に立っているというニュアンスが醸しだされる．こうして，その実態も意味内容もはっきりしないまま，ともかくも『市民』という言葉だけが独り歩きしはじめる」(佐伯，1997) ことは，スポーツ振興の世界においても無関係とは言えないし，そうした推察は不自然ではない．地域スポーツ振興の今日的課題として取り沙汰されている総合型地域スポーツクラブ政策や企業内運動部の廃部にともなう市民株主型の運営手法には，実態や意味の本質を無意識にしたまま「市民クラブ」の言葉が使用されているのである（サンケイスポーツ日曜特別版，2001年2月25日）．

2.「市民」なる言葉の「偏向と思い込み」

　佐伯（1997）は，「市民とは，世の中で生じているさまざまな政治的悪に対して，一定の政治的意識をもった存在」として「特権化」されてしまうことを「いささかうがった見方」であると前置きした上で，「そうとでも解釈しなければ，この『市民』という言葉の魔術的な力を説明することはできない」という．そして「民主主義を市民の意思による政治と考えれば，これはまぎれもなく，民主主義の進展である」とするが，「果たして，われわれの目の前にある『市民』なるものは，民主主義における権力の主体という地位に耐えられるだろうか」というジレンマを自嘲気味に語る．その上で，こうした「市民」なるものの理念の「窮屈な先入観の圧迫から解放」されることで，「偏向や思い込み」の社会思想を明らかにしようとしている．

　佐伯（1997）の指摘する「偏向や思い込み」が地域スポーツ振興の場面においても，「市民クラブ」という言葉の中に埋没しているように思え，だからこそ「市民」がスポーツ振興の場面で独り歩きし，「正義の側」に無意識に導入されているように思う．本論では，この「市民」なる言葉の「偏向と思い込み」を前提として，「市民球団」「市民クラブ」の背後にある「市民」の今日的解釈について，プロ野球「広島カープ」球団を取り上げながら，この課題に取り組むことの第一歩としたい．

3.　市民球団「広島カープ」の草創期

　ではなぜ，広島カープ球団を取り上げるのか．

　「V1記念広島東洋カープ球団史」（1976）は，元セントラルリーグ会長の鈴木龍二の言葉「大リーグの例を見ますと，まず本拠地の地方公共団体が無条件でバックアップし，住民が出資して住民が運営し，住民が熱狂的に支持して収支のバランスを保っています．…本拠地都市との完全なスキンシップなくしてプロ野球球団の健全経営はありません．その点，大リーグ球団にもっとも近い経営形態をもっているのが，わが国では，広島東洋カープであると言えます．…ここにプロ野球が存在する理由がある」を紹介している．この論拠になる球団史を草創期に

限り，まずは振り返ってみたい．

　昭和20年8月6日，米軍の原子爆弾が広島市に投下される．廃墟となった都市の復興には，広島県，広島市の地方公共団体と広島商工会議所，広島青年会議所の経済団体のほか，とりわけ日本各地で活躍していた広島県出身者の郷土への誇りと復興を願う強い意識が働いていた．

　昭和24年4月，広島一中（現国泰寺高校）出身で当時山梨県知事であった谷川昇は，「プロ野球が焦土の中から立ち上がった広島の人たちの精神的慰安と結束に役立つ」と判断し，その呼びかけに応じて，中国新聞東京支社長河口豪が広島出身で戦前のプロ野球経営に尽力した金鯱軍の代表山口勲に相談し，資料の収集を始める．その後，河口は広島電鉄専務伊藤信之とともに，東京から広島への帰路車中で広島を本拠地とするプロ野球球団創設の構想を練った．当時のプロ野球8球団は，「そのいずれもが本拠地を東京，大阪，京都，名古屋においている関係上，これら地元ファンの熱烈な希望を満たしえず，これが招致には莫大な犠牲を要した」が，それとは無関係に，広島を本拠地とした球団招致は，県市，財界，そしてもちろん広島市民の熱烈な歓迎を受けて準備が進められたのである．

　当時，プロ野球球団の創設には，入場料収入において球団運営上の資金調達のメドが立たなければならない事情があり，そのためには，観客動員が望める立地条件と観客が球場まで移動できることが前提となっていた．したがって，人口の多い大都市を中心に電鉄会社や新聞社が球団の親会社になることの必然性があった．しかしながら，広島カープ球団は，その前提をもともと持たず，親会社に依存しない経営母体であったのである．大口の出資先のないまま資金調達はまったくのゼロからのスタートであったと言われる．県や複数の市や財界からの資金調達は，カープ生みの親，谷川昇の手腕にかかっていたが，公職追放中の身で球団づくりに肩入れすることは，公職追放に違反するとされたため，資金計画の一線から退いた．その後，金鯱軍代表を務めた山口勲を中心にプロ野球に関しては，まったくの素人たちが集まり，球団を創設することになったのである．そうして集めた資金は800万円．同じ頃太洋漁業が3,000万円をかけて球団を創設したのに比べていかに少なかったか，見切り発車の球団創設であったことには違いないのである．

　昭和24年9月28日中国新聞は「広島プロ野球団誕生か　チーム名は"鯉（カープ）"」と加盟手続き完了を報じ，同年11月28日セントラルリーグより正式に

写真2 昭和26年3月26日,石本監督は後援会結成の
第一声を広島県庁正面玄関前であげた.
「V1記念広島東洋カープ球団史」中国新聞社,1976

加盟承認され広島カープ球団が創設された.しかし,加盟承認後に至っても,県の財政支援のメドはたたず,昭和24年12月の定例県議会では,「立地条件」「野球への深い理解」「全国的著名選手の輩出」「日米親善に協力」「恵まれぬ郷土ファンの熱望」を県からの財政支援の条件として決議し,広島カープの球団経営を「県財政のホープ」として位置づけて,「一個人あるいは一会社のチームとすることなく,その株を一般から募集」する市民株主制度を導入したのであった.これにより,県からの具体的な予算措置の見通しが立ち,昭和25年1月15日,現広島県庁舎一帯にあった西練兵場跡(当時の広島市民球場)に,当時松竹ロビンス監督の石本秀一をカープ初代監督に迎え2万人の市民を前に球団披露式典が開催される.ところが,昭和25年6月,リーグへの加盟金および分担金の300万円の支払いが遅れ,地元企業の東洋工業(現マツダ)と中国新聞社の支援を受けて,同年9月3日,株式会社としての登記をなんとか済ませることとなった.

4. 後援会づくりと街頭タル募金

　大和球士が「プロ野球三国志」の中で「史上かつてない悲痛な叫び」と記した,カープ球団消滅の危機を迎えるのはそれからであった(1957a,1957b).昭和26

写真3 昭和26年，選手，後援会が一体となって強化資金獲得運動を展開した．
「V1記念広島東洋カープ球団史」中国新聞社，1976

年2月，球団の台所事情はひどく，選手の給料の未払い，選手寮家賃の滞納，二軍選手の切捨て，汽車賃すらないという悲惨な財政状況に，球団役員会はカープ球団解散を決定した．しかし，カープ監督の石本は，「一切を私に任せてくれまいか」と役員会の決定から「石本一任」に覆す．その後，石本は，当時富士製鉄社長の球団顧問永野重雄の「大口の金ばかりあてにせず，大衆から小口の金を集めたらどうだ」のアドバイスを受け，後援会づくりに奔走する．昭和26年3月20日，県庁前で昼休みに石本監督自身が，後援会会員募集の第一声を行なう．この呼びかけに「広島市の警察官400人が小遣いを持ち寄って16,000円を寄付した」のをきっかけに，市民が，酒樽を街頭に持ち出し，「カープを救え！」と街頭タル募金活動が始まるのである．その後，昭和26年7月29日，広島県営球場でカープ後援会の発会式を行ない，163支部からなる後援会が支える球団となったのである．広島カープは昭和26年のシーズンは最下位に終わったが，球団財政は公式戦収入500万円，後援会収入400万円，球場の純益500万円の収入から130万円の黒字になり，今でも「プロ野球界の七不思議」として語り継がれている．

写真4 昭和26年，地元でも公式戦では入場者の拠出したタル募金が，試合開始前，石本監督におくられた．
「V1記念広島東洋カープ球団史」中国新聞社，1976

5. 恐るべき後援会パワー

　タル募金は，昭和27年から昭和28年にかけても続けられた．昭和27年のシーズン，松竹ロビンスが大洋ホエールズとの合併に追い込まれ，広島カープは選手補強のために松竹の3選手の獲得に乗り出す．この時の資金は，後援会が中心となって募金を呼びかけ，あっという間に1,000万円が集まり，3選手の獲得が実現する．その後，さらに3選手の獲得に400万円を目標に募金をはじめるのである．この金額もなんなくクリアし，熱狂的な広島市民10万人が選手たちを出迎えることになる．当時のウグイス嬢は，ゲームが雨天ノーゲームになると，「皆さまの貴重な入場料は，カープの強化資金にさせていただきます．ありがとうございました」と放送しても「それでも，お客さんからはぜんぜん苦情が出なかった」と回顧している．

　これら6選手の補強をしたシーズン途中，カープ消滅の危機を救った功労者である石本秀一監督を後援会が解任するという事件が起こる．その理由の詳細はつかめないが，後援会が球団役員以上の権限をもち，監督を解任するパワーをもっていたのである．

　それでもカープ球団の財政事情が好転したときはなかった．昭和29年には，

累積赤字が5,600万円（現在の金額にして10億円程度）に膨れ上がり，同年12月17日には，株式会社「広島野球倶楽部」を解散し，翌年1月25日には，新会社「広島カープ」がスタートした．これによって，旧会社の株券はただの紙切れになってしまったが，誰一人としてそれに苦情を言うものがいなかったという．むしろ，その株券を破棄せずに記念として残している人もいたそうである．

6. 純粋な「私人」であった広島市民

　広島が原爆投下の焦土と敗戦後の荒廃の復興渦中にあって，広島カープ球団の創設が復興事業の必然の行政主導であったと言及することはたやすい．県や複数の市が県議会の決議を経て資金を出資し，県市の幹部や財界の大物たちが球団運営に素人でありながら，強力に球団創設を推し進めたことには違いない．昨今のJリーグの各クラブが，運営資金やスタジアム建設に県市の出資を受け，地元財界の大物たちの人的ネットワークで創設されていることは当時の広島カープ球団の創設手法と比較しても相違ないと言っても不自然ではない．

　それでは，広島に存在した「市民」は，今日的課題における「市民クラブ」の「市民」といったい何が違い，何がタル募金への布施へと駆り立てたのか．そのことは，戦後の荒廃した社会情勢の中で，「市民」が結束するシンボルであったと誇張してよいものなのか．広島カープ球団の草創期に，当時の広島市民が今日的課題としての「市民クラブ」の理念を新聞やテレビ・雑誌等のメディアを通して日常的に知り得たと思えず，また，それを保障する法や制度が県や市当局にあったとは思えない．さらに，佐伯（1997）の言う「一定の政治的意識をもった存在」としての「市民像」を想起することさえ困難である．

　広島カープ球団の草創期の「市民」を，「個」としての純粋な「私人」と想起してみたい．後援会がタル募金をし，それへ布施した広島市民一人ひとりを個の行為として引き寄せてみると，その行為は，「カープを救え！」の呼びかけに応じて「個人的欲求を表明することのできるような連帯，単に自己中心的で受動的な連帯組織」（メリッチ，1997）を広島カープ球団に求めていたように思う．メリッチ（1997）は，「もしそれが私にとって意味のないことなら，私は参加しない．けれども，私のすることは他人に対しても有益である」ことが「所属組織や地位・出自に関係なく，行為者として自己を認識する機会」となり「新たな役割

や制度と結びついた新しい『選択的』アイデンティティへと移行する」ことになるという．

　この手法にそって広島カープに対する市民の姿勢を問うならば，広島市民がこれまでの伝統的な社会秩序から解放され，ひとりの社会的行為者として「個人」となる機会を与えられたこと，そして，「個人」となることの決定権を組織や制度，国家や社会階級に関係なく行使できたこと，また，それによって他人と区別されない個として自己を語ることができたこと，それが広島カープを「市民球団」として草創期につくりあげた「市民像」ではないかと思えてくる．

7．「私人」として広島市民と向き合った創設者たち

　そうした「個」としての純粋な「私人」は，球団創設に関わった谷川昇や山口勲，石本秀一らの内面にもあったように思う．彼らの熱意と情熱，そして，それを伝えようとした個人の内面にあった動機に広島市民との境界をなくしてしまったのではないかと思う．そう思った大人たちが，当時のプロ野球球団創設の前提にかかわらず，ただ創設に尽力した個人，ただ一人の中にあった純粋な「私人」としての動機が，親会社と向き合って常に球団の存在意義を問わなければならない制度に決して埋没することがなく，広島市民個々の感情と向き合ったのではないか．もちろん，現実には，広島カープ球団の草創期には，プロ野球球団創設の前提の中で，複雑な緊張関係や利害関係と無関係ではなかったと想像する．しかし，それに向き合い，だからこそ他球団と足並みを揃え，球団運営の平均化，標準化に対峙することなく，広島カープ独自の球団運営の仕組みをあくまで個人の力で語らなければならない創設者の役割があったのではないか．「市民球団」とは，そうした平均化，標準化されたスポーツ振興の前提や国家の保障する「市民クラブ」とは無縁であることに意義があると思う．制度や前提にまったく無知である方がよい．それが「市民が市民たり得るクラブ」となる個のもっとも近い存在の「市民」となるような気がしてならない．広島カープ球団の存在は，そのことの今日的意義を私たちに教えてくれるのではなかろうか．

おわりに

　松永（2001）は，「カープ・苦難を乗り越えた男たちの軌跡」の中で，広島カ

ープ球団の伝統として，草創期からたびたびの「球団存続の危機」を経てきたこ とと，この種の「革新的な施策」は表裏一体のものであることを指摘した上，そ のあとがきに「存続さえ危ぶまれた弱小貧乏球団の顔のほかに，もう一つの顔を 伺い知ることができる．それは，数々の新しい試みを画策し，野球界において先 駆者的な存在になっていることである．古くはコンピュータによるデータ収集に どこよりも早く着手したこと．そこから，『王シフト』なる戦術も生まれた．ほ かに，ヤンキース戦法の導入，アメリカ教育リーグへの参加，大リーグ出身の監 督の招聘，雨天練習場の建設，グラウンドをカバーするシートの作成，沖縄での 春季キャンプ，スイッチヒッターの養成など，どれもカープがハシリであり，現 在もまだ廃れていないシステムばかりである．それどころか，他球団が積極的に 追従している」と記す．

　わが国のスポーツ組織の関係者が，「個」としての純粋な「私人」であった広 島カープ球団の創設者たちと広島市民のスピリットを想起されることを願いた い．その思いは「広島カープ」を「市民球団」として呼称したいという私的関心 にもちろん拠る．

［水上　博司］

27章

コミュニティ・スポーツの限界とアソシエーション・スポーツの可能性

　ダグラス中佐（Archbald Lucius Douglas）の発意によって開催された明治7年（1874）の競闘遊戯会（アスレチック・スポーツ）を木村（1999）は，競技性の強い種目と娯楽性の強い種目の2種類から構成されたと分類する．競争に内包される「楽しみ」をア・プリオリに否定し娯楽に対峙させる構図が推察され興味深い．わが国の近代スポーツの揺籃期に上演された運動会の成立を競闘遊戯会と体操伝習所の交錯の上に見るとき，幕末期から横浜に居留したイギリス人たちが示したライフスタイルの一部としてのスポーツ，自発的なクラブ組織で自己規律に基づき運営されるアスレチック・スポーツなる近代スポーツが，学校の外で成長する土壌が十分できていなかったために，政策的に学校運動会に向かわなければならなかったし，また書生運動会の持っていた政治的意味を過剰に抑圧して，そこでの自発性を窒息させてしまったと指摘する（木村，1999）．この自発性はその後校友会運動部へ引き継がれ開花することになるが（渡辺，1978），わが国はじめての課外スポーツ組織の結成を促すストレンジ（Frederick William Strange）においてもイギリスのパブリックスクール的なスポーツ観，すなわちスポーツによる性格陶冶に重きをおいていた（渡辺，1973）．ここには，近代的な個の成立を前提とするスポーツが日本に植え込まれ発芽し開花するには，あらかじめ何らかの意味が添付されていなければならなかったし，同時にその意味を効率よく展開することが目論まれていたと推察できる．したがって，エリートによるスポーツ競技会であった初期の競闘遊戯会ですら人格陶冶が期待され，いわんや運動会においては近代国民国家の主体＝臣民にふさわしい身体を調教する儀式へと展開していく企て（吉見，1999a）も無理ならんこととなる．「楽しみ」や「面白さ」といった固有の喜怒哀楽を実感する娯楽をスポーツに求めたい，となまなか宣言できない昨今も個の成立をいまだに猶予していると，逆説的にながめ

ざるを得ない．

　このように御雇い外国人によって紹介されたスポーツは，それ以来，先の企てに沿ってあたかも原初的にその機能が賦与されているかの如く全国津々浦々へ伝播する．否，その機能や意味を効率よく浸透させることを目的として運動会，そしてスポーツが普及する．競争的でかつ団体的であるバランスの上で身体を調教するための巧妙な戦略として，個人の運動能力の呈示に集団の対抗意識を貼り付けた運動会こそ，身体を集団性への帰属化を通じて国家的な身体能力へと同一化させる回路をかたちづくっていた（吉見，1999a）．

　この巧妙な仕掛けは，今日でも，教育的価値を文部省が，医療福利厚生を厚生省と労働省が，産業振興を通商産業省が，地域づくりを経済企画庁や自治省が，それぞれ「身体教育」「健康づくり」「レジャー」「地域づくり・健全育成」という絶妙の命名のもとに存続する（図15）．「相対的に自立的な場」として成立する教育的価値だからこそ他の領域との離合集散が可能となり，健康教育，教育産業，コミュニティ・スポーツなどの事例を形成する．あるいは，身体教育と保持健康から保健体育なる言葉を造り出す．そして，国民国家の主体＝臣民にふさわしい身体は，身体教育と保持健康が相互に補完することをスポーツに求める教練によって，実践としての軍隊に収斂する．このようなベクトルが生成される事由もまた，スポーツが本来の意味に確固たる地位を確立しないまま時をやり過ごしてきたためであり，それをお座なりとしたまま故に，スポーツに悲劇と喜劇が生まれた．

　とまれ．われわれは，長い間，そして，現在も，生のスポーツを味わい，スポーツの喜怒哀楽を実感することから遠ざけられ，スポーツとの共生・共楽の時代をいまだに知らない，のかもしれない．

　例えば，地域スポーツを代表する生涯スポーツやスポーツ・フォア・オールを俯瞰（ふかん）すると，「スポーツによって健康を取り戻そう」の標榜を源流とするノルウェー・スポーツ連盟（1967）から「フェアプレー：勝利への道」の倫理綱領を掲げる「ヨーロッパ・スポーツ憲章」（スポーツ・カウンシル，1992）までの系譜となる．ここにも先に指摘する構図，すなわち健康を取り戻す手段としてスポーツを位置づけていることを知る．しかし，なかにあって「ヨーロッパ・スポーツ・フォア・オール憲章」（1975）とユネスコ「体育・スポーツに関する国際憲章」（1978）が注目される理由は，前者が「人はだれでもスポーツに参加する権

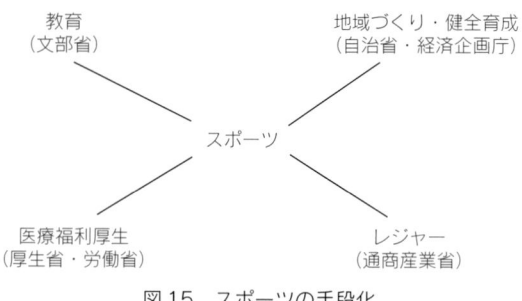

```
            教育                    地域づくり・健全育成
           (文部省)                   (自治省・経済企画庁)
               \                    /
                \                  /
                 \                /
                   スポーツ
                 /                \
                /                  \
               /                    \
          医療福利厚生                 レジャー
         (厚生省・労働省)              (通商産業省)
```

図15　スポーツの手段化

利を持つ」を，後者が「体育・スポーツの実践は，すべての人にとっての基本的権利である」と，それぞれがスポーツの手段化の呪縛から脱出を図る「スポーツ権」を宣言するからである，とすでに記した（海老原，2000a）．なぜ，次のように宣言しないのか．「スポーツ・フォア・オールは，スポーツ特有の喜怒哀楽を実感することを目的に，自己投資する個人・団体のスポーツ活動が，普遍的となる社会を目指すムーヴメント」と．

1. コミュニティ型スポーツの限界とシビル・ミニマムの論理

　ところで，地域スポーツの振興政策を「スポーツ村」「社会体育論」「コミュニティ・スポーツ論」「スポーツ・フォア・オール」「生涯スポーツ論」とたどるとき，いまだこのスポーツの手段化の呪縛の流れにまかせるように思える．生活の場における人間性の回復を謳う「コミュニティ」に連動するコミュニティ・スポーツ論では，自治省や経済企画庁の「地域開発」「住民参加」や厚生省「コミュニティ・ケア」の時流の中でその存在根拠をシビル・ミニマムに求め，その結果，コミュニティ・スポーツが片方の車輪の如く機能すると錯覚した．本来自発的であるが故に自律的であるスポーツを，ここでも，コミュニティにおける生活環境条件のシステム的な整備の一環となる社会保障や社会資本にすり替えたことになる．保健体育を学校教育が保障するシビル・ミニマムととらえる考えに応じて，地域スポーツを社会教育が保障するシビル・ミニマムと位置づけたのである．しかしそれが錯誤であった理由は，マッキーヴァー（1975）に換言するならば，本

来スポーツはシビル・ミニマムという共同関心ではなく分立関心であるからに他ならない．スポーツは元来アソシエーションという分立関心であることを欧米やわが国のスポーツ連盟の呼称が証左を示す．コミュニティ・スポーツ論は，スポーツを分立的関心を経ないまま共同関心に転化する連結的結合を示すと思い違いの典型となった．

　このような観点から，1999年元旦天皇杯で優勝した横浜フリューゲルスの解散は，地域社会（コミュニティ），企業，学校に依拠するコミュニティ型スポーツの限界を象徴する事件として注目できる．地域に根ざしたスポーツクラブをJリーグの理念に掲げるが，ここの地域には血縁や地縁といった伝統型コミュニティとその存続維持が標榜され，先のコミュニティ・スポーツに回帰する．財団法人日本サッカー協会の英訳に相当するアソシエーションが，その対峙語であるコミュニティに根づくスポーツという言説は先に記述したコミュニティ・スポーツの錯誤や矛盾の一例となる．

　昨今の企業スポーツや運動部活動の衰退は，コミュニティ型スポーツの限界を突きつける．企業スポーツの主要な目的は，設立当初の従業員のレクリエーションに始まり，士気向上，連帯感高揚を経て知名度アップや商品イメージ向上という宣伝媒体へと変わるものの，根底に一貫する思想は利潤追求の効率化である．したがって，企業スポーツ選手の所得保障や医療保障といった社会保障制度の前近代性もこの思想の拘束下にもちろんある．1999年3月に休部した実業団バスケットボール選手3人がリーグ唯一のクラブチームに合流したが，日本バスケットボール協会はこの3人の移籍を拒否し，「選手は自社員かプロ選手」という実業団の原則を適用した．スポーツを行なう権利を企業が持つのか，選手が持つのかという視点に立つとき，企業が優先的に保有するという解釈と，それに異議申し立てできない選手の理由に思いめぐらせ，ここでも自発的なクラブ組織における自己規律を以て運営されるべきスポーツが，いまだにそのような運営形態を確立していないことが確認される．

　一方，学校というコミュニティに依拠する運動部も，生徒数の減少，教職員の高齢化や異動，スポーツ離れ，それにともなう運動部の縮小など，危機が叫ばれて久しい．1992年「703」から1999年「557」とは神奈川県中学体育連盟でのバレーボール部の設置数の推移で，わずか6人が集められない状態が続き自然消滅したり，顧問の移動で廃部となったりと，事情はさまざまである（神奈川新聞，

2000年1月12〜16日).そこでは運動部活動の現実的な存在意義を,学校全体のレベルアップや活性化,非行防止,私学では知名度アップやイメージアップに求める.相対的自立性に足腰の定まらない教育的価値や企業の論理を反芻してしまう.ここにも,まずは学校ありきを前提とする,コミュニティ依存型スポーツであることを露呈する.その典型は,高校野球連盟が下した1997年統廃合の部員不足校から編成される合同チームの出場認可である.2校の名称を合併したチーム名はまさしく学校ありきの感を呈示していた.アソシエーションであったならば,「今年は部員がいないので出場しません」と堂々と胸を張れたのかもしれない.

　松原(1978)はシビル・ミニマム論の限界を,①地方行政体側の作成した官製的基準であって非市民的となってしまう,②この基準が行政の許容基準,住民の受忍基準となってしまう,③自治体全体の目標設定が必ずしも普遍的地域格差を是正しない,下位地域間の格差を招来する,と警告した.この警告は20年を経た昨今,企業スポーツや学校運動部活動にみる事件を言い当てる.すなわち,①顧問教師の移動によって当該スポーツ種目の廃部,②プラスアルファが期待されない機構や予算の硬直化,③高校野球にみる連合チームの結成,などに事例を求めることができ,ナショナル・レベルでは①モスクワオリンピック不参加,②パラリンピックとオリンピック関係機構の分断や,オリンピックによるパラリンピックの吸収,③JOC傘下のスポーツ競技団体による補助・助成金不正請求事件などと,現実のものとなった.

2. 総合型地域スポーツクラブへ続くコミュニティ型スポーツの陥穽

　このような視点から生涯スポーツの拠点づくりとしての文部省が奨める「総合型地域スポーツクラブ」構想も先の呪縛や松原の警告の延長線にあるように思える.既存の組織存続や組織目標の補完的機能を前提とする地域スポーツの改名戦略に留まるように思える.愛知県半田市成岩スポーツクラブの趣意書でも,青少年の健全育成,地域住民の健康づくり,そして地域づくりを目標に掲げる.つまり,スポーツによる青少年の健全育成,地域住民の健康づくり,そして地域づくりを標榜する.この構想はドイツ「4つのドア」をモデルとし,青少年課,健康福祉課,建設課,環境課などの統合を志向する(山口,1999)(図16).しかし,

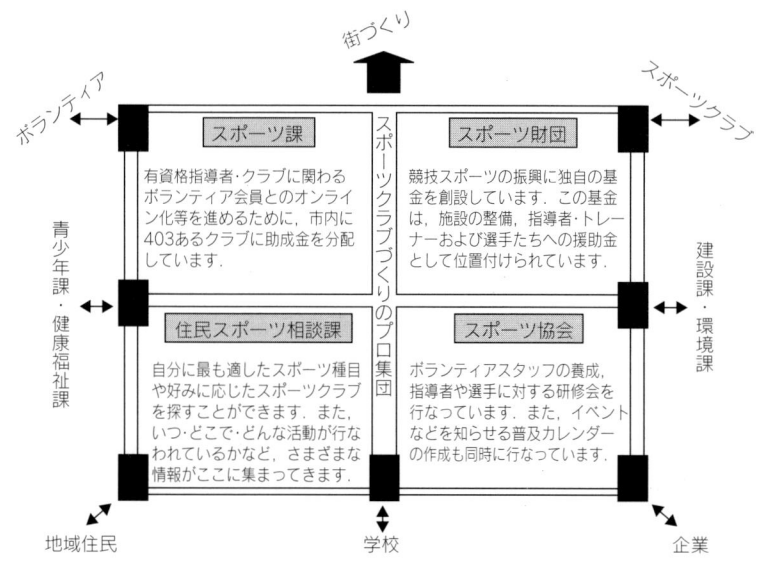

図16 ドイツ・クライスノイス市「4つのドア」モデル (山口, 1999)
「4つのドア」は，（市民に対して）「地域の各スポーツクラブに対して」「他の部局に対して」「地域内の他の社会的機関に対して」「残りの3つのドアに対して」, いつも開かれているというメッセージが含まれています. スポーツとは一見関係のない諸団体との連携・協力関係を充実させることで，スポーツの振興はもちろん，それを支える地域の活性化（街づくり）を推し進めています.

ここでも，先の呪縛戦略の枠内にあり，行政主導にしろ，行政連帯にしろ，シビル・ミニマム論の限界を踏襲する危惧を再び抱く．

3. 自助なる発想：「天は自らを助くる者を助く」

先述したスポーツ・フォア・オールの理念に「スポーツ・フォア・オールは，スポーツ特有の喜怒哀楽を実感することを目的に，自己投資する個人・団体のスポーツ活動が，普遍的となる社会を目指すムーヴメント」を確認するとき，合目的性がコミュニティの呪縛からの脱出を宣言する．では，この目的実現にどのような概念が求められようか．

ここに，明治4年（1871）「天は自らを助くる者を助く」で始まるイギリスのサミュエル・スマイルズ（Samuel Smiles）の「セルフ・ヘルプ」の思想（キン

モンス，1995），すなわち自助を挙げたい．明治維新と第二次世界大戦にわれわれが2度体験する輸入思想には，普遍的理念の啓蒙的な下づけを企む欧米優越主義が隠れる．この押しつけ思想に対する，実効力ある対抗措置を大戦後の知識人は持ち得ないが，明治期に福沢諭吉が「立国は私なり，公に非ざるなり」（1891）と対抗する事例が代表する幾ばくかの抗力が記される．諭吉の心意気は，1946年2月4日から12日までのたった9日間で作成され，時の政府代表団が追随した日本国憲法をGHQ民政局が原案作成するなかで「憲法の効力は，日本国民に由来するものであって，どんなものであれ，普遍的道徳に由来するものではない」（チャールズ・ケーディス）に顕現する（加藤，1999a）．諭吉の私情とケーディスの仕組んだ第二の誕生というプログラムに通底する思想こそ，われわれの内なる自助である．花開く方向の如何は問わずスポーツが百数十年を経て，いまだ土壌にその種子を胚胎し続けるならば，ここに自助なる豊潤なる肥料を地中に仕掛けることに臆病となることはあるまい．

　ところで，先に紹介した近代国民国家の主体＝臣民にふさわしい身体の規律＝訓練化を説いたのは森有礼であったが，森の主眼が正しい意味での「国民」を形成するために教育の貢献を必須と考え，政治的支配の客体に要求される「従順」だけを主張したのではなくこの客体が同時に主体であることを意図していた（吉見，1999）．この主体の確立こそが森の意図した「制度」のそれであったならば，身体加工への従順さが道半ばであったのかもしれない．この身体調教・身体加工の場であった東京帝国大学を福沢諭吉が「少年の健康屠殺場」と著しく嫌悪していたという（白幡，1999）．諭吉の私情と森の主体こそ，近代的な個の確立を求めていたと推論するとき，スポーツが自助の対象でありながら公に推進されてきた史実を彼らは無念と思うのであろうか．

　先に紹介した実業団バスケットボールの唯一のクラブチームは，休部した企業の有志がつくったチームであり，また，専門顧問の異動や部員の大幅な減少によって廃部の方向にある中学1年生の陸上選手はジュニアクラブに通うという．むしろ，この姿こそがスポーツ本来の自助であり，自律した姿勢に思える．バスケットボール協会がそのクラブチームにリーグ参加条件に「実業団チームへの転換」を突きつける頑なな思考や，大会参加の条件に学校長の許可や顧問教師の引率の必要を求める仕組みこそ，企業ありき，学校ありきを求める旧弊なコミュニティ型スポーツと思える．だからこそ，この自助なる姿勢に明確な存在理由を期待し

たい．故に，スポーツに「充溢し燃焼しきる消尽」と「奢侈」なる自己実現に求めるならば，受益者負担，つまり自己投資と自己責任に応分となる分立的関心を以て成立するアソシエーションこそ，先ず認識すべきであったことに気づく．自助なきエイドこそ自助を抑圧するジレンマであることを思い知るとき，コミュニティ・スポーツからアソシエーション・スポーツへ，と転換するチャンスがいまここに在ると自覚し宣言すべきであろう．

［海老原　修］

参考文献

阿部雄輔編（2000）：20世紀スポーツ最強伝説7「ニッポンの挑戦「百年戦記」」．Sports Graphic Number Plus，文藝春秋社：p67．

相川俊英（1998）：長野オリンピック騒動記．草思社．

浅野千恵（2000）：（無）意味と暴力．現代思想28：176-185．

阿部生雄（1997）：筋肉的キリスト教の理念〜男らしさとスポーツ〜．体育の科学47（6）：415-419．

天沼　香（1987）：「頑張り」の構造—日本人の行動原理．吉川弘文館．

有森裕子（1997）：「アニモ」．メディアファクトリー．

新井直之（1972）：被占政策とジャーナリズム．思想の科学研究会編，共同研究日本占領，徳間書店：pp177-185．

粟屋　剛（1999）：人体部品ビジネス〜「臓器」商品化時代の現実．講談社選書メチエ．

千葉直樹，海老原修（1999）：トップアスリートにおける操作的越境からのシークレット・メッセージ．スポーツ社会学研究7：44-54．

千葉直樹，守能信次（2000）：「日本人より日本人らしい」と呼ばれた越境者たち〜ラモス瑠偉と呂比須ワグナー〜．体育の科学50：647-650．

中学生・高校生のスポーツ活動に関する調査研究協力者会議（1997）：運動部の在り方に関する調査研究報告書．

中国新聞社（1976）：V1記念広島東洋カープ球団史．中国新聞社．

大松博文（1963）：おれについてこい！　わたしの勝負根性．講談社．

江橋慎四郎（1978）：余暇教育学．垣内出版．

江橋慎四郎（1997）：ウォーキング科学II．不昧堂出版．

海老原修（1986）：高齢者のスポーツ参加の動向とスポーツ・プログラムの作成．宮下充正，武藤芳照編，高齢者とスポーツ，東京大学出版会：pp87-126．

海老原修（1991）：一流競技選手のスポーツ・キャリアの特徴に関する研究．平成2年度日本体育協会スポーツ医・科学研究報告 No. VI，スポーツタレントの発掘方法に関する研究：pp8-14．

海老原修（1993）：スポーツ科学の地域社会への挑戦．体育の科学43：94-100．

海老原修（1994）：ラベリング理論から見たスポーツ．日本体育学会第45回大会

体育社会学専門分科会発表論文集：3U01-5.

海老原修（1995a）：名選手にこそ，名コーチあれかしと祈るべきであろう．女子体育，平成7年5月号：13-17.

海老原修（1995b）：「落ちこぼれ選手」と言わない部活を．体育科教育法43（5）35-38.

海老原修（1996a）：地域社会におけるスポーツ・イベントのからくり〜まちおこしはまち興し，それともまちお越し〜．体育の科学46：374-381.

海老原修（1996b）：生涯スポーツへのいばらの道〜擬似的スポーツ参与者の功罪とその社会化〜．宮下充正編，スポーツインテリジェンス，大修館書店：pp2-13.

海老原修（1998）：ドーピング．池田　勝・守能信次編，講座スポーツの社会科学1 スポーツの社会学，杏林書院：pp199-208.

海老原修（1999）：中高年のスポーツ参加〜社会的適応としてのスポーツ〜．トレーニング科学研究会編，加齢とトレーニング，朝倉書店：pp146-155.

海老原修（2000a）：ウォーキングブームを解明する〜人工と経済への懐疑を起点として〜．体育の科学50：33-37.

海老原修（2000b）地域スポーツのこれまでとこれから〜コミュニティ型スポーツの限界とアソシエーション型スポーツの可能性〜．体育の科学50：180-184.

海老原修（2000c）：スポーツ指導者の専門化に向けて〜昭和61年資格付与制度の陥穽とその社会的背景〜．日本体育学会第50回記念大会特別委員会編，21世紀と体育・スポーツ科学の発展第1巻，杏林書院：pp221-226.

海老原修（2000d）：スポーツによるダブル・スタンダードの生成と追認〜長野冬季五輪大会とM.マクガイア選手を手がかりとして．体育の科学50：307-311.

海老原修（2000e）：アンチ・ドーピングの意味作用〜従順と服従を讃えず〜．体育の科学50：389-392.

海老原修（2000f）：ポスターに表象するトップ・アスリートの一義性．体育の科学50：473-478.

海老原修（2000g）：労働組合「日本プロ野球選手会」の今日的意義．体育の科学50（7）：565-568.

海老原修（2000h）：冷戦戦略「健全なる経済」の狭間で〜力道山プロレスの呪術性とその葛藤〜．体育の科学50：819-824．

海老原修（2001a）：ある身体ともつ身体：パラリンピック考〜義足のモーリス・グリーン〜．体育の科学51：67-71．

海老原修（2001b）：スポーツ労働市場のなかの自由貿易と保護貿易〜フィリップ・トルシエとボビー・バレンタイン〜．体育の科学51：385-390．

布川清司（1972）：日本人の被占領観．思想の科学研究会編，共同研究日本占領，徳間書店：pp13-29．

藤田英典，宮島 喬，加藤隆雄，他（1992）：文化の構造と再生産に関する実証的研究．東京大学教育学部紀要32：53-87．

藤田紀昭（1999）：スポーツと福祉社会〜障害者スポーツをめぐって〜．井上俊，亀山佳明編，スポーツ文化を学ぶ人のために，世界思想社：pp283-298．

福井康太（2002）：法理論のルーマン．頸草書房．

福岡安則（1993）：在日韓国・朝鮮人．中公新書．

藝能史研究會編（1986）：日本芸能史 五 近世．法政大学出版局．

原田宗彦，世戸俊男（1987）：スポーツ経営へのライフサイクル理論の適用．体育の科学37：629-634．

蓮見重彦（1988）：捕手論．草野 進編，プロ野球批評宣言，新潮文庫：pp38-47．

平井 肇（1999）：スポーツのグローバリゼーション．井上 俊，亀山佳明編，スポーツ文化を学ぶ人のために，世界思想社：pp210-228．

平尾誠二（1996）：勝者のシステム．講談社．

飯田貴子（1997）：スポーツにおけるジェンダー・バーリア〜障害と抵抗の現状〜．体育の科学47：426-430．

飯田貴子（1998）：スポーツとジェンダー．池田 勝，守能信次編，講座スポーツの社会科学1 スポーツの社会学，杏林書院：pp161-178．

飯田貴子（2001）：ジェンダーからみた女性競技者を取り囲みトラブル．体育の科学51：364-367．

猪飼道夫・江橋慎四郎（1965）：体育の科学的基礎．東洋館出版社．

池田香代子再話，ダグラス・ラミス対訳（2001）：世界がもし100人の村だったら．マガジンハウス．

池上嘉彦（1984）：記号論への招待．岩波新書．

稲岡文昭（1988）：米国におけるBurnoutに関する概要，研究の動向，今後の課題．看護研究21：20-35．

井野瀬久美恵（1992）：子どもたちの大英帝国 世紀末，フーリガン登場．中央公論社．

石川　准（1996）：アイデンティティの社会学．現代社会学15巻「差別と共生の社会学」，岩波書店：pp171-185．

石川　実（1996）：中年期の発見．現代社会学9巻「ライフコースの社会学」，岩波書店：pp95-118．

石島康男（1979）：学校と教師の歴史．川島書店．

石河利寛（1987）：社会体育指導者養成制度について．体育の科学37：31-32．

稲垣正浩（1995）：スポーツの後近代．三省堂．

伊藤公雄（1998）：＜男らしさ＞と近代スポーツ．日本スポーツ社会学会編，変容する現代社会とスポーツ，世界思想社：pp83-92．

伊藤公雄（1999）：スポーツとジェンダー．井上　俊，亀山佳明編，スポーツ文化を学ぶ人のために，世界思想社：pp114-129．

梶田孝道（1993）：新しい民族問題．中央公論社．

梶田孝道（1995）：国際社会学．放送大学教育振興会．

菅　英輝（1992）：米ソ冷戦とアメリカのアジア政策．ミネルヴァ書房．

金子達仁（1997）：28年目のハーフタイム．文藝春秋．

金子達仁（1998）：決戦前夜Road To France．新潮社．

加太こうじ（1972）：軍政時代の風俗．思想の科学研究会編，共同研究 日本占領，徳間書店：pp259-274．

加藤　久（1997）：Jリーグと「メセナ」「フィランソロピー」．早稲田大学体育研究紀要29：1-11．

加藤典洋（1985）：「アメリカの影」．講談社学術文庫．

加藤典洋（1997）：敗戦後論．講談社．

加藤典洋（1999a）：可能性としての戦後以後．岩波書店．

加藤典洋（1999b）：日本の無思想．平凡社新書．

加藤秀一（1998）：ジェンダーの困難〜ポストモダニズムと＜ジェンダー＞の概念〜．現代社会学11巻「ジェンダーの社会学」（第5版），岩波書店：pp189-

208.

加藤秀一（2001）：身体を所有しない奴隷～身体への自己決定権の擁護～．思想2001年3月号：108-135．

苅谷剛彦（1991）：学校・職業・選抜の社会学．東京大学出版会．

河原和枝（1999）：スポーツ・ヒロイン～女性近代スポーツの100年～．井上俊，亀山佳明編，スポーツ文化を学ぶ人のために，世界思想社：pp132-147．

川端康生（2000）：日本サッカー協会の体質．中央公論，平成12年8月号：280-287．

木口茂一，唐井　直，大竹信之，他（1987）：試合放棄　なぜ？　スポーツ批評1：21-32．

菊　幸一（1997）：スポーツファンの暴力～スポーツファンの近代的身体～．杉本厚夫編，スポーツファンの社会学，世界思想社：pp227-249．

菊　幸一（2001）：社会体育学からみた体育・スポーツの「公共性」をめぐるビジョン．体育の科学51：67-71．

木村吉次（1999）：明治政府の運動会政策―奨励と抑圧の二面性―．吉見俊哉，白幡洋三郎，他共著，運動会と日本近代，青弓社：pp129-155．

木下秀明（1995）：体力テストの系譜と体力章検定．Jap J Spt Sci14：203-209．

岸　順治（1988）：運動選手のバーンアウト（Burnout）について―1症例の競技歴を通して―．日本スポーツ心理学会第15回大会・ワークショップ（A）．

岸　順治，中込四郎（1989）：運動選手のバーンアウト症候群に関する概念規定への試み．体育学研究34：235-243．

熊野純彦（2001）：所有と非所有の＜あわい＞で～生命と身体の自己所有をめぐる断章（上）～．思想2001年3月号：4-29．

粂野　豊，池田　勝，荒井貞光，他（1983）：一流コーチの社会的背景と意識に関するアンケート調査．昭和58年度日本体育協会スポーツ科学研究報告 No. V，わが国一流コーチの社会的背景と意識に関する調査，pp 2-15．

栗田　亘（1990）：「熱心のあまり」考．教職研修218：16-17．

久富善之（1994）日本の教師文化．東京大学出版会．

小松成美（2001）：ジョカトーレ中田英寿新世紀へ．文芸春秋．

小錦八十吉（1998）：はだかの小錦．読売新聞社．

松原治郎（1978）：コミュニティの社会学．東京大学出版会．

松田恵示（1999）：スポーツのファン体験と共同体の身体性．杉本厚夫編，スポーツファンの社会学（第3版），世界思想社：pp191-210．

松橋　理・海老原修（2000）：学園ドラマにコード化される顧問教師像．日本体育学会第51回学会大会体育社会学分科会発表論文集，pp53-58．

松井良明（2000）：近代スポーツの誕生．講談社現代新書．

松永郁子（2001）：カープ─苦難を乗り越えた男たちの軌跡─．宝島社．

松尾哲矢（1998）：ドロップアウト．池田　勝，守能信次編，講座・スポーツの社会科学1 スポーツの社会学，杏林書院：pp189-198．

松尾羊一（1987）：テレビは何をしてきたか．中央経済社．

松瀬　学（1996）：汚れた金メダル〜中国ドーピング疑惑を追う〜．文藝春秋社．

水野忠文（1974）：体育思想史序説．世界書院．

丸山圭三郎（1981）：ソシュールの思想．岩波書店．

見田宗介（1996）：現代社会の理論〜情報化・消費化社会の現在と未来〜．岩波新書．

三ツ谷洋子（1997）：女性スポーツにおける日本と世界〜女性スポーツの国際比較〜．体育の科学47：404-408．体育の科学47：442-445．

宮台真司（1991）：行為と役割〜社会学の基礎〜．有斐閣．

宮台真司（1998）：自己決定言論─自由と尊厳．「＜性の自己決定＞言論」，紀伊国屋書店：pp251-286．

宮台真司（2000）：自由な新世紀・不自由なあなた．メディアファクトリー．

宮台真司（2001）：少年と性と殺人「殺さない」と「殺せない」．大航海37：75-93．

宮島　喬（1994）：文化的再生産の社会学〜ブルデュー理論からの展開〜．藤原書店．

三輪公忠（1977）：対米決戦へのイメージ．加藤秀俊，亀井俊介編，日本とアメリカ〜相手国のイメージ〜，日本学術振興会：pp225-266．

水野忠文（1974）：体育思想史序説．世界書院．

ムーアハウス．H．（2001）：ヨーロッパのサッカー社会学．スポーツ社会学研究9：1-12．

武藤芳照（1985）：スポーツ少年の危機．朝日新聞社．

武藤芳照（1989）：子どものスポーツ．東京大学出版会．

村松友視（1999）：20世紀スポーツ最強伝説1「スーパースターとその時代」．Sports Graphic Number Plus，文藝春秋社：p105.
村松友視（2000）：力道山がいた．朝日新聞社．
村上　龍（1999）：あの金で何が買えたか．小学館．
室井　尚（1986）：「転換」と「変異」〜スポーツ，あるいは奇形的身体の開花〜．現代思想14（5）：148-155.
森　重雄（1987）：モダニティとしての教育〜批判的教育社会学のためのブリコラージュ〜．東京大学教育学部紀要27：91-115.
守能信次（1984）：スポーツとルールの社会学．名古屋大学出版．
中込四郎（1991）：運動選手のバーンアウト（Burnout）について—1症例の競技歴を通して—．日本スポーツ心理学会第15回大会・ワークショップ（A）．
中込四郎・岸　順治（1991）：運動選手のバーンアウト発症機序に関する事例研究．体育学研究35：313-323.
中島信博（1998）：地域社会からみたJリーグ．日本スポーツ社会学会編，変容する現代社会とスポーツ，世界思想社：pp148-156.
中村敏雄（1998）：スポーツの新しい曲がり角．体育科教育46：26-28.
日本オリンピック委員会（1997）：第26回オリンピック競技大会日本代表選手団報告書．財団法人日本オリンピック委員会．
西山松之助（1987）：江戸文化誌．岩波書店．
野川春夫（1993）：スポーツ・ツーリズムと経済効果に関する研究．平成5年度文部省科学研究費（一般研究C）研究成果報告書．
野村　進（1998）：コリアン世界への旅．講談社．
大村英昭（1994）：社会病理現象．井上　俊，大村英昭編，改訂版 社会学入門，放送大学教育振興会：pp142-153.
大澤真幸（1990）：身体の比較社会学I．勁草書房．
大澤真幸（1999）：電子メディアの共同体．吉見俊哉，大澤真幸，小森陽一，他共著，メディア空間の変容と多文化社会，青弓社：pp48-94.
大塚英志，サカキバラ・ゴウ（2001）：教養としての＜まんが・アニメ＞．講談社現代新書．
岡田晃房（1999）：海を越えてきた力人　小錦・曙・武蔵丸．福唱堂．
岡崎宏樹（1995）：交流の共同体と合一の共同体〜バタイユとジラールの供犠論

の比較から～．ソシオロジ39（3）：3-21．

小沢雅子（1985）：「階層消費」の時代．経済評論34（1）：32-45．

オール読物（1953）：「サムライ日本」．8巻7月号，文藝春秋社：pp54-61．

李　鐘元（1996）：東アジア冷戦と韓米日関係．東京大学出版会．

李　淳馹（1998）：もう一人の力道山．小学館文庫．

Rogers, J.M.（1989）：GHQ documents on the occupation's budo policy．見形道夫先生退職記念論集刊行会編，体操とスポーツと教育と，見形道夫先生退職記念論集刊行会：pp285-313．

琉球新報運動部編（1995）：沖縄野球100年．琉球新報社．

佐伯啓思（1997）：「市民」とは誰か―戦後民主主義を問いなおす―．PHP新書022．

佐伯彰一（1977）：仮想敵としてのアメリカのイメージ．加藤秀俊，亀井俊介編，日本とアメリカ～相手国のイメージ～，日本学術振興会：pp181-224．

佐伯聡夫（1997a）：スポーツ，性的ヘゲモニーとジェンダー～問題の所在～．体育の科学47：404-408．

佐伯聡夫（1997b）：メディア・スポーツ序説：メディア・スポーツの構造と機能―問題の所在と分析の視点のために―，体育の科学47：932-937．

佐伯聡夫（1999）：なぜ入場料を取るようになったか．＜http://www.spo-sun.gr.jp/html/topic/data/e_199912.html＞（アクセス：2002/12/4）．

坂上康博（1998）：権力装置としてのスポーツ．講談社選書メチエ．

作田啓一（1979）：価値の社会学（第8刷）．岩波書店．

作田啓一（1993）：生成の社会学をめざして．有斐閣．

佐藤郁哉（1984）：暴走族のエスノグラフィー．新曜社．

澤井和彦（1997）：覚醒水準が最大筋力に与える影響に関する実験的研究．東京大学大学院教育学研究科博士論文．

澤井和彦（2000）：日本体育学会50回記念大会報告［体育・スポーツ関連学会連合大会スケッチ］体育社会学．体育の科学50：146-148．

イヴ・K・セジウィック（2000）：クィア理論をとおして考える（竹村和子，大橋洋一訳）．現代思想28（14）：30-42．

鹿又伸夫（1990）：不平等の趨勢と階層固定化説．直井　優，盛山和夫編，現代日本の階層構造1：社会階層の構造と過程，東京大学出版会：pp151-167．

島尾　新（1995）：瓢鮎図〜瓢箪ナマズのイコノロジー〜．平凡社．
白幡洋三郎（1999）：福沢諭吉の運動会．吉見俊哉，白幡洋三郎，平田宗史，他共著，「運動会と日本近代」，青弓社：pp55-83．
白幡洋三郎（2000）：花見と桜．PHP新書．
寒川恒夫（1991）：図説スポーツ史．朝倉書店．
寒川恒夫（1994）：スポーツ文化論．杏林書院．
SSF笹川スポーツ財団（1994）：スポーツライフに関する調査報告書．SSF笹川スポーツ財団．
SSF笹川スポーツ財団（1996）：スポーツ白書．SSF笹川スポーツ財団．
SSF笹川スポーツ財団（1998）：スポーツライフデータ1998．SSF笹川スポーツ財団．
SSF笹川スポーツ財団（2001）：スポーツ白書2010〜スポーツ・フォー・オールからスポーツ・フォー・エブリワンへ．SSF笹川スポーツ財団．
末永俊郎，安藤清志（1998）：現代社会心理学．東京大学出版会．
杉本厚夫（1999）：スポーツファンの興奮と鎮静．杉本厚夫編，スポーツファンの社会学（第3版），世界思想社：pp3-26．
鈴木洋史（1994）：ラモス瑠偉のサッカー戦記—天国と地獄．文藝春秋社．
多木浩二（1995）：スポーツを考える〜身体・資本・ナショナリズム〜．ちくま新書．
高橋哲哉（1999）：戦後責任論．講談社．
高橋義雄（1994）：サッカーの社会学．日本放送出版協会．
高橋陽一（1993）：『キャプテン翼』全37巻．ジャンプコミックス，集英社．
高階秀爾（1982）：芸術家とパトロン—近代芸術の社会学序説．大江健三郎，中村雄二郎，山口昌男編，叢書文化の現在13「文化の活性化」岩波書店：pp79-97．
立岩真也（1996）：能力主義を肯定する能力主義の否定の存在可能性について．現代社会学15巻「差別と共生の社会学」，岩波書店：pp75-91．
玉木正之（1999）：スポーツとは何か．講談社現代新書．
手塚富武編（1999）：チバリョ！　沖縄球児．日本スポーツ出版社．
富永健一（1979）：日本の階層構造．東京大学出版会．
リー・トンプソン（1999）：ポストモダンのスポーツ．井上　俊，亀山佳明編，

スポーツ文化を学ぶ人のために，世界思想社：pp246-263.

鶴見俊輔（1991）：占領〜押しつけられたものとしての米国風生活様式〜．鶴見俊輔集5「現代日本思想史」，筑摩書房：pp191-210.

豊下楢彦（1996）：安保条約の成立〜吉田外交と天皇外交〜．岩波新書．

上野千鶴子（1995）：都市空間とセクシュアリティ．小木新造編，江戸東京学への招待［1］，日本放送出版協会，pp154-177.

上野千鶴子（1995）：差異の政治学．井上　俊，上野千鶴子，大澤真幸他編，現代社会学11巻「ジェンダーの社会学」（初版），岩波書店：pp1-26.

上野千鶴子（1998）：差異の政治学．井上　俊，上野千鶴子，大澤真幸他編，現代社会学11巻「ジェンダーの社会学」（第5版），岩波書店：pp1-26.

上野千鶴子（1999）：「女の時代」とイメージの資本主義〜ひとつのケース・スタディ〜，花田達朗，吉見俊哉，コリン・スパークス編，カルチュラル・スタディーズとの対話，新曜社：pp167-185.

梅田香子（1997）：NBA解体新書．ダイヤモンド社．

牛島秀彦（1978）：一億総白痴化の構図〜力道山プロレスと進駐軍〜．思想の科学研究会編，共同研究日本占領その光と影（上巻），徳間書店：pp498-518.

渡辺　融（1973）：F.W.ストレンジ考．東京大学教養学部体育学紀要7：7-22.

渡辺　融（1978）：明治期の中学校におけるスポーツ活動．東京大学教養学部体育学紀要12：1-22.

渡部直己（1988）：スポーツ新聞の記号分析捏造される後日譚．草野　進編，プロ野球批評宣言，新潮文庫：pp175-194.

ホワイティング，R.（1991）：菊とバット（松井みどり訳）．文藝春秋社．

ホワイティング，R.（1999）：日出づる国の「奴隷野球」（増島みどり訳）．文藝春秋社．

矢部京之助（1977）：人体筋出力の生理的限界と心理的限界．杏林書院．

山際淳司（1995）：スローカーブを，もう一球（三十版）．角川文庫．

山口　誠（2001）：メディア（オーディエンス）．吉見俊哉編，知の教科書 カルチュラル・スタディーズ，講談社：pp52-92.

山口昌男（1987）：相撲における儀式と宇宙観．国立歴史民族博物館研究報告第15集：99-130.

山口晶永（1999）：半田から，はじめます「子どもたちとスポーツと街づくり」．

指導者のためのスポーツジャーナル217：12-15．

山口泰雄（1991）：地域活性化におけるスポーツイベントの社会経済的研究．平成3年度文部省科学研究費（一般研究C）研究成果報告書．

大和球士（1957a）：プロ野球三国志（怒涛篇）．ベースボール・マガジン社．

大和球士（1957b）：プロ野球三国志（黄金篇）．ベースボール・マガジン社．

吉田　毅，松尾哲矢（1992）：スポーツ選手のバーンアウトに関する社会学的研究―社会学的概念規定への試み．体育の科学42：640-643．

吉見俊哉（1992）：博物館の政治学～まなざしの近代～．中公新書．

吉見俊哉（1999a）：ネーションの儀式としての運動会．吉見俊哉，白幡洋三郎，平田宗史，他共著，「運動会と日本近代」，青弓社：pp7-53．

吉見俊哉（1999b）：メディア天皇制とカルチュラル・スタディーズの射程．花田達朗，吉見俊哉，コリン・スパークス編，カルチュラル・スタディーズとの対話，新曜社：pp458-481．

吉本光宏（1991）：メセナを解く鍵．佐々木晃彦編，企業と文化の対話，東海大学出版会：pp302-323．

養老孟司（1989）：唯脳論．青土社．

養老孟司（1996）：日本人の身体観の歴史．法蔵館．

邦訳・原著

アンダーソン，B.（白石さや，白石　隆訳）（1997）：想像の共同体．NTT出版．(Anderson, Benedict (1983) : Imagined Communities Reflections on the Origin and Spread of Nationalism, Verso Editions.)

アン・ホール，M.（飯田貴子，吉川康夫監訳）（2001）：フェミニズム・スポーツ・身体．世界思想社．(Ann Hall, M. (1995) : Feminism and Sporting Bodies, Human Kinetics.)

ブルデュー，P. &パスロン，I.C.（宮島　喬訳）（1991）：再生産．藤原書店．(Bourdieu, Pierre et Jean―Claude Passeron (1970) : LA EPRODUCTION, Menuit.)

ロニー・ブローマン，エイアル・シヴァン（高橋哲哉，堀　潤之訳）（2000）：不服従を讃えて～「スペシャリスト」アイヒマンと現代．産業図書．(Brauman, Rony et Eyal Sivan (1999) : Eloge de la desobeissance,

LIBRAIRIE ARTHEME FAEARD.)

ビュフォード, B.（北代美和子訳）（1994）：フーリガン戦記．白水社．(Buford, Bill (1991) : Among the thugs, Secker & Warburg.)

ジュディス・バトラー（竹村和子訳）（1999）：ジェンダー・トラブル〜フェミニズムとアイデンティティの攪乱〜．青土社．(Butler, Judith (1990) : Gender Trouble : Feminism and the Subversion of Identity, New York & London, Routledge.)

G.デイビス, J.ロバーツ（森山尚美訳）（1996）：軍隊なき占領〜ウォール街が「戦後」を演出した．新潮社．(Davis, Glenn and John G. Roberts (1996) : AN OCCUPATION WITHOUT TROOPS : Wall Street's Half-Century Domination of Japanese Politics.)

エリアス, N. & ダニング, E.（大平 章訳）（1995）：スポーツと文明化．法政大学出版会．(Elias, Norbert and Eric Dunning (1986) : QUEST FOR EXCITEMENT : Sport and Leisure in the Civilizing Process, Oxford, Basil Blackwell.)

ロブ・エプスタイン，ジェフリー・フリードマン制作・監督（1995）：セルロイド・クローゼット．アメリカ，1995.

リリアン・フェダマン（富岡明美，原美奈子訳）（1996）：レズビアンの歴史．積信堂．(Faderman, Lillian (1991) : Odd girls and twilight lovers : a history of lesbian life in twentieth-century America. New York : Columbia University Press.)

グットマン, A.（清水哲男訳）（1981）：スポーツと現代アメリカ．TBSブリタニカ．(Guttman, Allen (1978) : From Ritual To Records : The Nature of Modern Sport, New York, Colombia University Press.)

グットマン, A.（谷川 稔，石井昌幸，池田恵子，他訳）（1997）：スポーツと帝国〜近代スポーツと文化帝国主義〜．昭和堂．(Guttman, Allen (1994) : Games & empires : modern sports and cultural imperialism. New York, Colombia University Press.)

ハーバーマス, J.（三島憲一編訳）（2000a）：ドイツ・マルク・ナショナリズム．近代〜未完のプロジェクト．岩波現代文庫：pp160-207. (Habermas, Jurgen (1990) : Der DM-Nationalismus, in nachholende Revolution. Frankfurt am Main, Suhrkamp Verlag.)

ハーバーマス, J.（三島憲一編訳）（2000b）：今日における「過去の消化」とはなにか？ 近代〜未完のプロジェクト，岩波現代文庫：pp210-256.（Habermas, Jurgen (1992): Bemerkungen zu einer verworrenen Diskussion─Was bedeutet "Aufarbeitung der Vergangenheit" heute? Die Zeit）

ハヤカワ, S.I.（大久保忠利訳）（1951）：思考と行動における言語．岩波書店．（Hayakawa, Samuel Ichiye (1906): Language in thought and action. Harcourt）

キンモンス, E.H.（広田照幸，加藤 潤，吉田 文，他訳）（1995）：立身出世の社会史．玉川大学出版部．（Kinmonth Earl H. (1981): The Self-Made Man in Meiji Japanese Thought: from Samurai to Salary Man, The Regents of the University of California.）

サイモン・クーパー（柳下毅一郎訳）（2001）：サッカーの敵．白水社．（Kuper, Simon (1994): Football Against the Enemy, Orion.）

フリッツ・クライン（河野貴代美訳）（1997）：バイセクシュアルという生き方．現代書館．（Klein, Fritz (1993): The bisexual option, The Haworth Press.）

レイヴ, J.＆ウェンガー, E.（佐伯 胖訳）（1995）：状況に埋め込まれた学習〜正統的周辺参加─（2刷）．産業図書．（Lave, Jean and Wenger, Etienne (1991): Situated learning: Legitimate peripheral participation, Cambridge University Press, 1991）

マッキーヴァー, R.M.（中 久郎・松本通晴監訳）（1975）：コミュニティ．ミネルヴァ書房．（MacIver, R.M. (1917): COMMUNITY A Sociological study: Being an Attempt to Set Out the Nature and Fundamental Laws of Social Life. Macmillan and Co., Limited）

T・メイソン（松村高夫，山内文明訳）（1991）：英国スポーツの文化．同文館．（Mason, Tony (1989): Sport in Britain: a social history. Cambridge University Press）

メリッチ, A.（山之内靖，貴堂嘉之，宮崎かすみ訳）（1997）：現在に生きる遊牧民〜新しい公共空間の創出に向けて─．岩波書店．（Melucci, Alberto (1989): NOMADS OF THE PRESENT: social Movements and Individual Needs in Contemporary Society, edited by John Keane and Paul Mier, London: Hutchinson Radius.）

ポラニー, M.（佐藤敬三訳）（1980）：暗黙知の次元─言語から非言語へ─．紀伊

國屋書店．(Polanyi, Michael (1966)：THE TACIT DIMENSION, London, Routledge & Kegan Paul Ltd.)

ライアン，J.（川合あさ子訳）(1997)：魂まで奪われた少女たち―女子体操とフィギュアスケートの真実．時事通信社．(Ryan, Joan (1996)：Little Girls in Pretty Boxes : The Making and Breaking of Elite Gymnasts and Figure Skaters. Warner Books)

サッセン，S.（伊豫谷登士翁訳）(1999)：グローバリゼーションの時代〜国家主権のゆくえ〜．平凡社．(Sassenn, Saskia (1996)：Losing Control？：Sovereignty in an Age of Globalization. Columbia University Press.)

シェファード，R.J.（原田政美，山地啓司訳）(1983)：虚血性心疾患と運動．医学書院．(Shephard, R.J. (1981)：Ischaemic Heart Disease and Exercise. Croom Helm Ltd.)

スレバーニ―モハマディ，A. (1995)：国際コミュニケーションにおける「グローバル」と「ローカル」．カラン，J. グレヴィッチ，M. 編（児島和人・相田敏彦監訳）：マスメディアと社会，勁草書房：pp189-223．(Sreberny-Mohammadi, A. (1991)：The Global and the Local in International Communication, Curran, James and Michael Gurevitch (Eds.), MASS MEDIA AND SOCIETY : Introduction and Section I, London, Edward Arnold.)

トムリンソン，J.（片岡　信訳）(1997)：文化帝国主義．青土社．(Tomlinson, John (1991)：Cultural Imperialism : a critical introduction. London, Pinter.)

ウィリス，P.（熊沢　誠，山田　潤訳）(1985)：ハマータウンの野郎ども．ちくま学芸文庫．(Willis, Paul E. (1977)：Learning to labour : how working class kids get working class jobs, Farnborough, Eng. : Saxon House)

外国語文献

Andrews DL (1996)：The Fact (s) of Michael Jordan's Blackness : Excavating Floating Racial Signifier. Sociology of Sport Journal 13 : 125-158.

Bairner, Alan (1994)：Football and the idea of Scotland, Grant Jarvie and Graham Walker (Eds.), Scottish Sport in the Making of the Nation, pp11-26, Leicester University Press.

Birren JE, Lubben J, Rowe J, et al (1991)：The Concept of Measurement of

Quality of Life in the frail elderly. Academic Press.

Clark BR (1960) : The "Cooling-out" function in higher education. American Journal of Sociology 65 : 569-576.

Ebihara O (1994) : Identification of sport participation for Japanese adults across the life cycle. Proceedings for ICHPER 36th World Congress. pp267-272.

Edwards H (1973) : Sociology of sport, The Dorsey Press.

Freudenberger HJ (1974) : "Stuff burn-out" Journal of Social Issue 30: 159-165.

Gruneau RS (1975) : Sport, social differntiation and social inequality, Ball DW and JW Loy (Eds.), Sport and Scoial Order, pp121-184, Addison-Wesley Publishing Company.

Gruneau RS (1984) : Class, Sport, and social development. The University of Massachusetts Press.

Hargens LL and O Hagstrom (1967) : Sponsored and Contest Mobility of American Academic Scientists, Sociology of Education 40 : 24-38.

Hargens LL (1969) : Patterns of Mobility of New Ph.D.'s Among American Academic Institutions, Sociology of Education 42 : 18-37.

Howard DR and Crompton JL (1980) : Financing, managing and marketing recreation and parks. Wm. C. Company Pub.

Ikai M and Steinhaus AH (1961) : Some factors modifying the expression of human strength. J Appl physiol 16 : 157-169.

Jackson SJ (1998) : A Twist of Race : Ben Johnson and Canadian Crisis of Racial and National Identity. Sociology of Sport Journal 15: 21-40.

Massengale JM and GH Sage (1982) : Departmental prestige and career mobility patterns of college. Research Quarterly 53: 305-312.

Sanne HM, D Elmfeldt, G Grimby, et al (1973) : Exercise tolerance and physical training of non-selected patients after myocardial infarction. Acta Medica Scandinavica 551 (Suppl) : 60.

Turner R (1960) : Sponsored and Contest Mobility and School System, American Sociological Review 25 : 855-867.

Yokoyama F (1991) : Causal modeling of tourist satisfaction : Appli-cation to

Michigan's northwestern coastal tourism region. A dissertation of Department of Park and Recreation Resoureces State, Michigan University.

索 引

[あ]

アイデンティティ 29, 70, 79, 191, 224
煽る文化装置 25
アスレチック・スポーツ 226
アソシエーション 229
——・スポーツ 233
アトランタオリンピック 99, 118, 122, 172, 183
アノミー 112, 174, 182, 184
アフガニスタン復興支援国際会議 32
アマチュア 39, 109, 127, 214
アマチュアリズム 52, 109
有森裕子 172
歩け歩け運動 135, 198
アンチ・ドーピング 68, 96—100, 157, 161—163
暗黙知 91
石本秀一 220
異性愛主義 58
移籍金制度 119
イチロー 23, 24
イメージ 179—184
——のリソース 180, 181
印象操作 70
陰謀の裏づけ 153
ウィンブルドン 58—60, 63
植木等 12
ウォーキング 135—141, 198, 199, 208
ウチナー 89, 90
エスノグラフィー 196
エスノセントリズム 10
エロティシズム 47
遠隔化 108
エンコーディング過程 190
応答可能性 101
オーディエンス研究 190
オーバートレーニング 173
オリエンタリズム 66, 71, 99

[か]

外国人横綱 84
拡大体験 26
確立された個人 26
学力至上主義 128
下賜 108
価値の取り戻し 70
学校ストライキ 188
合併 209, 212
家父長 18
——制社会 63
カルガリーオリンピック 65
カルチュラル・スタディーズ 106
間テクスト的な分析 103
完全燃焼 173, 176
ガンバリズム 13, 104, 175
企業 15, 25, 182, 209—216, 229—232
——スポーツ 39, 111, 112, 182, 229, 230
擬似的スポーツ参加希望者 202
擬似的スポーツ参与者 202
擬似的スポーツ実施者 202
擬似的なスポーツ参加 136
基礎フレーム 153
鬼畜米英 5, 9, 15
君が代 6
金信洛 7, 10
ギャング系チーマー 195
競技スポーツ 10, 62, 63
競技力万能主義 131
共示義 145, 148—150
行司 127
行政 35, 127, 199, 205—216, 223, 230, 231
業績至上主義 128
競争型移動モデル 128, 130, 133, 168
競争原理 168
協同主義 100
共犯性 45
旭日旗 22, 23
近接化 108

近代スポーツ　44, 46, 49―52, 63, 190, 226
近代天皇制　107
筋肉増強剤　70, 96
筋肉的キリスト教主義　189
クーリングアウト　156
くすぶり　173
グローバリゼーション　40, 117, 121, 124, 125, 133, 187
グローバル・スタンダード　131―133
グローバル化　86
黒船　81
経済成長　11―13, 16―19, 37, 104, 139―141, 164
形式知　91
健康づくり　227, 230
健全育成　227, 230
健全な経済　11
行為選択　180―182
合一の共同体　26―28
行為の社会的文脈　179
行為の同一性　180, 181, 184
行為の物理的形式　180
行為の理解の形式　180
公共性　152
甲子園　57, 182
公職追放　5, 219
公的領域　151―153
交流の共同体　26―28
国技　81
国際オリンピック委員会　70, 96, 111
国際パラリンピック委員会　69, 96
国際労働移動　119, 121
国体　111
国民栄誉賞　42―44
小錦　81―86
コノテーション　76, 104, 145
コミュニティ型スポーツ　229―232
コミュニティ・スポーツ　226―229, 233
コミュニティ・スポーツ論　228, 229
根性　14

[さ]
サザエさん　42, 43
札幌オリンピック　164

サポーター　23, 209, 212―216
サムライ　9, 10, 195
「三国人」発言　120
サンフランシスコ講和条約　6
三位一体　209, 211―216
ジェンダー　42―53, 56, 57, 61―63
　　――・バイアス　44―48
視覚障害　65
自己関係性　50
自己実現　17, 207, 208, 233
システム　51, 52, 180, 184, 185
鎮めの文化装置　25
自然身体　139
自然崩壊　139
実践の共同体　91―93
私的領域　151, 152
シドニーオリンピック　42, 63―66, 101, 110, 118, 152, 172
シドニー・パラリンピック大会　65
支配―被支配　88, 89
シビル・ミニマム　229, 230
渋々の応諾　38
市民　209―225
　　――株主　217
　　――球団　217, 218, 224, 225
　　――像　223
　　――・行政・企業の三位一体　214, 216
社会構造　177, 182, 183
社会システム　49―52, 57
社会進化論　189
社会体育論　228
社会的環境　181
自由主義　5
呪術　3, 4, 8, 12―18, 27
　　――性　2, 8, 163
生涯スポーツ　227, 230
　　――論　228
証拠の偽造　153
消尽　141
少年労働　188
消費　39, 45, 72, 141, 200, 213
　　――効果　207
　　――層の開拓　103
　　――体系の階層　103, 104

251

──文化　110
職業選択の自由　112
職場選択の自由　112
女子野球　53
心技体　84
神宮　57
ジンゴイズム　189
人工身体　139
人種差別　82─85
身体教育　159, 227
身体の求心化作用と遠心化作用　24
身体の商品化　96
身体の所有　96
神話　88, 90, 93, 98, 161
　──化　90, 91, 108
　──性　163
図像的解釈　102
図像学的解釈　103
ストライキ　115
スポーツ・イベント　140
スポーツ・キャリア　137
　──・パターン　137, 138
スポーツ権　141, 228
スポーツ根性　13
スポーツ参加希望者　202
スポーツ振興くじ　164
スポーツ実施者　202
スポーツ・トランスファー　138
スポーツの継続　174
スポーツ・フォア・オール　227, 228, 231
スポーツ・ポスター　103, 104, 107, 108
スポーツ・ボランティア　31, 34, 40
スポーツ本質主義　55
スポーツ漫画　164─166, 169, 170
スポーツ村　228
スポーツ・メディア　22, 43
スポーツ・ルール　100, 157─162
スポ根　165, 167
する身体性　28
青少年健全育成ポスター　104
セクシュアリティ　58─63
積極的な関与　38
セックス　46, 49, 50, 57, 62, 63

ゼマンティク　51, 52, 55
全体主義　5, 100, 101
前兆論　14, 16
戦闘的愛国主義　189
占領軍総司令部　5
臓器移植　71, 97, 98
臓器移植法　96, 98
臓器売買　97─99
総合型地域スポーツクラブ　39, 217, 230
総理大臣顕彰　43
ソウルオリンピック　45, 99, 139, 159
ソシオ　212─215

[た]
第2波フェミニズム　58─61
大松一家　14
大松博文　12, 13
体力・スポーツに関する世論調査　135, 198
高橋尚子　42
他者の価値剥奪　70, 71
脱出のエネルギー　19
脱退　38
ダブル・スタンダード　70, 96, 111, 156, 157, 161─163, 195
男性支配　63
地域スポーツ振興　217, 218
地域づくり　227, 230
地域的ねじれ　8
地域密着　211
千葉すず　110, 115
中産階級　189, 190
忠臣蔵　4, 5
中途での離脱　38
聴覚障害　65
ディスコミュニケーション　90
デコーディング過程　190, 191
鉄のカーテン　5
デノテーション　76, 145
デビッド・スターン　118, 119
天判　127
天覧試合　107
東京オリンピック　11─14, 37, 99, 164
東京六大学野球リーグ　49, 52, 54

投資効果　207
同性愛嫌悪　62, 63
東洋の魔女　14
ドーハの悲劇　164
ドーピング　4, 28, 45, 47, 68—70,
　　　96—99, 139, 140, 157, 161—163
　　──・フリー　70
都市対抗野球　182
徒弟制度　35, 115
ドラフト　112
トルーマン・ドクトリン　5
トルネード　21

[な]
中田英寿　29, 177
長野オリンピック　65, 104, 133, 140,
　　　154, 157, 158
ナショナリズム　9, 13, 15, 21, 28,
　　　120, 133, 134, 187, 195
南北問題　40, 44, 66, 68, 99, 121
南北格差　121
二項対立　43, 44, 49
日米安全保障条約　6
日章旗　23
ニヒリズム　19, 106, 175
日本人以上に日本人らしい　74—79
入札制度　113
ニューディーラー　5
ニュールック戦略　8
二律背反　9, 105, 139—141
ネーション　21, 28, 29
脳化身体　139
野茂英雄　21

[は]
パーソン・ロール・コンフリクト　173
ハード・トレーニング　14, 15
バーンアウト　173
　　──・シンドローム　174
バイセクシュアル　61
パスモデル　129
長谷川町子　42, 43
パトロナージュ　212—215
パトロン　209, 212—216
原田雅彦　104, 105
パラリンピック　65—68, 72, 96, 162,
　　　230
バルセロナオリンピック　118, 122,
　　　172, 176
パロディ　47
反映論　16
ハングリー精神　17
万国博　99
ヒールヒーロー　82
庇護型移動モデル　128, 168
百年構想　164
表示義　145, 150
表象　7, 52, 88, 90, 102, 107—109,
　　　180
ビリー・ジーン・キング　58, 63, 64
ヒルズバラの悲劇　193
広島カープ球団　218—220, 223—225
ファシズム　100
フィリップ・トルシエ　131
フーリガン　89, 186—196
フェスピック　67
フェミニズム　50, 60, 61
不完全燃焼　173
フットボール・フーリガン　186, 190,
　　　194, 195
フットボール・フーリガニズム　190
フランチャイズ　217
フリーエージェント制　113
フレーム崩し　153
フレームの弱点　153
プログラム・ライフサイクル理論　205
文化多元主義　122, 124
文化帝国主義　121, 122
文化変容　121
文化摩擦　81, 86, 120
閉鎖性　51, 167
ヘゲモニー的普及　88
ヘテロセクシュアル　61, 62
ベルリンオリンピック　110, 174
ポイント・フォー計画　8
暴力　186, 190—196
　　──のための暴力　196
ホームタウン　209
補償努力　70
ポスティングシステム　113
ボスマン判決　119

ホモエロティシズム　63
ホモセクシュアル　61, 62
ボランティア　31—35, 38—40

[ま]
マイケル・ジョーダン　119, 122—124
マスメディア　32, 190, 191, 209
松井秀喜　105
マッカーサー　6
マルチナ・ナブラチロワ　58, 63, 64
美空ひばり　42, 43
ミュンヘンオリンピック　164
みる身体性　28
無償ボランティア　39
無責任　13
メキシコオリンピック　164
メセナ　209—212
メタ的なメッセージ　157
メディア・スペクタクル　66
メディア・スポーツ　28, 108, 144, 145, 151—155
燃え尽き　173
　　──症候群　172—176
持たざる国　68
持たざる人　68
持てる国　68
持てる人　68

[や]
野球留学　92, 93
ヤマトゥ　89—92
大和球士　220
有償ボランティア　39
溶解体験　26
横浜F・マリノス　209
横浜フリューゲルス　209, 212

[ら]
ライフサイクル理論　205
ライブ・スポーツ　155
ラベリング　108, 174, 175, 187, 194, 195
ラモス瑠偉　74
力道山　2—10
リバース・インテグレーション　69—71

リピーター　200—204
冷戦　5
歴史的文脈　103
レジャー　227
レズビアン　58—62
　　──フェミニスト　60
レッドパージ　6
レトリック　56
労働者階級　192
ローカリゼーション　133
ロスアンゼルスオリンピック　65, 74
ロックアウト　115
呂比須ワグナー　74
ロング・ディスタンス・ナショナリズム　187

[わ]
若者のアメリカ化　194

[欧文索引]
Adherence　38
Beingとしての身体　68
Compliance　38
consommation　141
consumation　141
contest mobility　128, 168
Dropout　38
GHQ　5
Havingとしての身体　68
IOC　161
Jリーグ　75, 209—214
KONISHIKI　81, 85
ludic diffusion　88
M. マグワイア　27, 96
N. ルーマン　49, 50
NBA　118—124, 161
NHL　161
PGA　162
Reverse Integration　69
sponsored mobility　128, 168
toto　164
Withdrawal　38
W杯アメリカ大会　131, 187
W杯日韓共同開催　23, 164
W杯フランス大会　23, 74, 144, 164

2003年3月15日　第1版第1刷発行

現代スポーツ社会学序説
定価（本体2,400円＋税）　　　　　　　　　　　　　　　　検印省略

　　　　　　　　編著者　　海老原　　修
　　　　　　　　発行者　　太田　　　博
　　　　　　　　発行所　　株式会社　杏林書院
　　　　　　　　　　　　　〒113-0034　東京都文京区湯島4-2-1
　　　　　　　　　　　　　Tel　03-3811-4887（代）
　　　　　　　　　　　　　Fax　03-3811-9148
Ⓒ O. Ebihara　　　　　　　http://www.kyorin-shoin.co.jp

　　　　　　　　　　　　　　　　　　　　株式会社杏林舎／坂本製本所
ISBN 4-7644-1566-6　C3037
Printed in Japan
日本音楽著作権協会（出）許諾第0215957-201号

・本書の複製権・翻訳権・上映権・譲渡権・公衆送信権（送信可能化権を含む）
は株式会社杏林書院が保有します。
・JCLS ＜（株）日本著作出版権管理システム委託出版物＞
本書の無断複写は著作権法上での例外を除き禁じられています．複写される
場合は，その都度事前に（株）日本著作出版権管理システム（電話03-3817-5670，
FAX 03-3815-8199）の許諾を得てください．